婴幼儿家庭教育

主 编　胡朝阳

副主编　赵　琛　李　刚

北京理工大学出版社

BEIJING INSTITUTE OF TECHNOLOGY PRESS

图书在版编目（CIP）数据

婴幼儿家庭教育 / 胡朝阳主编 . —北京：北京理工大学出版社，2023.7 重印

ISBN 978-7-5682-3384-2

Ⅰ.①婴…　Ⅱ.①胡…　Ⅲ.①婴幼儿 - 家庭教育　Ⅳ.① G781

中国版本图书馆 CIP 数据核字（2016）第 278903 号

出版发行 / 北京理工大学出版社有限责任公司
社　　址 / 北京市海淀区中关村南大街 5 号
邮　　编 / 100081
电　　话 / （010）68914775（总编室）
　　　　　（010）82562903（教材售后服务热线）
　　　　　（010）68944723（其他图书服务热线）
网　　址 / http：//www.bitpress.com.cn
经　　销 / 全国各地新华书店
印　　刷 / 定州启航印刷有限公司
开　　本 / 787 毫米 ×1092 毫米　1/16
印　　张 / 13.5　　　　　　　　　　　　　　　　责任编辑 / 张荣君
字　　数 / 216 千字　　　　　　　　　　　　　　文案编辑 / 张荣君
版　　次 / 2023 年 7 月第 1 版第 2 次印刷　　　　责任校对 / 周瑞红
定　　价 / 44.00 元　　　　　　　　　　　　　　责任印制 / 边心超

本书编委会

主　编：胡朝阳

副主编：赵　琛　李　刚

编　委：（排名不分先后）

胡朝阳（重庆光华女子职业中等专业学校）

赵　琛（重庆工业管理职业学校）

李　刚（重庆光华女子职业中等专业学校）

贺宇杰（重庆光华女子职业中等专业学校）

蒋云红（重庆蓝宝特幼儿园）

李朝国（重庆工业管理职业学校）

黄　蓉（重庆爱弥儿幼儿园）

前　言

　　从社会学的角度来看，家庭是社会的基本单位，是特殊的社会组织，是人类最基本的社会生活组织形式，是按血缘和姻缘关系建立起来的社会经济组织。家庭是一个人最初的生存、生活环境，是人生的第一所学校。"家庭教育是一切教育之源"，家庭教育为人提供了最初的、基本的社会和人生观念，为儿童的学习和成长奠定了不可估量的价值基础。中华民族在悠久文明进化中积累的丰富而优秀的家庭教育的理论和实践是我国绚丽的教育瑰宝。在我国经济、社会、政治、文化、教育转型的新的历史时期，如何引导家长树立正确的教子观念，掌握科学的教育方法，切实提高家长自身素质，切实促进年幼一代获得良好的发展，是学前教育工作者的责任和担当。学前教育专业的学生应立足国情，积极研究和探索，视野高远，创新家庭教育的路径，推进我国家庭教育的科学化进程。

　　本书从生态学视角，立足我国家庭教育的实际，结合我国学前儿童家庭教育相关指导精神，创新性地构建了学前儿童家庭教育较为完整的知识体系。本书共分九个单元，涉及学前儿童家庭教育"是什么""为什么""学什么""可学""教什么""如何教"等问题，具体阐释了学前儿童家庭教育的一般问题，学前儿童家庭教育的影响因素，学前儿童家庭教育的目标与内容，学前儿童家庭教育的原则和方法，不同年龄阶段的学前儿童家庭教育，不同内容的学前儿童家庭教育，学前儿童家庭教育游戏指导，生态式学前儿童家庭教育体系的构建。

本书总体上具有以下三个特点：

其一，注重体例的新颖性。本书每个单元都按照学习目标、单元导言、内容讲解、拓展阅读、经典案例、思考与练习的逻辑顺序编写。正文中根据需要适当穿插图片、小资料及一些知识栏目，令人耳目一新。

其二，突出内容的实践性。在内容的组织选择上，本书提炼了许多有关学前儿童家庭教育的典型主题，筛选了指导学生教育实践的阅读资料，案例设计尽量贴近生活、雅俗共赏。

其三，体现学生的发展性。在行文中，充分考虑学前教育专业学生的兴趣、需要，增强教材的可读性，培养学生主动学习的精神；寓教于乐，把抽象的知识讲述变成一种欣赏和体验的过程，发展学生积极的学习情感；因地制宜，培养学生利用和挖掘家庭教育资源的能力，提高学生的创新素质。

在本书的编写过程中，我们参考了一些国内外的优秀著作和资料，在此向这些文献的作者一并致以诚挚的谢意。

由于时间仓促，书中难免有疏漏和不妥之处，欢迎广大读者提出宝贵意见。

编　者

目 录

CONTENTS

单元导言

19世纪的德国幼儿教育家福禄培尔在强调家庭教育的重要价值时曾说过："国家的命运与其说操纵在掌权者的手中，倒不如说是掌握在母亲的手中……"家庭是学前儿童成长的重要场所，是儿童走向社会的桥梁，适切的家庭教育能够为人一生的发展奠定良好的基础。家庭教育作为人类一种伟大的教育实践，蕴含着大量的规律性要素，激励人们不断走向科学的彼岸。

学习目标

1. 了解家庭教育的含义和特点。

2. 理解学前儿童家庭教育的意义。

3. 能准确分析学前儿童家庭教育中的常见问题。

4. 领会生态学视角下的学前儿童家庭教育。

第一课　家庭与家庭教育概述

　　家是人心目中温暖的港湾，人的一生都与家庭相伴相随。家庭是人一生最早也是最长久的生活环境。从社会学的角度来看，家庭是社会的基本单位，是特殊的社会组织，是人类最基本的社会生活组织形式，是按血缘和姻缘关系建立起来的社会经济组织。

一、家庭的含义

　　家庭有广义和狭义之分：狭义的家庭是指基于婚姻关系、两代血缘关系或收养关系形成的社会团体，这样的家庭由一对父母和未成年子女组成；广义的家庭是指具有共同的祖先、血缘或具有姻亲关系、养育关系的人所组成的亲属团体，这样的家庭不但包括婚姻关系、亲属关系，还包括由婚姻关系所连接起来的较大范围的亲属关系。一般来说，我们可以从以下几方面来理解家庭的含义。

　　第一，家庭是普遍的社会群体组织。每个人都与家庭有关，家庭是个人的成长之源，甚至是个人思想、行动的出发点和归宿。家庭能成为一个人奋发向上的内在驱动力。

　　第二，家庭是亲密的情感之所。在这里，有夫妻之间的爱情、成员之间的亲情，家庭成员之间尊老爱幼，互相关心爱护。家庭是能够激发爱的力量的温馨之所。

　　第三，家庭是长久的社会化渊源。在个体的生命历程中，个体首先接触的就是家庭，家庭是个人生存与发展的最宝贵资源，这种资源深深烙印于个体的社会化进程之中。家庭是个体身心发展的催化剂。

二、家庭结构

　　家庭的产生经历了漫长的历史变迁。家庭的起源与演化随着社会的进化而展现出不同的结构形式。原始社会时期，实行群婚和乱婚，没有稳定的家庭组织形式。私有制建立以后，个体家庭产生，并且随着生产力的发展而逐渐巩固和发展。现代工业化社会、信息化社会的发展又对家庭的结构产生了很大影响。所谓家庭结构，就是指家庭成员之间不同的组合关系和组合方式。统观起来，家庭结构主要表现为以下形式：

核心家庭：核心家庭是指由一对父母和未成年子女组成的家庭。

扩展家庭：扩展家庭是指由一对父母和一对已婚子女（或者再加其他亲属）组成的家庭，也可以是由一对父母和多对已婚子女（或者再加其他亲属）组成的家庭。

单亲家庭：单亲家庭是指由单身父亲或单身母亲养育未成年子女的家庭。

单身家庭：单身家庭是指到了结婚年龄不结婚或离婚以后不再婚而一个人生活的家庭。

重组家庭：重组家庭是指夫妻一方再婚或者双方再婚而组成的家庭。

丁克家庭：丁克家庭是指夫妻双方皆有经济来源、生育能力，但不要孩子的家庭。

空巢家庭：空巢家庭是指子女不在身边的老年人家庭。

家庭是小社会，社会是大家庭。家庭不能脱离社会而独立存在。家庭以社会环境为背景，反映社会的经济基础和上层建筑，是社会生活的一种表象。无论社会如何变迁，无论家庭的结构形式怎样变化，中国人的家国情怀永远不会被抹掉。实际上，也正是家庭生活的正常开展才使得人类社会生活和文化得以绵延不息、不断发展。

三、家庭教育的含义

家庭是儿童成长的第一类环境，父母是儿童的第一任教师，家庭教育在儿童的成长历程中有着不可替代的作用。何谓家庭教育？研究者们从不同的角度和侧重点给出了不同的回答与解释。当前，有关家庭教育的含义主要有以下几种表述。

家庭教育是指家庭成员之间的相互教育，通常是指父母或其他年长者对儿女或晚辈进行的教育。

家庭教育是指父母对子女、年长者对年幼者实施的教育。

家庭教育是指家庭成员间的互动关系，即父母与子女的双向沟通、相互影响。

这些研究者都是从宏观的视角对家庭教育的含义进行了阐述。他们把家庭教育看作一种终身教育而贯穿在个体成长的全过程之中。本书将视角放在0~6岁儿童的家庭教育上。我们把这一年龄阶段的婴幼儿统称为学前儿童。关于学前儿童家庭教育的含义主要有以下几种：

学前儿童家庭教育是学前儿童教育的重要组成部分，主要是指在家庭中对学前儿童实施的非正规教育。

学前儿童家庭教育是父母或家庭里的其他年长者自觉或不自觉地、有意或无意地对儿童施行的教育和影响。

学前儿童家庭教育虽称为教育，但并不是专门有所准备的教育。它是亲子之间、兄弟姐妹之间在感情的自然流露中所进行的教育。而且，只有亲子之间、兄弟姐妹之间感情的自然流露才是真正的婴幼儿教育。

学前儿童家庭教育有广义和狭义之分：广义的学前儿童家庭教育是指家庭成员之间的相互影响和教育；狭义的学前儿童家庭教育是指在家庭生活中，由家长对学前儿童进行的教育和施加的影响，这种教育和影响包括有意识的、自觉的，也包括无意识的、不自觉的。

为了方便理解和运用，并结合当前家庭教育的实际情况，我们将学前儿童家庭教育定义为父母或其他年长者在家庭中自觉地、有意识地在日常生活中对学前儿童施行的影响活动及其过程。

四、家庭教育的意义

我国历来有重视家庭教育的传统，并有许多相关的论述。颜之推著有《颜氏家训》，全书共20篇，全面论述了家庭教育的目的、内容和方法，被视为家教的规范；儿童教育家陈鹤琴著有《家庭教育——怎样教小孩》，全书共13章，立家庭教育原则

101条。从古到今，人们普遍重视家庭教育对儿童发展的影响和作用，概括起来说，家庭教育的意义主要体现在以下方面。

（一）家庭教育是整个教育系统的基础和起点

家庭环境是学前儿童成长的初始环境，家庭教育为儿童的身心发展奠定了最初的基础。儿童自呱呱坠地成为独立的生命个体的那一刻起，就受到了来自父母或长辈们的直接照料和养护。儿童在生长过程中，要学会吃奶、进餐、排泄、如厕，要学会说话、走路和奔跑，要学会与周围环境互动，要学会游戏等，所有这些生活技能的获得和提高都离不开婴幼儿时期的家庭教育。父母在早期给予儿童营养和照顾、宽松而暖和的衣服、空气流通和阳光充足的生活场所，以及能促进儿童体力、智力发展的丰富的信息刺激，如适宜的玩具与活动器械、图书与儿童自由探索的活动空间等，这些环境条件的创设，都是儿童发展不可缺少的，并为儿童的发展奠定了必要的物质基础。除此之外，家庭还为儿童的发展营造了一定的教育氛围。由于儿童与父母长期生活在同一个家庭环境里，父母与儿童有着深厚的感情并且相互了解，进而形成了良好的亲子关系，这些都为儿童的发展提供了有利的精神滋养，可以有效地促进儿童良好人格的形成。社会心理学家雷克特认为："在家庭中所获得的一种成功经验，其后可服务于激发另一些成功的经验，家庭教育的结果可有效地扩充，它既包括某一特殊时刻教育的直接效果，也包括对于其后一连串反应或变化的间接效果。"许多研究都表明：家庭教育能够促成儿童最初的早期经验和最初的主观能动性，这往往成为儿童后续个性发展的主观基础。

（二）家庭教育是儿童全面发展的必要条件

个体刚出生时，对现实的社会生活一无所知。家庭成了儿童认识世界的起点，他们对世界的认识是从对父母的认识开始的，他们与父母的关系常常成为他们与整个世界联系的基础和纽带。特别是在儿童人生最初的三五年内，父母在保证儿童日常生活需要的同时，还向儿童传递一定的社会文化规范和生活经验，并且帮助儿童学习语言，学会与人交往的基本方式，掌握社会生活起居的习俗传统和基本的行为准则。当儿童还不能自己独立判断事物或做出选择时，父母的判断就是他们最初的行为标准，儿童总是通过父母的言行来认识和评价周围的世界，社会意识也往往通过家庭的折射进入儿童的心灵，教育家马卡连柯曾经说过："家庭是最重要的地方，在家庭里面，人初次向社会生活迈进。"由此可见，家庭是儿童进入社会的桥梁，而家庭教育则引导儿童认识社会，为儿童适应社会生活打下基础。

另外，父母之爱在家庭教育中具有重要的价值。这种爱是儿童成长和发展的伟大精神力量。父母和儿童的接触、沟通，父母对儿童的期待、激励等，可以有效地促进儿童自尊和自信的生成，促进儿童表达能力和社会交往能力的提高，浸润儿童思想道德品质的萌芽。相反，如果父母对儿童漠不关心、粗暴，甚至打骂儿童，则会在很大程度上阻碍儿童的安全感、自信心、良好情绪情感和个性的健康发展，进而也会影响儿童德智体等方面的发展。

总之，家庭教育是儿童进步和发展的重要依托，家庭教育与其他教育形式的恰当结合对儿童的发展具有深远的意义。

第二课　学前儿童家庭教育的特点

幼儿在出生成长中接触到的第一环境就是家庭，它也是亲子关系建立和发展的基础。幼儿从出生到入学前的这一时期与家庭的关系十分密切，因此，这个时期家庭对幼儿的影响非常大。

学前儿童教育指的是根据孩子生理和心理发展的特点以及敏感期的发展特点而进行有针对性的指导和培养，为孩子多元智能和健康人格的培养打下良好的基础。广义的学前儿童教育指从人出生到小学以前阶段的教育，狭义的则主要指上述阶段的早期学习。一些国家出现提前开始学习读、写、算，提前开始正式教育的探讨和实验。但也有人主张早期教育应重在发展智力。还有人认为早期教育应向前延伸到孩子出生以前母亲怀孕期的胎教。家庭教育对早期教育有重大影响。

一、学前儿童家庭教育与托幼机构教育的不同

学前儿童家庭教育作为学前儿童教育的重要组成部分，与托幼机构的教育既有联系又有许多不同，主要表现在以下方面（详见表1-1）。

表1-1　学前儿童家庭教育与托幼机构教育的异同

		学前儿童家庭教育	托幼机构教育
相同点	教育目的	使儿童健康成长，为以后的学习打下良好的基础	使儿童身心健康发展，为进入小学奠定基础
	教育内容	对儿童进行健康、认知、品行、审美等方面的教育	对儿童进行德、智、体、美、劳五大领域的全面教育
不同点	教育者	没有经过专门、系统培训的父母或其他亲属	经过专门、系统培训的职业教师
	教育对象	单一性、个体性	复合性、集体性
	教育环境	零散性、粗放性、象征性	整体性、教育性、艺术性
	教育形式	以家庭生活为依托，以言传身教为主	以幼儿园各类活动为依托，实施多样化教育
	教育评价	以家长为主体、单一评价	以教师为主体、多层评价
	教育功能	保多教少、家庭期望成分较多	保教结合、社会期望成分较多

事实上，教育者角色的不同会直接影响教育的效果。关于家长与教师二者角色的比较，参见表1-2。此表可以进一步帮助我们理解学前儿童家庭教育与托幼机构教育的不同。

表1-2　家长和教师角色的比较

	家长	教师
功能范围	扩散而无局限	特定而有限
情感强度	高	低
依恋	适度的依恋	适度的分离
理性	适度的非理性	适度的理性
自发性	适度的自发性	适度的计划性
偏袒性	偏爱	公平
责任范围	个体	团体

续表

	家长	教师
与受教育者的关系	血缘关系、自然的、无选择的、长久的	无特定关系、人为的、有选择的、暂时的
纪律	家规式说教	集体规则式教育
互动	亲密但互动对象少	疏离但互动对象多
沟通与学习	偏重语言	偏重情境
教育水平	兼职、非专业	专职、专业

二、家庭教育的特点

（一）家庭教育的率先性

一个人最早接触的群体是家庭成员，最早受到的教育是家庭教育。在思想道德方面，家庭成员的道德观念、价值观念、精神境界、理想追求都不知不觉地影响着一个人，这种烙印是最初的、清晰的、持久的，为一个人的政治思想、道德素质的培养和提高奠定了基础。在智力发展方面，家庭早期教育的影响也很大。人智力发展的最佳时期是在学前早期，家庭教育是学校教育、社会教育的先导，由此可以说家庭教育具有率先性。

（二）家庭成员交往的亲密性

家庭教育一般建立在亲子血缘关系的基础上，这是家庭教育十分明显而又十分重要的特点。在儿童面前，家长是家庭生活的组织者，家长具有权威的力量。尤其

是在儿童还没有独立生活之前，他们在经济、生活、感情上都依赖家长，和家长形成了亲密的依附关系。家庭教育是在物质供养和深厚的亲子感情密切结合下进行的，因而有着学校教育、社会教育没有的自然强化效应。也正是这种亲子血缘关系，使父母和子女在生活上朝夕相处，在情感上紧密相连。父母可以对子女进行长期的、持久的教育，其教育的牢固性往往要超过其他教育。

（三）家庭教育内容的丰富性和针对性

家庭教育内容涉及范围很广，如道德教育、情感教育、生活教育、知识教育等，

只要家长懂的，都可以教给子女并影响子女，所以家庭教育的内容十分丰富。家庭教育是家长对子女所进行的一种个别化教育，这使得子女与父母朝夕相处，有什么想法都愿意向父母倾诉。儿童在自然状态下，少有戒心，因而思想作风、行为习惯表现得最真实、最充分。所以，一般来说，父母对子女的秉性、脾气十分了解。"知子莫若父，知女莫若母"就说明了这一点，这样家长可以针对子女存在的问题和个性特点因材施教。可见，家庭教育的内容不仅十分丰富，而且还具有针对性。

（四）家庭教育方法的灵活多样性

家庭教育没有固定的课程标准和教材，"遇物而诲""相机而教"是家庭教育的典型特征。在家庭环境中，父母主要是通过日常的生活环节、儿童亲身经历的典型事例来教育儿童，并对儿童言传身教。所以相对于学校教育而言，家庭教育不刻板，家长只是抓住一些可以对儿童进行教育的机会，及时地、有针对性地对儿童施加影响。在这个过程中，家长还可以根据儿童的实际表现与发展水平，随时调整教育方法，逐步达到预期的教育目标。家庭教育具有的随机性与灵活性特征，不仅可以拓展教育内容，而且还能丰富教育方法，加强教育的针对性，提高教育的有效性。

（五）家庭教育影响的终身性和局限性

家庭教育的影响是伴随儿童终身的，与学校教育相比，家庭教育更具有连续性和持久性。儿童从出生起就开始接受家庭教育。虽然不同阶段家庭教育的作用大小不同，但始终伴随着人们成长的全过程。如果家庭属于民主类型，父母还会经常从儿童的言行中受教育，因此家庭教育是终身的。然而，家庭教育毕竟是在特定的范围、特定的关系中进行的一种教育活动，这种教育活动表现出来的特点有其有利的一面，也有其不利的一面。

其不利的一面主要表现为家庭教育存在着一定的局限性。在生产力和科学技术高度发展的现代社会，社会对劳动后备力量在科学、文化、道德等方面的素养提出了越来越高的要求。然而，家长所掌握的知识、经验、技能的深度和广度总是有限的。尤其是家长大多不是从事教育的专业人士，其教育水平和教育能力有着很大的局限性，由此造成家庭成员对儿童教育的不一致、不协调，再加上社会和儿童是不断发展的，不同年龄儿童的教育也各不相同，家长相对缺乏教育经验。

三、学前儿童家庭教育中常见的问题

目前，我国社会正在进入一个新的历史发展期。市场经济的迅速发展使人们的思想观念及生活方式发生了很大的变化，优生优育观念深入人心，家庭教育地位凸显。但在具体的家庭教育实践中，还存在以下主要问题。

（一）教育目标功利化

据统计，很多家长都希望自己的子女将来能够上大学，从而有一个好的人生，这种认识本身就有片面性。这既是儿童观上的错误认识，也是受不科学的教育实践影响的结果，如望子成龙的观念、学而优则仕的思想、长期的应试教育理念等。其实这种思想瞄准的是未来，把未来某个阶段的所谓成功所带来的"利益"作为孩子不懈努力的目标。这种渴求的直接结果就是家庭教育的功利化。在强烈的功利主义思想驱动下，家长过早地为学前儿童升入小学、中学、大学打基础，不断强化家庭教育中的知识教育，弱化关系到学前儿童健康成长的其他方面教育，无视学前儿童成长的规律和学习特点，使学前儿童家庭教育小学化、成人化倾向严重，泯灭了儿童在幼年时期生活与成长的快乐和幸福感，最终也只会离家长想要的目标越来越远。

（二）教育过程两极化

教育过程两极化主要表现在两个方面。

第一，溺爱。这是众多家庭普遍存在的问题。爱孩子是父母的天性，也是家庭教育的出发点和基础。父母之爱是一种强大的力量，它能使儿童产生一种幸福感，这种幸福感是儿童成长与发展的源泉。"没有爱就没有教育"，但有时就像真理再跨前一步就成为谬误一样，倘若父母之爱超出了一定的限度，失去了分寸和理性，变成溺爱之后，就成为一种畸形的爱。这对儿童的健康发展会产生很大的消极影响。

溺爱在现实生活中主要表现为无原则地迁就、娇惯孩子、"护短"等。尤其是独生子女成为家中唯一的"小太阳"后，家长过度的爱，越俎代庖，无形之中剥夺了儿童与外部世界互动的机会，使儿童错过了锻炼自身的机会，从小养成一种以自我为中心来思考问题的习惯，从而缺乏自主探索的欲望，依赖心理强、自信心不足、生活能力差，在很大程度上延缓了儿童的社会化进程。

案例分享

东东是幼儿园中班的一个性格比较内向的孩子。晚上吃过饭后，他爸爸问他："东东，今天在幼儿园玩得高兴吗？"这一问，东东顿时哭了起来。他爸爸赶紧说："别哭，别哭，怎么了，告诉爸爸。"东东哭着对他爸爸说："皓皓打我了，还抢我的玩具。"他爸爸一听就火了，对东东大声说："你不能打他？把玩具抢回来。"

评析： 幼儿之间发生矛盾、冲突是很正常的事情，关键是教导幼儿如何解决矛盾和冲突，如何更好地与人相处和交往。人际交往能力是幼儿社会性发展的重要内容，如果缺乏人际交往能力，就不能适应这个社会。协商、交流、分享等人际交往技能是从小习得的，老师和家长应该共同努力，为幼儿提供良好的模仿榜样。像东东爸爸这种溺爱、心疼孩子、教唆孩子打人的做法只会给孩子的社会性发展带来负面影响。

第二，放纵。当前我国社会生产力快速发展，城镇化水平不断提高。许多父母由于工作原因不得不过着两地分居的生活，于是造成父母在孩子教育或管理上的缺失，尤其是改革开放以来，我国社会大量的农村剩余劳动力涌进城市，农村留守儿童的教育已突出成为家庭教育中一个重大问题。

留守儿童教育的缺失主要的表现：父母不在身边，教育管理时间不足，更谈不上儿童与父母之间建立起良好的亲子依恋关系，这造成儿童在发展的关键期不能得到较好的熏陶，各种潜能没能在童年时期被很好地挖掘出来，各种良好的行为习惯也没有得到较好的培养；隔代抚养或是父母一方外出造成的单亲抚养使儿童产生了许多成长中的问题。虽然教育上的这种"放纵"不是有意为之，但它确实已成为家庭教育中需要迫切关注的现实问题。

（三）教育方法简单化

在教育儿童的方法上，家长一方面对儿童充满了美好的期待，另一方面，却又做着事与愿违的事情。原因是，家长缺乏科学的教育理念，教育思想落伍，并且忽视自身建设等。

家长教育方法简单化的直接原因是家长对儿童成长、学习和发展的特点缺乏科学的认识。同时家长自身又不善于钻研学习和提高自己的教育水平，最终只能做出违背儿童成长规律的事情。教育家苏霍姆林斯基说：要教育好孩子，就要不断提高教育技巧，要提高教育技巧，就需要家长付出努力，不断地提升自己。

家庭教育是一门科学，更是一门艺术。家长只有读懂了儿童这本书，教育方法才能与时俱进，不断创新，最终促进儿童的成长。

▶ **案例分享**

和孩子一起飞

"乔嘉，你今天是什么动物呀？"又到中午放学的时候了，我看到乔嘉和妈妈笑嘻嘻地从实验幼儿园走出来，就随口问道。

"老鹰！"说着，乔嘉就张开两只臂膀作翱翔状，在院子里奔跑起来。

乔嘉的妈妈丽莎冲我挤了挤眼睛，也张开双臂随着乔嘉"飞"了起来。她一边"飞"，一边问乔嘉："咱们是什么鹰啊？"

"美国秃鹰！"

乔嘉越"飞"越起劲，她妈妈却有些跟不上了。乔嘉妈妈停住了脚步，左腿撑在地上，右腿微微弯曲，脚尖点在左脚背上，双臂紧缩，肩膀耸起。

"接着飞呀！"乔嘉号召妈妈继续努力。

"我在树上栖息着，还可以观察四周的情况，搜寻猎物。"乔嘉妈妈煞有介事地回答。

我在一旁饶有兴趣地观察着这母女俩的举动。尽管这情景已经成为乔嘉每天放学时的一个固定节目，内容却常常翻新。我也乐此不疲，每天当观众，已经有一年多了。

乔嘉最喜欢当小狗，伏在妈妈脚边"汪汪"叫着爬出校门，嘴里还衔着她当天的美术作品。她还扮过猫、兔子、青蛙、鱼、恐龙、大象、狮子、蝴蝶等，偶尔也会当一次汽车司机或飞机驾驶员。不管她当什么，妈妈丽莎都会和她一起扮演。在游戏中，那些有关的知识和专用词汇通过两人之间的对话输送到乔嘉的脑子里，乔嘉的创造力也同时得到了发展。

乔嘉升班以后，每天早晨经过我的教室时仍不忘笑问我一句："你猜我今天感觉如何?"那年圣诞节乔嘉送给我的是一块她亲手着色、颇具印象派风格的电灯开关护板。我对丽莎说，二十年以后一定别忘了带乔嘉回学校来看我。

评析：案例《和孩子一起飞》中的乔嘉本是个害羞又有些敏感的小女孩，不过，她很快适应了幼儿园的环境和常规。在幼儿园里，她最喜欢美工活动和动手游戏，当同伴们用彩色水笔画画时，她却用不同颜色的笔在纸上用力地戳，使水彩在纸上四处溅开来；当同伴们用各式各样的橡皮章印画时，她却蘸着各种油泥做起指纹画来。每当妈妈来接她时，她都会扮演各种小动物，做各种各样的动作，不管她当什么，她妈妈都会和她一起扮演。

这里显示的是一位妈妈的耐心和宽容，当乔嘉明显地表现出和同伴不同的行为时，妈妈没有遏制孩子的言行举止，而是为乔嘉提供了一种自由创造和想象的空间，如果她不参与孩子的创造过程，而要求孩子和同伴一样来发展，那么乔嘉的成长可能就是另外一种情况了。

思考与练习

一、名词解释

学前儿童家庭教育

二、简答题

1. 简述家庭教育的意义。

2. 简述学前儿童家庭教育与托幼机构教育的不同。

单元导言

　　孩子像是一块神奇的土地，播上思想的种子就会获得行为的收获，播上行为的种子就会获得习惯的收获，播上习惯的种子就会获得品德的收获，播上品德的种子就会获得命运的收获。

学习目标

1. 了解家庭（家庭结构、家庭关系、家庭经济状况、家庭生活方式）对学前儿童家庭教育的影响。

2. 掌握家长的教育观念、教养方式、教育能力对学前儿童家庭教育的影响。

3. 掌握家庭外部因素（社会教育资源、早期教育机构、大众传媒）对学前儿童家庭教育的影响。

4. 理解各影响因素在学前儿童家庭教育中的相互关系。

第一课 家庭本身对学前儿童家庭教育的影响

一、家庭结构对学前儿童家庭教育的影响

（一）家庭结构对学前儿童家庭教育的影响表现

家庭是儿童产生原始的自我感觉以及形成基本的身份、价值和信念的背景，是儿童成长的"第一所学校"。不同的家庭结构由于其构成的独特性而具有独特的人际关系，会对学前儿童的教育和成长产生非常重要的影响。

随着社会的发展和改革开放的进一步深入，我国的经济运行机制发生了很大改变，经济体制改革又牵动着社会的各个层面发生一系列的深刻变革。家庭作为社会结构最基本的构成单位受到了直接而深刻的影响，家庭结构产生了很明显的变化。四世同堂、三代同居的传统家庭日益减少，核心家庭已经居于支配地位；单亲家庭、再婚家庭纷纷涌现。社会变革引起了家庭结构的变革，家庭结构日趋简单化、核心化成为家庭结构变革的主导趋势，家庭结构的变化和调整对学前教育带来了很大挑战。

1. 家庭结构的核心化对学前儿童家庭教育有利有弊

自我国计划生育政策实施以来，我国的独生子女数量迅速增加，据初步统计，截至2011年年初，我国独生子女人数已超过1亿人，占总人口的8%左右。经过30多年的改革，我国已经改变了过去以主干家庭和联合家庭为主的家庭结构，取而代之的是以核心家庭为主的家庭结构，并且家庭规模日趋小型化。

核心家庭在学前儿童家庭教育中的自身优势包括以下几点。

（1）家庭氛围民主和谐。在传统的家庭中，长辈与晚辈之间是简单的服从与被服从的关系，晚辈遵守封建社会的"三纲五常"，对长辈绝对服从，在一定程度上不具有独立的人格。而核心家庭中父母仍是家庭教育的主导者，家庭关系相对简单化，亲子关系密切，父母能够与子女互相沟通，容易营造和谐民主的家庭氛围。

（2）有利于教育合力的形成。学前儿童家庭教育的忌讳是教育者之间教育理

念不一致，老人宠爱、溺爱孩子，而父母则希望严格要求孩子，这种不一致对学前儿童个性的培养危害很大。而核心家庭中的父母在教育儿童的原则和立场方面，更容易达成一致，这对儿童的教育和成长非常有利。另外，父母因为没有其他人可以依赖，对儿童的教育会更有责任感和迫切感，力求一起面对儿童的教育问题，这样更容易形成教育合力。

（3）家庭教育资源质量优化提升。核心家庭成员减少，子女有机会得到父母更多的关爱，接受父母在教育上的更多投资。同时，随着时代的发展，父母文化程度的提高，父母不断更新家庭自身的教育观念和方式，教育能力得到不断提升。父母不仅尽全力保障儿童基本的学习环境和条件，还为儿童其他方面的能力发展寻求空间。

当然，核心家庭在学前儿童家庭教育中也有弊端。在核心家庭中，家庭内社会互动的对象和内容比较单一，学前儿童扮演的角色单一，缺乏在多维人际交往中成长的机会，在这种环境中成长的儿童一般"自我为中心"的观念更强。另外，由于我国大部分核心家庭中的夫妇都是双职工，他们用于工作的时间和精力都较多，这容易影响他们对儿童的关注和照顾，容易使他们和儿童接触的机会减少，进而影响儿童的健康发展。

2. 单亲家庭的日益增多使父母教养角色失衡

单亲家庭是指父亲或母亲单独抚养未成年子女的家庭。据我国民政部门统计，1980年中国离婚对数为34.1万，2000年全国办理离婚121.2万对，2001年有125万对夫妻离婚，2003年为133.1万对，2005年为178.5万对。到2014年，全国离婚的夫妻已经突破350万对。从绝对离婚对数的数据可以看出，我国离婚人数增加迅速。当然，离异家庭只是单亲家庭中的一种，单亲家庭也可能是其他原因造成的，比如丧偶、未婚先孕等。

家庭对儿童来说是温暖的港湾，是成长的绿洲。家庭结构的解体对于幼小的儿童来说，是非常严重的精神危机。家庭结构的变化破坏了儿童原本的成长环境，摧毁了原本温馨的家庭，它给儿童带来的心灵创伤和精神痛苦是沉重的。教育家马卡连柯曾说："缺乏母爱的儿童是有缺陷的儿童，失去母爱会使孩子心理发展受到障碍；没有父亲存在，会使母爱向溺爱发展，同样影响孩子心理的正常发展，不健全家庭的不幸就在于缺乏这样天然和谐的正常的爱和教育。"父爱母爱各有特点，不可或缺，不可相互替代。一个家庭成员的离开，带走的不仅仅是亲情，更意味着父母中一方在儿童未来成长中的缺位。

3. 隔代家庭增加易导致家庭教育环境不和谐

隔代家庭是指儿童没有和父母在一起生活，主要由祖辈家长（爷爷奶奶或外公外婆）进行抚养和教育的家庭。目前，隔代家庭数量有增长的趋势。相关部门在全国范围内做了一项有关中国隔代教育的调查，结果显示：在北京有70%左右的孩子接受隔代教育，在上海有50%~60%的孩子由祖辈教育，在广州接受隔代教育的儿童则占儿童总数的50%，在全国有近50%的儿童接受隔代教育。儿童年龄越小，与祖辈生活在一起的三代家庭所占比例越大。也就是说，随着社会日益老龄化，隔代家庭现象会越来越普遍。

祖辈家长抚养、教育儿童有其一定的优势。比如祖辈家长能有较充足的时间陪伴儿童，有丰富的经验来照顾儿童的生活起居，祖辈家长抚养儿童对其自身保持健康的心态也大有裨益。但是，由于祖辈在生理和心理上带有老年人的特点，他们的价值观念、知识结构、教育方式与现代社会存在一定差距，所以隔代家庭对学前儿童家庭教育难免会产生一些不利影响。

隔代家庭对家庭教育环境的影响主要体现在亲子沟通上。由于祖辈在儿童的成长中担任了一定或是全部的抚养责任，其父母与儿童之间很少或没有互动，这必然会影响亲子之间的关系。父母与儿童双方对彼此的依赖都很低，相互信任程度不高，儿童不愿亲近父母，不愿与父母沟通，而父母也会认为祖辈培养出来的儿童自主性、自制性不强，不信任儿童。

同时，接受隔代教育的儿童的监管人大多数是祖辈，他们普遍年纪大，不能很好地在学习上帮助与指导儿童，不知道如何从心理上关心儿童，在和儿童的沟通上也存在较大困难。这种不和谐的家庭教育环境对儿童的成长非常不利。

（二）不同家庭结构中的学前儿童教育应注意的问题

基于目前"核心家庭居于支配地位，单亲家庭、隔代家庭不断增多"的家庭结构新趋势，这三类家庭在教育的过程中分别应该注意以下问题。

1. 坚持科学育儿原则，做严宽有度的民主型家长

目前，核心家庭中大多为独生子女，所以子女很容易成为家庭关注的焦点，父母对子女的教养表现出高度保护、过度疼爱的特点。父母把所有的希望都寄托在子女身上，对子女百般呵护和溺爱，这种环境下成长的子女容易形成不良性格。因此，核心家庭的父母应该坚持科学的家庭教育原则，做严宽有度的民主型家长，才有利于儿童的成长。

民主型家长能给予子女适度的关爱与要求，能和子女进行平等的沟通与对话，能接纳子女合理的意见和想法。家长关注子女、多了解子女的需求本是好事，但不能满足子女任何无理的要求，家长的爱应该是有原则的。例如，5岁的浩浩有这样一个习惯，看到其他小朋友的玩具或物品，他就会想要一个一模一样的，父母必须马上买来给他，不然他就大吵大闹，而浩浩的父母也是有求必应。浩浩父母的做法只会让孩子逐渐陷入"自我中心"，这样无原则地满足孩子会害了孩子。浩浩想要和其他孩子一样的玩具，要具体分析他想要的原因。如果他是真的喜欢这个玩具，那可以先找其他孩子借着玩，适当情况下再给他买。如果他只是想在其他孩子面前炫耀"你有的，我也有"，那就要对浩浩进行引导教育。尊重孩子是家庭教育的首要原则，爱而不骄，严而有格，宽松而不放任，自由而不放纵，所以父母在家庭教育中应做到严宽有度。

2. 增强角色意识，创设快乐的单亲家庭教育氛围

临床心理学家朱迪·沃勒斯坦指出，在一个理性的、快乐的、完整的家庭里，孩子首先被父母一方吸引，然后转向另一方，在攀登成长阶梯的过程中，充分运用从父母那里学来的品性与技巧。在完整的家庭中，父母共同抚养和教育子女，父母的言行举止、思维方式、行为等都会在无形中被子女模仿，并逐渐内化为儿童的行为规范。家庭中，父亲和母亲的角色无法替代。在单亲家庭中，父母要增强角色意识，促进子女健康快乐地成长。无论造成单亲的原因是什么，负责抚养子女的家长应该尽快调整好自己的情绪和心态，努力为子女创造快乐的家庭氛围。如果父亲或母亲每天沉浸在痛苦或抱怨中，家庭氛围过于沉重，子女自然也不会快乐，长期如此对子女的个性发展是很不利的。在婚姻关系破裂后，家长双方仍然应对子女负责，避免子女产生失去一方亲

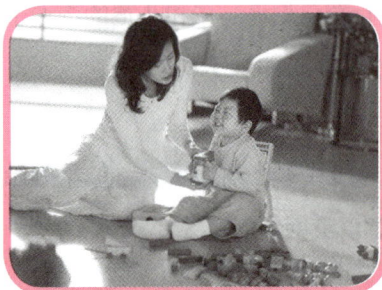

人的感受，尽量多创造机会让子女感受来自父母共同的爱和关心。

3. 强化亲子关系，打造新式"隔代教育"

隔代家庭的两代家长面对学前儿童成长和教育过程中的种种矛盾和问题时，应该学会相互协调，强化亲子关系，通过沟通形成共同一致的教育观，合力打造新式的"隔代教育"。所谓新式"隔代教育"是指父辈家长强化自身的教育责任并勇于接受新思想，掌握子女的成长规律，了解子女的成长需求，尽量用现代科学知识抚养教育子女。祖辈家长应该积极创造机会让子女和父母多接触，多沟通感情，两代人共同努力营造一个有利于儿童成长的和谐温馨的家庭教育氛围。

要克服隔代家庭对子女成长的弊端，祖辈和父辈一定要确立各自的教育地位和关系，给自己一个明确、科学的定位。首先，父辈家长一定要明白自己才是学前儿童家庭教育的主要实施者，不能把抚养权、教育权全部交给祖辈，无论多忙，一定要多抽时间与子女在一起。父辈要经常与祖辈交流，了解他们的教育方式，表达自己的教育观点，帮助老人接受新事物。其次，祖辈家长也应当主动配合父辈家长对子女的教育。最后，祖辈家长和父辈家长应该就子女的教育达成一致，维护双方的威信。当两代人对子女的教育产生分歧和矛盾时，一定要相互沟通，统一认识，择善施教，共同促进儿童的全面发展。

【议一议】

祖辈和父辈家长应如何克服隔代教育的弊端？

二、家庭关系对学前儿童家庭教育的影响

（一）家庭关系对学前儿童家庭教育的影响表现

家庭的基本构成要素是人，家庭中的每一个成员都处于特定的关系之中，因此家庭内部存在各种各样的家庭关系。根据家庭主体的不同，家庭关系主要包括夫妻关系、亲子关系、家庭其他成员之间的关系（祖孙关系、兄弟姐妹关系）等，家庭成员之间的血缘关系和婚姻关系比一般的人际关系更加亲密和稳定。家庭成员之间的各种关系及其紧密度、稳固度等会以不同的方式对学前儿童家庭教育产生影响。

1. 夫妻关系对学前儿童家庭教育的影响

夫妻关系是家庭最基础的关系，夫妻关系衍生出亲子关系，然后再衍生出其他家庭关系。在家庭中，夫妻关系不仅仅是夫妻双方的联系和作用，也为子女的成长

提供重要的家庭氛围。不同类型的夫妻关系对家庭教育的影响是不一样的。

（1）粘黏的夫妻关系。这是一种忽略自我的夫妻关系，在这样关系中，父母独立意识差，相互依赖，情感粘黏。这种家庭中父母分不清楚成人和儿童角色的差别，要么为子女全权包办，要么对子女放任不管，不能正确地履行父母的职责。此外，父母人格的不健全以及相互粘黏的关系，本身就给子女树立了一个不健康的榜样，不能给予子女一个正确的示范。

（2）冲突的夫妻关系。在这种夫妻关系中，父母关系紧张，经常争吵、敌对，发生冲突。冲突的夫妻关系会让子女处于一个不和谐的家庭氛围中，对子女的成长产生很多的负面影响。有研究表明：在充满矛盾的环境中，儿童缺少精神与心理健全发展所必需的条件，发生神经性心理病态的危险急剧增长，行为的放纵与缺乏自制力日趋发展，适应能力逐渐降低。

（3）健全的夫妻关系。健全的夫妻关系以爱情为核心，夫妻双方都处于平等的地位，是独立的自我。健全的夫妻关系会给家庭尤其是子女带来良好的影响：家庭气氛和谐，为子女的健康成长提供了好的家庭环境；家庭充满了爱，子女也懂得去爱别人，关心别人，尊重别人。

2. 亲子关系对学前儿童家庭教育的影响

亲子关系是以血缘和共同生活为基础，由父母与子女之间相互影响、相互作用构成的，是亲子双向行为体系的自然关系和社会关系的统一体。这种关系有三层含义：一是生物学意义，主要表明的是血缘关系；二是社会学意义，主要表明的是法律、制度、地位等关系；三是心理学意义，主要揭示其特定的情感态度、行为方式等方面的联系。亲子关系在家庭中是直系血亲中最近的一种关系，直接影响学前儿童的成长。

亲子间的角色关系直接影响学前儿童的性别角色意识、道德责任感、自然生活秩序等的建立与发展。从心理层面而言，亲子之间的心理地位、情感交流、重要他人等都构成亲子关系的重要方面，从而影响家庭教育。积极的亲子关系能够促进儿童的发展，而不协调的亲子关系会带来儿童角色认知上的偏差，并产生与父母对立的情绪和行为等一些不良的影响。

在核心家庭和主干家庭中，由于父母工作较忙，祖辈帮忙抚育儿童的情况很多，祖辈成为和儿童接触时间最多的人，隔代家庭中的祖辈更是承担了抚养和教育儿童的责任。如果祖辈具备一定的教育知识，能够理性地教育孙辈，祖孙关系和谐，对于儿童的成长和发展有促进作用。如果祖辈溺爱、娇惯孙辈，会不利于儿童良好个性的形成。

兄弟姐妹关系，是指在多子女家庭中，一个子女和其他子女之间形成的一种关系。作为同代人，他们之间的感情比同学、朋友之间的感情更近、更深。在多子女家庭中，父母对待子女不同的方法和态度，使兄弟姐妹关系成为诸多家庭关系中相对复杂的一种。处理好兄弟姐妹关系，能够锻炼每个子女的各种能力，尤其是人际交往能力；处理不好不仅会伤害到子女的积极性，而且也会影响夫妻关系、亲子关系。

（二）良好的学前儿童家庭教育需要以和谐的家庭关系为支撑

家庭关系是否和谐，会影响家庭氛围、家庭的稳定性，对所有家庭成员的身心健康都有重要影响，良好的学前儿童家庭教育需要以和谐的家庭关系为支撑。

1. 和谐的夫妻关系是良好的学前儿童家庭教育的基础

夫妻是家庭的核心，夫妻关系直接影响家庭的生活质量。因此，和谐的夫妻关系是家庭和睦的基础。作为父母，夫妻必须要处理好两人的关系，为子女创造一个和谐、健康的家庭环境。

（1）夫妻双方要珍惜家庭。夫妻双方共同营造一种快乐、健康的生活氛围，维护家庭的健康、稳定。

（2）夫妻双方要相互尊重。在家庭中，每个人的地位都是平等的，家庭成员相互保持各自的独立性，相互尊重，携手到老。

（3）夫妻双方要多进行情感沟通。夫妻之间要多沟通，多谈心聊天，这样可以促进儿童学会与父母沟通。

（4）夫妻双方遇事要理智。夫妻共同生活，总是会遇到分歧、矛盾。在遇到矛盾时，夫妻要学会控制各自的情绪，平和地解决问题，不在子女面前吵架。

2. 和谐的亲子关系是良好的学前儿童家庭教育的动力

亲子关系因为父母与子女的血缘关系而稳固，且不易改变，它是最直接影响学前儿童成长的家庭关系。因此，和谐的亲子关系是良好学前儿童家庭教育的直接动力。处理亲子关系时要注意以下几点。

（1）营造安全、快乐的家庭氛围。在有安全感、快乐的心理氛围下，儿童才能敞开自己的心扉，大胆说话，大胆行动，大胆探索。

（2）父母要尊重儿童。儿童是有独立人格的人，不是父母的附属品。父母不能处处支配他们的活动或压制他们的需求，而应当尊重儿童的需求和想法，接纳儿童的观点和行为。

（3）父母要做到言传身教。父母作为儿童的重要他人，自身的言行会在不知不觉中影响儿童。学前儿童的观察和模仿能力很强，对于关注到的行为和言语，能很快吸收并表现出来。因此，父母要注意自己的言行，给儿童树立正面榜样，带给儿童积极的影响。

（4）亲子之间多进行情感交流。情感交流是亲子关系的重要内容，父母能将自己的情感传递给儿童，重视儿童的感受，站在儿童的角度来考虑问题，耐心倾听儿童的声音。

3. 和谐的家庭成员关系是良好的学前儿童家庭教育的支持

家庭中的祖孙关系和兄弟姐妹关系也是影响儿童成长的重要因素，和谐的家庭成员关系是对学前儿童家庭教育的最好支持。

（1）祖辈不要溺爱孙辈。祖辈对孙辈非常关心和爱护，但是不要过度、过分娇纵孙辈，也不要过多干涉孙辈的生活。

（2）父母要平等对待每一个子女。子女之间是平等的，父母理应平等地对待每一个子女，宽容地对待他们的错误，不要总是对比子女的表现，避免子女之间相互嫉妒、抱怨。

三、家庭经济状况对学前儿童家庭教育的影响

（一）家庭经济状况的含义

家庭经济状况是指家庭的经济收入、生活水平、收入来源和生活消费支出等情况。家庭经济状况的好坏与家长的职业、受教育程度、家庭结构、家庭人口等方面有直接的关系，对整个家庭生活也会有一定的影响。

（二）家庭经济状况对学前儿童家庭教育的影响

家庭经济状况对学前儿童家庭教育有一定的影响，具体表现在以下方面。

1. 家庭经济状况对儿童生活环境的影响

（1）家庭经济状况对学前儿童物质环境的影响。家庭经济状况较好的家庭，能为儿童提供舒适的居住环境，使儿童能够有自己的独立空间，有较大的活动场地玩耍、学习和探索。家长有经济实力给予儿童更多的教育投入，比如买更多的玩具和图书、音像资料等，为儿童买各种手工材料让他们操作，带儿童去旅游，带儿童去听音乐会、看画展等。而经济状况较差的家庭，即使家长也很重视儿童的教育，但是由于经济条件的限制，他们给予儿童的教育资源会很有限。

（2）家庭经济状况对学前儿童精神环境的影响。家庭经济状况影响家庭的精神环境。例如，如果家长的工作比较稳定，有固定的上下班时间，家长回家以后陪伴儿童的时间和机会比较多，也有较多的精力去关注儿童。但是有些家长，可能工作强度比较大，体力劳动比较多，也会面临加班，回家以后很疲惫，对儿童的关注和交流相对较少。

2. 家庭经济状况对学前儿童健康的影响

家庭经济状况和儿童的健康关系密切。有研究表明，从出生开始，儿童的健康就与家庭经济状况产生联系。家庭经济状况较差的儿童更有可能经历子宫里的生长延迟和神经性行为成长不充分，他们更可能早产，而且往往体重偏轻，或容易窒息，或出生时有缺陷，易患胎儿酒精性中毒症，带艾滋病毒。生活在环境较差，尤其是对胎儿有潜在危害的地方，母亲怀孕期间因为经济困难、营养不良等原因，有可能会给胎儿带来早期的健康问题。而家庭经济状况较好家庭的孕妇居住在环境较好的地方，营养科学合理，能到正规的医院生产等，这些都有利于母婴的健康成长。

一般来说，经济状况较好的家庭，会更注重为儿童提供搭配合理、营养均衡的饮食。而经济状况较差的家庭，因为条件的限制或父母本身观念所限，更注重儿童是否吃饱。这些都会影响儿童身体的发育和健康。

3. 家庭经济状况对学前儿童认知的影响

经济状况较好的家庭能够为儿童提供更多、更丰富的认知刺激，如玩具、图书、学习材料、活动等，这些有利于儿童认知的发展。而经济状况不太好的家庭，一般较重视儿童知识的获取，较少关注其他方面的发展。

4. 家庭经济状况对学前儿童社会情感和行为的影响

尽管家庭经济状况与儿童社会情感和行为的关系不如其与认知的关系密切，但家庭经济状况的好坏对儿童的情感和行为也是有影响的。调查发现，收入较高的家长会更加关心儿童的社会交往情况，关注儿童良好的习惯和健康的情感，他们更希望儿童在幼儿园获得快乐。因此，家长会更注意和老师的主动联系，详细了解儿童的情况，采取合适的教育方法。而较低收入的家长因为忙于生计，少有时间关注儿童的情感需求，在观念上更关注儿童的生活起居和饮食，而在一定程度上忽略儿童的社会性情感。

第二课　家长自身对学前儿童家庭教育的影响

一、多种家长教育观念下的学前儿童家庭教育

（一）教育观念的概念与家长教育观念的分类

"观念"一词源于哲学范畴，通常指对真理或事实的认识，列宁将黑格尔关于观念的解释转述为"观念是人的认识和意图"。在国内心理学词典中，观念又被定义为"由感官获得知觉经验后形成的认识"。

教育观念是指父母在教育子女过程中所持有的对儿童及其发展的期望、对儿童教育的看法和认识。它可以作为教育行为发生的心理来源，通过父母的教养行为来影响儿童发展，或者通过特定的家庭生活环境而直接或间接地塑造出不同特点的儿童。

具体来说，家长的教育观念包括儿童观、儿童发展观、教育观和成才观四个方面。

1. 儿童观

儿童观是家长对儿童的看法和态度，即家长如何看待儿童，如何认识儿童。具体来说，儿童观包括儿童的天性观、儿童的特质与能力观、儿童的地位与权益观、儿童的差异观、儿童的活动观等主要内容。家长的儿童观影响着家庭教育的理念、方式和实践行为，有什么样的儿童观，就会有什么样的教育观。中国传统家长的儿童观主要是把儿童当作弱小的保护对象，当作国家和家庭的财富，当作传宗接代的工具，是一种家本位、国本位的儿童观。这种带有强烈工具主义色彩的儿童观，没有把儿童当作积极的、主动的行为主体，严重损害了儿童的权益。

2. 儿童发展观

儿童发展观是家长对儿童个体发展的认识。儿童个体的发展包括生理发展和心理发展两个方面，包括其生理成熟与个性心理品质的形成与变化的复杂过程。关于儿童发展的认识，在历史上有过很多争论，存在很多理论，比如皮亚杰的认知发展理论、杜威的教育目的论、加德纳的多元智能理论等。

3. 教育观

教育观是家长对教育的理解和认识，它直接支配着实际教育的目的、方向以及方法手段。家长的教育观是家庭教育观念形成的关键因素，具体体现在家长对教育重要性、教育内容、教育方式等方面的认识上。

4. 成才观

成才观是家长对人才价值和成才标准的理解。成才观影响家长教育子女时的价值取向和期望，甚至影响家长对子女的教育方式和教育侧重点。长期以来，狭隘的成才观认为只有专家、学者才是人才，不认为工作在其他岗位的劳动者同样也是非常重要的人才。陈帼眉教授的调查研究表明：家长的人才观仍然存在重智轻德的偏向，家长心目中理想人才的选择，明显地集中于智能型人才，而且存在期望过高的偏向，家长对子女未来职业的期望，集中于科技、管理、涉外人员的占一半以上，而选择工人、商业服务人员、中小幼教师的占少数。这种狭隘的人才观对儿童的成长有不良的导向作用。

（二）良好的家庭教育需要科学的教育观念

1. 科学的儿童观

家长的儿童观是实施家庭教育的基础，它主导着家庭教育的定位和方向。社会的发展要求我们必须建立现代的、科学的儿童观，社会和家长应该明确下面几个基本理念。

（1）儿童是自然人，也是社会人。儿童首先是一个自然人，有其自身的发展规律，不是成人社会的附属品；儿童也是一个社会人，一方面应该享受相应的社会地位和权利，另一方面当他们需要一种有利于其成长发展的社会环境时，社会应该尽可能提供给他们。

（2）儿童是儿童。首先，儿童是人，他与成人一样是有价值的主体，成人要承认儿童的主体地位，尊重儿童的人格和尊严。其次，儿童又和成人不同，儿童处于个体发展的特定阶段——儿童期，这一时期其身心发展具有不成熟性，需要成人的照顾和保护。

（3）儿童是具有主观能动性的人。儿童不是被动地接受外界客观环境的刺激，而是积极、主动地对外部刺激加以选择，他们有自己的需要、兴趣和认知结构。

（4）儿童是具有独立个性的人。由于先天遗传因素、后天环境和教育因素的共同作用，每名儿童都具有自己的个性。个性，简而言之就是一个人的独立性、独特性和不可替代性。家长必须尊重儿童自身的特点，发展儿童的个性。

2. 科学的儿童发展观

科学的儿童发展观能有效指导家长促进儿童的发展。众多专家、学者的研究理论表明，科学的儿童发展观应该包括以下几个方面。

（1）儿童的发展以个体的生物遗传素质为基础。个体的生物遗传素质，指儿童个体从亲代的遗传基因中得到的，同时具有人类和个体特征的生物机体因素。遗传素质为儿童的发展提供了一种潜在的可能性，家长必须尊重儿童的发展规律，了解儿童发展的顺序性、差异性、阶段性等规律特点，科学地引导儿童发展。

（2）儿童的发展需要儿童主动的活动。儿童先天具有的"有吸引力的心理"，能使儿童在正常条件下，自发、主动地在环境中学习。这种学习不需要他人的指导、奖励或惩罚，它来源于儿童的内部需要，是儿童主动进行的活动。儿童就是在这种不断主动与外界刺激进行联系、互动的活动中得到发展的。因此，家长在教育中应注意调动儿童的积极性，发挥儿童的主体性。

（3）实现发展是儿童的权利。1989年联合国大会通过的《儿童权利公约》明确提出了儿童"发展的权利"问题和保障措施。1990年召开的联合国世界儿童问题首脑会议通过了《儿童生存、保护和发展世界宣言》，承认和尊重儿童的发展权、受教育权。实现发展是儿童的权利，这已经成为一种世界性的共识。

3. 科学的教育观

（1）树立促进儿童和谐和可持续发展的教育目的观。首先，家庭教育必须促进儿童的和谐发展。儿童是身体、情感、意志和行为等因素组成的整体，家长应该重视儿童德智体等方面的全面培养，让儿童获得身心和谐发展。其次，家长应该注意儿童可持续发展的需要，既满足儿童处于儿童期的需要，又能关照其身心的均衡、持久发展。

（2）"教、学、做"合一。这是陶行知提出的教育观，很适合学前儿童的认知特点。"做"指活动，是儿童主动参与的过程，教与学以"做"为中心。在家庭教育中，家长应尽量让儿童手脑并用地去做，在自主活动中获得经验，增长能力。"做"的过程是儿童发明和创造的过程，甚至是破坏和探寻的过程。"做"能够提升儿童感知世界的能力，能够增强儿童生活的能力。

（3）家长是儿童成长的支持者。虽然儿童能够主动学习，但是儿童很多方面发展毕竟不成熟，需要家长为儿童的成长提供支持和帮助。因此，家长要注意观察儿童，了解儿童的发展需要，了解儿童在探索世界过程中的困难，并在此基础上给予儿童必要的、恰当的帮助。

4. 科学的成才观

（1）尊重儿童的兴趣与特长，树立多元成才观。加德纳的多元智能理论表明，人的智能是多元的，每一名儿童都有其优势智能，都有发展的潜力，在一定的环境下能得到充分的发展。成才的途径是多元的，成才的形式也是多元的。儿童不一定要成为科学家、工程师等具有高学历、高职位的人，只要儿童从事自己感兴趣的职业，做自己喜欢做的事，能发挥一定的自我价值和社会价值，家长都应该认可和支持自己的子女。

（2）重视儿童健全人格的培养。健全人格是指人在自身所处的社会文化环境中保持良好的认识水平、稳定的情绪情感、恰当的行为方式和正常的社交功能。儿童一切素质的发展应该建立在健全人格发展的基础之上，健全的人格也可以促进儿童整体素质的提高和发展。家长应该重视儿童的人格教育，利用家庭教育资源的优势，维护和发展儿童的健康心理，促进儿童身体和心理方面的健全发展。

▶ 拓展阅读

埃里克森人格发展理论

埃里克森是美国著名精神病医师，新精神分析派的代表人物。他认为，人的自我意识发展持续一生，他把自我意识的形成与发展过程划分为八个阶段，这八个阶段的顺序是由遗传决定的，但是人们能否顺利度过每一个阶段却是由环境决定的，所以这个理论可称为心理社会阶段理论。每一个阶段都是不可忽视的，儿童在每个阶段都将面临相应的冲突解决任务。

（1）婴儿前期（0~1.5岁）。信任对怀疑的冲突。如果这一阶段的危机成功地得到解决，就会对生活充满希望；如果危机没有得到成功解决，就会形成胆小惧怕的性格。

（2）婴儿后期（1.5~3岁）。自主对羞怯的冲突。在这个阶段中，如果儿童形成的自主性超过羞怯与疑虑，就形成意志的美德；如果危机不能成功地解决，就会导致自我疑虑。

（3）幼儿期（3~6岁）。主动对内疚的冲突。如果这个阶段的危机成功地得到解决，就会形成方向和目的的美德；如果危机不能成功地解决，就会形成自卑感。

（4）童年期（6~12岁）。勤奋对自卑的冲突。如果这一阶段的危机成功地得到解决，就会形成能力的美德；如果危机不能成功解决，就会形成无能感。

（5）青春期（12~18岁）。自我同一性对角色混乱的冲突。如果这一阶段的危机成功地得到解决，就会形成忠诚的美德；如果危机不能成功解决，就会形成不确定性或没有归属感，为人冷淡、冷漠，缺乏关爱的意识。

（6）成年早期（18~25岁）。亲密对孤独的冲突。如果这一阶段的危机成功地得到解决，就会形成爱的美德；如果危机不能成功解决，就会形成混乱的两性关系。

（7）成年中期（25~65岁）。生育对自我专注的冲突。如果这一阶段的危机成功地得到解决，就会形成关心的美德；如果危机得不到成功地解决，就会变得自私自利。

（8）成年后期（65岁以上）。自我成就对绝望的冲突。如果这一阶段的危机得到成功地解决，就形成智慧的美德；如果危机得不到成功解决，就会形成失望和毫无意义感。

一个人的价值大小、幸福与否，主要体现在做人和做事上。做人和做事相比较，首先要学会做人，然后才是做事。而健全人格的培养实质是对儿童进行"做人"教育，如爱心教育、礼仪教育、劳动教育、明辨是非教育等，教育儿童学会生存、学会做人、学会竞争。家长在教育儿童时，应该用"博爱"来教育儿童，即"老吾老以及人之老，幼吾幼以及人之幼"。教育儿童不仅要爱自己，更要对周围世界充满爱，要有责任感，学会以宽容和平和的心态来对待生活和他人。

【议一议】

请谈谈你心目中的成才标准。

▶ 案例分享

案例1

"我的孩子只是喜欢听歌或故事，却不喜欢自己说、认字和数数，在学校学习数字明显比其他的小朋友慢，在家只有多教教他，每天给他规定时间学习。他不想学也得学啊，要不将来怎么办。"一位家长说道。

案例2

"我儿子别的方面都挺好的，就是在人多的时候胆子比较小，比如在和其他小朋友一起玩的时候，从来都是跟着别人玩。有一次幼儿园里面组织一个卖东西的活动，他和一个女孩子一组，他俩卖的是书，我就跟他说，你要卖给妈妈书，你该怎么说啊，说说你的书哪里好啊，可是他就是一句话都不说，倒是那个小女孩跟我说了很多。后来我就注重在这方面锻炼他，像去楼上楼下的邻居那里借点东西，还东西什么的，或者传个话，我都让她去，现在好多了。"一位家长这样描述。

案例3

有一个年轻的妈妈，从怀孕的那一刻起，就开始为孩子奔波。当这个孩子只有5个月大的时候，他就被送去参加各种各样的训练班，以提高他的算术能力、语言能力和运动技能。在他14个月的时候，又被送去参加一个又一个的"优秀宝宝"培训班。结果，这位孩子快到3岁时，开始主动反抗母亲，他把学到的技能全部都丢了，他的母亲无论怎样努力，也于事无补。一听到学习，他就表现出异常的恐惧。

　　评析：上述案例体现了家长不同的家庭教育观念。家长普遍能认识到学前儿童家庭教育的重要性，案例3中那位年轻的妈妈甚至在孩子5个月大时就开始对其进行早期教育，这是难能可贵的。但是年轻妈妈没有尊重儿童成长的阶段性和规律性，揠苗助长，结果适得其反，造成孩子的反抗。案例1和案例3中的两个家长都凸显了狭隘的成才观，都非常重视知识的学习，认为孩子会认字、会数数才是进步，以非常功利化的目标来要求儿童，没有尊重儿童发展的差异性，没有重视儿童健全人格的发展。而这些不科学的教育观念对儿童造成的危害，从案例3中3岁孩子的表现就可以看到。值得欣慰的是，案例2中的家长非常重视儿童社会性的发展，并且采用科学的教育方式来引导、帮助儿童克服胆小的问题。因此，给家长的建议是树立科学的教育观念，尊重儿童的发展规律，重视儿童的人格教育。

二、多种家长教养方式下的学前儿童家庭教育

（一）家长教养方式的含义与分类

　　方式是指人们说话、做事采取的方法和形式。由于说话、做事的对象不同，所以形成了各种不同的方式，如工作方式、生活方式、劳动方式、教养方式等。教，即教导、教育。养，即抚育、养育。因此，家长教养方式是指家长在教育和抚育孩子时所采用的比较稳定的方法和形式，是教育观念和教育行为的综合体现。这种方法和形式是相对稳定的，体现了父母对子女的教养态度和感情，是父母与子女互动的基本方式，反映了亲子交往的实质。

　　从20世纪60年代开始，有部分研究者从类型学的角度将教养方式区分为各种类型来进行研究。其中具有代表性的是美国心理学家鲍姆令特的研究，她从控制、成熟的要求、父母与儿童交往的清晰度以及父母的教养四方面来评定父母的教养行为，将父母的教养方式分为权威型、专制型和放任型3种。马丁和麦科比在鲍姆令特的研究基础上，将放任型分为溺爱型和忽视型，提出了如表2-1所示的4种类型的教养方式。

表2-1　4种类型的教养方式

		情感接纳	
		高	低
要求控制	高	**权威型教养方式** 树立权威，对子女理解、尊重，与子女经常交流及给予帮助	**专制型教养方式** 要求子女绝对服从自己，对子女所有行为都加以保护、监督
	低	**溺爱型教养方式** 较少的规则和要求，父母给予子女很多的自由	**忽视型教养方式** 缺少爱的情感和积极反应，又缺少行为要求和控制

1. 权威型

在权威型的教养方式下，父母对儿童的态度是积极、肯定的，热情地对儿童的要求、愿望和行为做出回应，尊重儿童的观点和想法，鼓励儿童表达自己的想法并参与讨论。父母对儿童提出明确的要求，并以非常温和的方式坚定地实施规则，包括平等交换意见、解释为什么要遵守规则等。父母对儿童的不良行为会表示不满意，而对儿童良好的行为会给予支持和鼓励。后来的研究发现，这种高控制、高接纳的教养方式，很费时费力，却是很有效的方式，对儿童的心理发展带来很多积极的影响。这种教养方式下的儿童表现出高自尊、较强的自主性和社会适应能力。

2. 专制型

在专制型的教养方式下，父母对儿童的行为有较高的要求，这些要求和标准甚至会不近人情。而父母对儿童的回应很少，对儿童缺乏热情，很少考虑儿童自身的兴趣和需求。父母强调儿童要无条件服从，不允许儿童对自己的事情发言，过多地干预儿童的行为。父母崇尚权威和传统，不鼓励亲子间的互相沟通和理解，对儿童的鼓励和表扬较少。在这种教养方式下，父母与子女的关系是一种"管"和"被管"的不平等关系，亲子之间缺乏沟通。虽然父母是为了儿童好，但是又不能给予儿童有效的帮助，过多的干预和保护反倒限制了儿童的自主性和创造性。这种教养方式下的儿童大多缺乏主动性，容易胆小、怯懦、畏缩，自信心不足，容易情绪化，不善与人交往。

3. 溺爱型

在溺爱型的教养方式下，父母对儿童充满了积极肯定的情感，但是很少对儿童提出要求或施加控制。他们把儿童视为珍宝，对儿童百依百顺，对儿童违反要求的做法采取忽视或接受的态度，很少去批评、纠正儿童错误的行为。溺爱型父母虽然能给儿童较多的自由，有利于儿童社会适应能力的发展，但父母并没有意识到，这种无条件的溺爱在逐渐地破坏儿童的心理健康，使儿童容易养成自私、任性、霸道的习惯，而且使儿童从小习惯性地依赖父母，当儿童需要独自面对社会时会无力承受可能面临的困难，缺乏解决困难的应付方法。这种教养方式下培养的儿童性格内向、孤僻，对人冷淡，情绪消沉，缺乏理想和追求。

4. 忽视型

在忽视型的教养方式下，父母对儿童缺少爱和关注，而且对儿童没有太多要求和控制。在家庭教育中，父母对儿童缺乏关心，采取不管不问、放任自流、任其发展的态度，很少有干预儿童的言行，对儿童的行为表现缺乏反馈，缺乏亲子沟通。这种教养方式培养的儿童容易具有较强的冲动性和攻击性，不顺从，对人缺乏热情和关心，这类儿童在青少年时期更有可能出现不良行为问题。

（二）良好家庭教育需要科学的教养方式

不同的教养方式会对儿童产生不同的影响，造就他们不同的未来。科学的教养方式是儿童健康成长的重要因素。有研究表明，家庭心理氛围良好且对儿童有一定要求和约束的家庭中的儿童，其智商和情商高于家庭心理氛围较差的儿童。只有采取科学的教养方式才能营造良好的家庭心理氛围，这种氛围主要表现为平等、理性、开放。

1. 平等

儿童是人，是具有独立人格的个体。父母应该把儿童看成和自己一样平等的人，尊重儿童的意见、兴趣和需求，与儿童平等对话。父母的高姿态和高高在上体现的是父母地位的优越感和权威，会给儿童造成很大的胁迫感。"蹲下来，与孩子平视"是父母和儿童沟通和交流时应遵循的原则，只有这样，儿童在成长中才有安全感，才敢于并乐于在父母面前说出自己的意见和要求，真正成为家庭中的平等一员。同时，尊重儿童是让儿童尊重别人的最好教育。在与父母相互尊重的过程中，儿童才会懂得克制自己，懂得谦让和尊重别人。

2. 理性

在家庭教育中，家庭成员特别是父母在充满爱的浓浓亲情里，不但要用无私的爱来关爱孩子，更需要情感与理智相结合，坚持科学育人，使儿童的身心得到健全发展。父母对子女的爱是天性，也是教育儿童的基础。家长要通过无私的爱来感化儿童，通过理性的爱来要求儿童。家长要针对儿童的身心发展特点对儿童进行教育，既不放纵儿童，也不过分限制、强迫儿童。家长对儿童要有严格的要求，但并不是过度苛刻或不合理的限制，而是符合儿童心理发展水平的要求。家长在教育儿童的过程中，要时刻保持清醒的头脑，约束自己在心理上的冲动，做出理性的反应行为。家长尽量不训斥、指责儿童，要选择适合的方式从正面感化儿童，比如摆事实，讲道理，以理服人，以情动人。

3. 开放

家庭成员之间注重相互间的沟通交往，在心理状况的外在表现形式上要直白，能以其他成员习惯的方式，平等、直接地表现自己的心理活动，家庭中就会形成一种民主、开放的心理氛围。家长与儿童之间经常沟通、思想一致，不仅能够让父母更了解儿童，认识儿童，还有利于培养儿童诚实、正直等良好的性格和社会适应能力，同时还能培养儿童不畏困难、团结一致的优良品质。

▶ 案例分享

"有时就不明白，为什么孩子现在不听话了呢？让他做什么他都不听，这让我很没有办法。就拿前几天来说，家里来客人了，我让他去开门，他就像没听见一样，坐在沙发上一动不动，我只好放下手里的活儿去开门。"

"我平时很尊重孩子的意见、想法，但是可能我有点洁癖，对孩子的卫生要求比较高，暑假的时候她跟爷爷奶奶住了一段时间，不洗脸、不刷牙，浑身脏得要命，她奶奶也任由她这样。回家以后，只要我一唠叨她，她就开始反抗，根本不听我的话。"

"我爸妈早就不上班了，在家帮我带孩子，对孩子也疼爱得不得了，要是一天没见到孩子，他们的心里就觉得空落落的，更别说有多疼他了，平时都是要什么给什么，一天到晚围着他转。"

评析：从上面的访谈记录可以看出，家长的教养方式是存在问题的。有些家长对待孩子过于民主化，以致出现了家长要求的事情孩子不去做，出现权威失衡的现象。有些家长自己很少带孩子，把原本属于自己的教养责任托付给祖辈，祖辈对待孩子过于溺爱，有求必应。在这些不良教养方式下成长起来的孩子，容易养成自私的性格，个性过强，甚至目中无人，这样的教育方法最终将导致教育失控，对孩子的成长造成危害。因此，给家长的建议如下：

首先，坚持原则。在对孩子有合理的要求时，一定要坚持原则，一旦父母妥协，那么其做法等于告诉孩子："好吧，你胜利了，我的话你可以不听，而且不听话你能得到更多好处。"任何时候，父母都不做无原则的让步。

其次，让要求具有可接受性。对孩子要有一定的要求，但是不能过多、过细、过死。孩子不能满足要求时，要适当地调整自己的教育方式，避免一遍遍地重复、指责、唠叨，否则孩子会很烦，自然会反抗。

最后，适当施爱，保持教育一致性。很明显，案例中有些祖辈家长的爱过度了，变成了溺爱，家长被还处于成长期的儿童牵着鼻子走。而祖辈家长和父辈家长的教育要求很不一致，导致了孩子的无所适从，甚至是叛逆。

三、不同家长教育能力下的学前儿童家庭教育

（一）家长教育能力对学前儿童家庭教育的影响

《心理学大辞典》对能力的定义，是使人能成功地完成某种活动所需的个性心理特征或人格特质。教育能力是指家长在一定教育观念的指导下，进行家庭教育实践活动时所需要的个性心理特征。家长的教育能力体现在其运用家庭教育观念指导家庭教育实践的过程中，是家长进行家庭教育的必要条件，直接关系到家庭教育的效果。

1. 家长教育能力对教育行为的影响

家长具备一定的科学教育知识和观念并不代表家长一定能很好地进行家庭教育，教育知识和观念转化成教育行为要求家长具备一定的教育能力。可见，家长教育能力的强弱对家长的实际教育行为有很大的影响。例如，家长学习、了解了关于儿童发展的一些知识，在意识和观念中，他们知道要尊重儿童，可是能否在实际的教育行为中做到这一点，要看家长的教育能力。具有较强教育能力的家长，善于观察儿童，能及时了解儿童的需求，正确评价儿童，能很有技巧地解决实践中的一些教育矛盾和问题，能将科学的

教育观念转化为科学的教育行为。而教育能力较弱的家长，对于教育过程中产生的一些问题不能把控，或是采用一些不科学的方式来对待儿童，造成了不科学的教育行为。

2.家长教育能力对儿童个性发展的影响

家长能否对儿童形成全面、客观的认识，能否准确分析与判断家庭教育中遇到的问题，是家长提升教育能力的基础。这些教育能力体现在行为上，往往通过亲子之间的交往关系影响儿童个性的发展。家长与儿童进行有效的交往，尊重儿童，处处维护儿童的权利，不仅能更好地认识儿童，了解儿童的特点和需要，而且这种安全的心理氛围为儿童自身形成其他的交往行为提供了安全感和范例，有助于促进儿童健康心理的发展。家长和儿童之间的交往存在障碍，会让儿童产生不良的心理感受，对儿童的个性发展有负面影响。

（二）家长需要的教育能力

学前儿童由于其发展所处的阶段和特点，与其他年龄段的儿童相比有很大的不同，因此需要家长具备多方面的教育能力，以促进儿童身体和心理全面发展。

1.自我认知能力

家长的自我认知能力是指家长在与儿童进行日常交往时，对自我生命价值的认识和对自己的家庭教育角色的分析、定位等能力。具备自我认知能力的家长在家庭教育过程中，能够更加注重儿童主体性的发挥，能及时发现和满足儿童的需要，不断地去更新和完善自己的教育观念和方法。具体来说，家长的自我认知能力体现在以下几个方面。

（1）对自我生命价值的认识。人作为有生命的独立个体，对自我生命价值的认识，是在不断地询问自己"我的生活怎么样，我与家人、社会的关系如何，怎样让我自己的生活更有价值"等问题中逐渐形成的。在家庭生活中，儿童与成人会面临各种各样的挑战，因此，家长需要对自我生命价值有明确的认识并呈现自己的行为。家长作为有生命的独立个体，需要对自己和家庭生活承担责任，为了这份责任，家长不断努力打破既有知识所定义的条条框框，逐渐建构新的自我认知框架。人的价值是在活生生的生活中体现的，因此家长应该从自己的生活中体验和领悟自我的生命价值。

（2）对自我教育角色的认识。自我认知能力要求家长对自己的家庭教育角色有准确的认识和定位。一个称职的家长，要善于承担多种角色。例如，家长可以是儿童的指导者，在儿童需要的时候给予指导和帮助；家长可以是儿童的合作者，以平等的身份参与儿童的活动；家长可以是儿童的心理医生，在需要的时候帮助疏导儿童的心理等。角色和责任是统一的，家长只有具备认识和定位自己家庭教育角色的能力，才能在实际的家庭教育行为中把自己的角色与责任进行合理的统一。

（3）对家庭教育方式和效果的认识。家长所采用的教育方式，必然会对儿童产生影响。但是如何才能让自己的教育收到更好的效果，需要家长不断认识和思考自己的家庭教育方式和效果。家长要对自己原有的家庭教育方式进行反思，比如和儿童的交往是否和谐，是否采用了儿童喜欢的语言和方式，是否倾听、接纳了儿童的想法和意见，有没有命令性地压制儿童，儿童遇到问题时是否启发、诱导儿童等。教育方式决定教育效果，如果家长有意识地关注自己的教育方式，会使教育效果发生改变。例如，如果家长能在一段时间里坚持平等地对待儿童，温和地和儿童对话，就能够缓和与儿童的紧张对抗关系。

2. 对儿童的认知能力

家长对儿童的认知能力是指家长对儿童身体、心理等方面需要的客观认知，并能有意识地尊重自然发展规律满足儿童的各种需要。对儿童的认识和了解是家长教育儿童的前提。走进儿童的内心世界，把握儿童的特点，是家长的必备教育能力。家长对儿童的认知能力包括以下几个方面。

（1）认识和尊重儿童的年龄发展特点。儿童在不同的年龄阶段会表现出不同的特点，作为家长，必须把握学前儿童身心发展的特点，才能更好地进行教育。学前儿童心理过程具有具体形象的特点，主要通过感知、表象来认识事物。他们控制和调节自己心理活动和行为的能力仍然很差，很容易受其他事物的影响而改变自己的活动方向，表现出很大的不稳定性。学前儿童开始形成最初的个性倾向。他们的生理和心理发展变化较快，在初期、中期和后期的表现也不一样，但前一阶段的发展是后一阶段发展的基础。

（2）认识儿童的各种权利。家长应该认识到，儿童从来到世界上的那一刻起，就开始享有各种权利，比如生存权、发展权、受保护权、参与权等。家长在维护儿童的生命权、健康权、生活保障权，保护儿童不受到伤害的前提下，要把儿童当作权利主体，充分尊重儿童的权利，尽量让儿童最大限度地参与和自己有关的事项。

资料阅读

儿童的权利

保护儿童的权益，是人权事业的重要一环。那么，儿童拥有的权利到底有哪些呢?《儿童权利公约》中提到的儿童权利多达几十种，诸如姓名权、国际权、受教育权、健康权、医疗保健权、受父母照料权、娱乐权、闲暇权、隐私权、表达权等，但最基本的权利可以概括为以下4种。

1. 生命健康权

每个儿童都有生命权和健康权，包括有权接受可达到的最高标准的医疗保健服务。生命健康权是公民最基本、最重要的权利，是公民享受其他权利的基础。生命健康权包括生命权和健康权两部分，未成年人享有生命安全、身体健康受法律保护的权利，任何组织和个人都不得非法侵害。对侵害未成年人生命健康的行为，未成年人及其监护人有权向有关机关控告，直至诉诸法律。

2. 受保护权

受保护权是指儿童被保护，从而使自己免于受伤害的权利，包括保护儿童免受歧视、剥削、酷刑、虐待或疏于照料，以及为失去家庭的儿童和难民儿童提供基本保障。

3. 发展权

发展权是指充分发展儿童全部体能和智能的权利。儿童有权接受正规和非正规的教育，以及儿童有权享有促进其身体、心理、精神、道德和社会发展的生活条件。

4. 参与权

参与权是指参与家庭、文化和社会生活的权利。儿童有参与社会生活的权利，有权对影响他们的一切事项发表自己的意见，即表达权。

（3）了解儿童的个性特点。学前儿童开始形成个性倾向。由于遗传和环境等多种因素的影响，儿童在动作、智力、学习方式等方面的发展上表现出不同的特点，具有个体差异性。美国学者通过对美国、日本等地区5 300名儿童的学习方式偏好进行测试以后发现：擅长通过移动、触摸、行动来进行学习的儿童，即触觉学习者，约占儿童总体的37%；擅长通过图片来进行学习的儿童，即视觉学习者，约占29%；擅长通过声音、音乐来进行学习的儿童，即听觉学习者，约占34%。家长必须认识到这一点，把握儿童的发展特点，尊重儿童的差异性。

3. 观察、记录能力

家长的观察、记录能力是指家长有目的、有计划地观察儿童，并对儿童的行为过程进行真实的记录，以便了解儿童发展需要的能力。玛利亚·蒙台梭利曾说过："为了建立一种自然而合理的教育方法，必须把人作为个体进行大量的、精确的、合理的观察，重点是观察一个人幼年时期的情况。"家长在日常生活中，要关注儿童的表现和反应，及时了解儿童的需要，并以适当的方式回应。对儿童进行观察记录的过程有助于家长及时、准确地获得有关儿童学习和发展的信息，有助于家长充分地了解儿童，解读儿童的行为，并为儿童提供更合适的家庭教育。家长在观察、记录儿童的行为时，要注意以下几个方面：

（1）观察的目的性。儿童每天的活动很多，家长没有足够的时间和精力全程关注，但是可以有目的地对儿童的言语、动作等行为表现进行观察。例如，某一段时间的儿童总是往房间跑，而且还神神秘秘的，家长可以观察一下原因；儿童某一段时间情绪有点奇怪，总是大吵大闹，家长更要注意观察，找到问题所在。家长要做个有心人，观察儿童的活动，重点观察和普遍观察相结合，从而把握儿童的心理变化。

（2）观察的连续性。事物是不断发展的，发展是一个连续的过程。仅有一两次的观察往往并不能准确、客观地认识观察对象，因此，家长应该坚持观察的连续性。例如，对儿童某一动作的发展，必须要长期、连续地观察才能真正认识其变化特点。

（3）记录方式的多样性。家长记录儿童的行为表现或发展情况时，可以用文字记录，也可以用相机、摄像机、录音笔等多种媒介记录，以获取更多生动、形象的信息。例如，家长用相机拍下儿童的美术作品，用摄像机拍下儿童某个活动的过程，用录音笔录下儿童的语言等。

（4）记录的简洁化。家长对儿童的某个行为或者心理发展特点进行记录，要尽量做到记录的简洁化，这样才便于长期坚持。家长可以采用图表、日记、速写等形式进行记录，同时家长应该对观察记录进行定期整理、归类，分析儿童成长的轨迹。

4. 评价能力

在家庭教育中，儿童是通过家长对儿童的评价来认识自己，认识世界。家长会针对儿童的行为进行价值判断，判断儿童的哪些行为是正确的，哪些行为是不正确的。

正是在这个教育过程中，儿童逐渐树立起对自己的认识。因此，家长应该具备较高的评价能力，科学、客观地评价儿童。家长评价儿童时应该注意以下几个方面：

（1）评价多元化。儿童的发展是多元的，不仅包括认知的发展，还包括情感、态度、价值观、个性的发展等，只有各方面全面、协调发展，儿童才能健康成长。因此，家长的评价也应多元化，既要对儿童各方面发展的总体水平进行评价，又要对儿童每一方面发展的具体情况做出评价，不能偏向某一方面（如知识技能），而忽视其他方面的发展（如情感、意志）。

（2）纵向而非横向比较。横向比较是儿童与儿童之间的比较，纵向比较是儿童自身发展的比较。在对儿童进行评价时，家长应该以儿童自身作为参照，将儿童的过去与现在进行比较，看其是否进步，实行纵向比较。家长不要将儿童与同伴进行横向比较，更不要拿儿童的缺点去和其他儿童的优点比较，只有这样，才不会伤害儿童的自尊心，家长也不会因为觉得自己的孩子不如别人而产生失望的负面情绪。

（三）学前儿童家长教育能力提升的途径

家长教育能力的提升不能一蹴而就，而应在教育实践中逐渐实现，家长可以通过以下几个途径来提升自己的教育能力。

1. 自主学习

作为一个社会心理成熟水平相对较高的群体，成人的学习具有很大的自主性。自主学习是成人获得知识技能，提升自己的主要途径。家长在繁忙的工作之余，应该积极地进行自主学习，不断提高自己的教育能力，具体可以通过以下方式。

（1）阅读。家长可以根据自己的水平，选择家庭教育、儿童心理与教育等方面的书籍和杂志进行阅读。这些读物中有通俗性读物，也有比较专业、理论性较强的教材或专著，家长可以根据自己的实际需要进行选择。

（2）参加培训。各地的早期教育机构、幼儿园等会举办各种形式的家长培训班或家长学校，也会开展关于家庭教育方面的讲座，家长可以根据自己的兴趣，有选择性地参与其中，进行学习。

（3）参加活动。家长应该积极参加家庭、幼儿园、社区三位一体的教育活动，也应该积极参加幼儿园组织的家长会、家长教育经验交流会、学长委员会等组

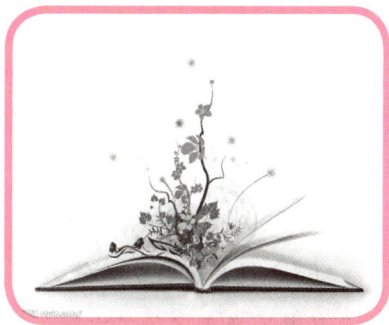

织或活动。另外，家长还可以多与邻居、朋友交流育儿经验。

2. 组成"学习共同体"

追求自主学习、自我成长的家长集中在一起，从不同的层次参与活动，组成"学习共同体"。在这个"学习共同体"中，家长可以共同学习，分享各种家庭教育资源，从关注儿童的问题到关注自我的问题，家长进行相互的对话、交流与沟通，分享情感体验，相互影响，相互促进，共同获得单独的个人不可能获得的发展水平。

3. 积极参与儿童的成长

儿童的成长与家长的成长是相互促进的。儿童是一面镜子，能给家长启发，也能照射出家长的问题。随着儿童的成长，家长应该愿意陪伴儿童、观察儿童、帮助儿童，并在这个过程中思考如何教育儿童的问题。随着家长参与儿童成长程度的深入和家长自身的成长，家长对儿童教育的思考也会更加深入和透彻。总之，家长积极参与儿童的成长，多积累教育经验，多反思，多总结经验，多探索教育规律，能有效地提升自己的教育能力。

> ### 案例分享

明明妈妈为了教育好自己的孩子，从明明出生就开始阅读大量的育儿类书籍，熟知很多著名的教育理论，拥有先进的教育理念。可是明明妈妈发现在教育明明的过程中，她总是做不到书里所要求的。明明在家里拆玩具，妈妈马上制止，她想，才买的玩具拆坏了又需要重新买。明明不听话了，妈妈火气就上来了，大声训斥，严重时暴打一顿，事后妈妈也挺后悔的，可感觉就是控制不住自己的情绪。

评析：首先要肯定明明妈妈对孩子教育的重视，知道阅读育儿书籍并学习先进的教育理念，这些都很不容易。但是明明妈妈的教育行为出现偏差，很明显是教育观念没有内化，教育能力没有跟上，建议从如下几方面进行提升：

（1）提高自我认知能力。虽然家长知道要尊重儿童，但是在实践中，家长对自己的教育角色定位不准确，家长高高在上，和儿童处于不平等的地位，对儿童想打即打，想骂就骂。因此，家长一定要换位思考：如果自己是孩子，会不会出现同样的错误，如何引导才能让孩子主动接受。

（2）提高对儿童的认知能力。明明拆玩具，很明显是孩子探索世界的一个表现，应该提倡而不是打压。妈妈一方面心疼钱，另一方面表露出对儿童发展特点的不了解。

（3）增强自我情绪的把控能力。对于孩子所犯的错误，家长应该理性对待，即使非常恼火，也应该控制好自己的情绪，不要太冲动。

第三课　家庭外部因素对学前儿童家庭教育的影响

一、社会教育资源对学前儿童家庭教育的影响

（一）社会教育资源的含义与分类

根据信息资源学的观点，资源是指自然界和人类社会中能创造物质和精神财富的各种客观存在。

广义的社会教育是指有意识地培养人，并使人身心和谐发展的各种社会活动；狭义的社会教育是指由政府、公共团体或私人所设立的社会文化教育机构对社会全体成员所进行的有目的、有系统、有组织、独立的教育活动。

据此，社会教育资源可定义为具有社会教育意义或社会教育活动所需要的一切资源的总称。它包括物质与精神两个方面。从物质内涵来看，人、财、物是社会教育资源中非常重要的物质资源要素；从精神内涵来看，保证人、财、物等能够发挥作用的政策、制度、环境等是社会教育资源中的精神资源要素。

依据社会教育资源的构成要素，社会教育资源可以分为人力资源、物力资源、活动资源、文化资源及信息资源等。

1. 人力资源

人力资源是指社会教育活动的所有参与者，包括组织者、实施者、管理者等社会教育工作者，以及社会各领域的专业人士及有一定社会影响的群体，如专家学者、知名人士、离退休干部等。

2. 物力资源

物力资源主要指场馆设施资源和确保社会教育实践能够进行的物资设施与经费支持。场馆设施资源包括博物馆、展览馆、科技馆、图书馆、少年宫、体育馆、公园、动物园、旅游景点等资源。

3. 活动资源

活动资源是进行社会教育的一些活动型资源，如社区活动、郊游活动、科普活动以及各种比赛活动等。

4. 文化资源

文化资源是指以文化为主要表现形式的社会教育资源，如民俗文化资源、饮食文化资源、传统节日文化资源等。

5. 信息资源

信息资源是指以信息为主要表现形式的社会教育资源，如网络信息、电视信息、广播信息、杂志信息等。

（二）社会教育资源对学前儿童家庭教育的影响

1. 提高学前儿童的身体素质

学前阶段是人的身体迅速发育的一个重要时期。学前儿童大多活泼好动且普遍喜欢体育运动，他们需要有较充分的活动空间和活动设施来进行体育锻炼。目前，无论是家庭还是幼儿园的活动场地都非常有限，因此需要向外拓展，寻求社会体育资源的支持。如许多小区活动场地比较开阔，大型活动器械多，很多公园也提供免费的游戏场地和运动器械，体育馆有丰富的体育设施。家长可以充分利用这些体育资源，为儿童的成长提供必需的运动时间和场所，让儿童养成体育锻炼的好习惯，从而促进儿童身体素质的提高。

2. 提高学前儿童的社会交往能力

人类的形成和发展、个人的成长过程，都离不开人际交往。学前儿童的成长也

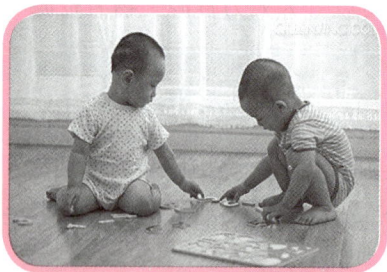

是从"自然人"到"社会人"的过程，因此，对学前儿童交往能力的培养具有非常深远的意义。良好的社会交往能力是在不断地与人交流、沟通中发展起来的，而社会教育活动正好给儿童社交能力的发展提供了很多机会。家长应该将儿童带到社会中，让儿童感受社会，体验生活，学会与他人交往和相处。如多带儿童参加社区举办的亲子活动，参加社会各种机构举办的郊游、比赛等活动，这些都可以让儿童在与同伴、成人的互动交往中，逐渐学会很多社交技巧。

3. 提高学前儿童的心理素质

学前儿童的发展不仅包括身体上的发展，而且包括心理上的发展。他们除了要拥有丰富的知识、健康的身体，还必须具备健全的人格、良好的社会适应能力及耐挫能力和积极乐观的人生态度。家长带学前儿童参加一些有益的社会教育活动，对儿童健康心理的培养非常有价值。如可以带儿童到图书馆看书，带儿童去旅游，根据儿童的兴趣爱好让他们参加一些绘画、讲故事等活动，让儿童体会到学习和生活的乐趣。

（三）利用社会教育资源进行家庭教育的原则

1. 生活性原则

家长在选择和利用社会教育资源时，应该从学前儿童的实际生活出发，充分挖掘和利用符合学前儿童特点和能力水平的社会教育资源。例如，带儿童去超市了解购买物品的流程，去银行了解银行的功能，去社区的小学参观从而实地体验和感受小学和幼儿园的区别，让儿童在这些社会生活中逐渐了解社会规则。

2. 综合性原则

儿童教育要以促进儿童全面发展为目标，因此，家长在利用社会教育资源时，要突破单一的社会教育资源形式和内容，尽量选择多样化的资源种类和活动形式，在全面发展目标的指导下实现对各类社会教育资源的综合利用，以达到最佳的教育效果。要统筹兼顾人力资源、物力资源、活动资源、文化资源、信息资源的开发和利用，如家长不仅要经常带儿童去社区、体育馆进行体育锻炼，也要经常带儿童参加亲子活动、郊游等多样化的活动。

3. 整合性原则

学前儿童的发展是家庭教育、学校教育和社会教育共同作用的结果，因此家长在开发、利用社会教育资源的过程中，要充分利用各种教育资源，最大限度地实现家庭教育资源、学校教育资源和社会教育资源的共享和整合。如家长可以自发地在社区开展"社区家庭活动日"，还可以开展讲故事、亲子游戏、跳蚤市场等活动。

4. 趣味性原则

家长为学前儿童选择社会教育资源时，要从儿童的兴趣和爱好出发，选择儿童感兴趣的资源，或是利用儿童感兴趣的形式引导儿童融入社会教育资源。不能是家长认为很有用，就强迫儿童遵从。如为了锻炼儿童的社交能力，家长想带儿童去卖报纸，家长可以告诉儿童"今天你会成为'都市小报童'"，然后为儿童穿上专业的卖报衣服，挎上专业的卖报袋子，让他们自己去售卖，这样能提高儿童的积极性和兴趣。

二、早期教育机构对学前儿童家庭教育的影响

早期教育机构主要指学前教育机构。目前早期教育机构可分为两类：一类是针对3～6岁儿童的全日制托儿所和幼儿园，另一类则是主要针对0～3岁儿童的非全日制早期教育机构。无论是全日制幼儿园还是非全日制的早期教育机构都对学前儿童家庭教育有很重要的影响。

（一）早期教育机构对家长教养水平和能力的影响

目前，众多的早期教育机构都以提高主要抚养人的教育能力和促进幼儿的健康

发展作为其开办的目标和宗旨。教育家长实际上是为了更好地教育儿童，早期教育机构对家长的指导，是为了通过家长教养水平和能力的提高、家庭教育质量的提升，间接地为儿童带来更加科学的早期教育。例如，非全日制0～3岁婴幼儿早期教育机构的教育采用示范策略来

实现，一般情况下，教师将家长和儿童放在一起指导，让家长在与儿童一起游戏、玩耍的过程中，领悟机构所倡导的教育理念和方法。家长也会逐渐将在早期教育机构获得的教育方法应用到日常生活中，使日常的亲子活动变得科学、有效。早期教育机构经常举办的家长会、家长沙龙、专家讲座、亲子交流会等活动，对于提升家长的教养水平和能力有很大的帮助。

【议一议】

你如何看待"早期教育机构的教育对象既是儿童又是家长"这个观点。

▶ 案例分享

"家长是孩子的第一任老师，也是最重要的老师。孩子成长的关键还是在于家长对他们的教育。所以早教不仅是针对孩子，也是针对家长的教育，是帮助家长更好地教育孩子。"

"对家长的教育很重要，不光要教育孩子的父母，还要教育参与到孩子教育中的爷爷奶奶。一些家长的错误观念会影响孩子一生的发展，所以需要通过科学的早

教课程来提升他们的育儿水平。"

评析：通过以上对早教机构教师的访谈可以看出，早教机构教师普遍认可家长在婴幼儿早期教育中的重要作用，他们也能够认识到提升家长的教育水平和能力是早期教育机构的教育目的之一。他们认为在孩子的教育过程中，无论是父母，还是祖辈，他们对待孩子的方式都存在很多误区，需要得到指导。但是在实践中，虽然早教机构教师有这方面的意识，但是也有研究表明他们对家长的指导还是非常有限的。

（二）早期教育机构对亲子关系的影响

非全日制的早期教育机构主要采用的亲子模式是家长带着儿童一起活动、游戏，这种亲子教育是早期教育机构目前很有效、很受欢迎的一种形式。一方面，家长要有足够的时间来陪伴儿童，在与儿童相互交流、沟通的过程中增进亲子感情；另一方面，家长在与儿童的亲子互动中，能够直接地了解儿童，掌握儿童身心发展的规律与特点，知道儿童的兴趣和爱好，这样才能针对自己的孩子采取最适宜的教育方式，这些对于建立平等、和谐的亲子关系大有裨益。

（三）早期教育机构对儿童人格发展的影响

婴幼儿时期是人格形成的初期，在这一时期，儿童的安全依恋感开始建立，社会情感开始形成和发展。现有研究已经证明，大多数养育困难型儿童都不是生理出现了问题，而是经常处于需求被压抑的状态。正如弗洛伊德所言，只要父母的教养方式能够保证婴儿本我之需要、自我的实现和超我的适当建立，我们就将看到健康、快乐而自信的婴儿在成长；若父母过度纵容婴儿的本我冲动，未能使婴儿适当建立自我约束，那么对他们的社会适应能力的建立就会造成困难；如果父母对婴儿过度严格，经常施以训斥和惩罚，他们的自我就会受到伤害，动机就会被压抑，寡欢和忧郁的人格色调将很容易出现。因此，儿童的人格培养应该是早期教育的核心，家长不能仅仅关注儿童能认识多少字、学到多少知识，更重要的是要关注儿童的身体健康状况，关注儿童是否快乐，这样才能正确引导儿童人格的健全发展。

早期教育机构为儿童提供了同伴交往、群体活动的机会，能够增强儿童的交往能力，发展儿童良好的社会适应能力。而在实践中，早期教育机构水平参差不齐，其科学或不科学的教育目标影响了儿童人格的发展。科学的早期教育机构为儿童提供适宜的玩具和活动设施，注重儿童多感官的刺激，注重儿童的人格培育，不偏重知识教育；而不科学的早期教育机构的培育目标存在偏差，这类早期教育机构过分注重儿童的早期智力开发，以知识教学为主，以儿童掌握的知识多少作为主要评价指标，这在某种程度上压抑了儿童的天性，会挫伤儿童学习的积极性，容易造成儿童人格上的缺陷。

三、大众传媒对学前儿童家庭教育的影响

（一）大众传媒的含义及对学前儿童家庭教育的影响

1. 大众传媒的含义

大众传播媒介简称大众传媒。大众传媒由专业的机构和技术构成，由专业化群体通过技术手段向受众复制和传播信息符号的内容。现代社会儿童所接触的大众传媒主要有电视、广播、杂志、报纸、书籍、录像、电子游戏、互联网以及基于计算机技术的其他媒介。

2. 大众传媒对学前儿童家庭教育的影响

（1）大众传媒对信息和知识获取来源的影响。传播信息是所有大众传媒最基本、首要的功能。在现代家庭，儿童获得知识不再仅仅依靠家长，社会中的各种传媒也成为儿童接受信息和知识的来源。同时，大众传媒为家长做出了积极的示范，为家长提供了处理亲子关系的方法，家长也通过大众传媒来获取关于教育的各种信息和知识。

（2）大众传媒对家长教育角色的影响。大众传媒是一个无形的指导教师，它通过色、声、形等非常具体、形象的要素来表达人们的态度和情感，它能让儿童感受丰富的社会环境、不同的人和事，并用儿童喜爱的方式对儿童进行适应社会的指导，这些是家长很难做到的。儿童通过大众传媒扩大了知识面，他们在某些方面所了解的知识甚至比家长还要多。在这种新形势下，家长必须认识到自己不能再单纯的以教育者、权威自居，而是必须应对与儿童平等探索、一起学习。

（3）大众传媒对儿童社会化的影响。个体的社会化，是在信息传播、交流活动中不断实现的。家庭、幼儿园、同伴以及大众传媒之间的相互作用，使儿童掌握了一定的社会规范和价值标准。而通过观察和模仿，儿童从大众传媒中接受的很多信息都将以直接或间接的方式转化为他们的日常言行。

（4）大众传媒对儿童语言的影响。学龄前期是儿童语言习得的关键期。儿童

的语言是在对一系列声音的识别、再认和重现及对语法规则的理解等过程中习得的；而电视、电影、广播等大众传媒以其丰富的声音、好听的音乐或生动的画面为儿童的语言习得提供了大量的机会。

（5）大众传媒对儿童审美的影响。心理学的研究表明，刚出生不久的婴儿对色彩就已经出现了本能的偏爱，到幼儿期逐渐开始表现出对美的事物的审美偏爱。大众媒体通过广告、动画片等节目中的色彩、人物形象、卡通形象等，不断占据儿童的审美视野。

▶ 拓展阅读

正确认识媒介的影响

什么是儿童的个人条件？哪些因素会影响儿童的媒介兴趣？测试发现，至少有7个因素影响着媒介对儿童的作用：

（1）性别。男孩和女孩喜欢使用不同的媒介。比如男孩比女孩更喜欢使用游戏机、计算机等互动媒体。男孩和女孩对媒介上的内容也有不同的关注点，如男孩比女孩更喜欢看纪实类内容和刺激性娱乐内容，女孩比男孩更喜欢看儿童戏剧、成人戏剧等内容。因此，媒介对不同性别的儿童形成了不同的影响。

（2）年龄。年龄代表着一定的心理发展水平。随着年龄的增长，儿童越来越喜欢看纪实类内容，越来越少看儿童文学艺术类内容。

（3）智力水平。在对超常儿童和一般儿童的媒介偏好进行比较后发现，超常儿童比一般儿童更喜欢电视新闻节目、科学知识节目，而一般儿童比超常儿童更喜欢儿童连续剧和武打片。超常儿童喜欢接触对他们智力形成挑战的媒介内容。

（4）人格特征。例如，在优秀儿童和一般儿童的媒介偏好进行比较时发现，90％的优秀儿童喜欢名人传记和知识性内容，而在一般儿童中只有56％的儿童表现出相同爱好。

（5）父母影响。相关研究说明，儿童的媒介欣赏品味大都受父母影响，年龄越小越是如此。如果父母热衷于电视连续剧，儿童也会形成同样的欣赏兴趣。

（6）儿童的家庭关系。生长在一个相对和睦稳定的家庭中的儿童，比较喜欢儿童文学、知识类内容等。家庭关系不好的儿童则比较喜欢武打、战争和暴力内容，也更喜欢使用电子游戏机等媒介。

（7）儿童的社会关系。如果儿童有比较满意的社会关系，他们一般比较喜欢接触知识性内容；相反情况的儿童则对刺激性娱乐内容更感兴趣。

上述7个因素都是非常基本的因素，用以说明媒介影响其实不只是媒介的影响，其他的社会因素也在起作用。

（二）大众传媒影响下学前儿童家庭教育需要注意的问题

1. 有选择性地与学前儿童分享大众传媒

大众传媒的信息量非常大，其中不乏对儿童来说不健康的内容，比如暴力、攻击、非正面的示范和其他不适宜镜头等。家长如果对大众传媒内容不做筛选，任由儿童自己随意观看，或者为了免受打扰，让儿童不加选择地观看与成人一样的内容，儿童就有可能受不健康内容的影响，进而盲目模仿，这对儿童的健康成长是非常不利的。家长应该有选择性地陪儿童观看积极健康的内容，可以促进儿童更加健康地成长。

2. 构建良好的家庭传媒环境

儿童作为家庭的一员，家庭环境在无形中影响着他们的行为和习惯。当家长要求儿童进行阅读时，家长自己却在旁边玩手机、看电视或玩电脑，这些对于自制力还不强的儿童来说都是很大的干扰。如果家长和儿童一起阅读，构建一个良好的阅读环境，儿童一定会更加专注。对于不爱看书的儿童，家长可以充分利用大众传媒，为儿童下载一些视频或音频来调动儿童的积极性。家长要善于把传媒的优点充分利用到儿童的生活和学习中。

💬 思考与练习

一、名词解释

1. 核心家庭

2. 主干家庭

二、简答题

1. 简述家庭结构对学前儿童家庭教育的影响。

2. 简述家长教养方式对学前儿童家庭教育的影响。

三、论述题

1. 论述学前儿童家长教育能力提升的途径。

2. 论述大众传媒对学前儿童家庭教育的影响。

四、实践题

1. 结合自身经历，谈谈家庭、家长、家庭外部因素对学前儿童家庭教育产生的影响。

2. 请参观几个早期教育机构，了解它们的家庭教育指导形式，并分析早期教育机构对学前儿童家庭教育的影响。

单元导言

　　随着社会经济的发展，人们对于高质量教育的诉求越来越强烈，培养身心和谐的儿童成为千万家庭共同关注的焦点。为达成这一美好愿望，造就全面发展的儿童，人们在追求优质学校的同时，也将目光投向了孩子思想品格的发源地——家庭。儿童自出生开始，其脾气秉性、智力发展与道德认知都要受到家庭环境的影响。家庭教育内容宽泛、目标众多，因此，本单元将对家庭教育的目标与内容进行系统介绍。

学习目标

1. 理解学前儿童家庭教育的目标。

2. 初步掌握学前儿童家庭教育的主要内容。

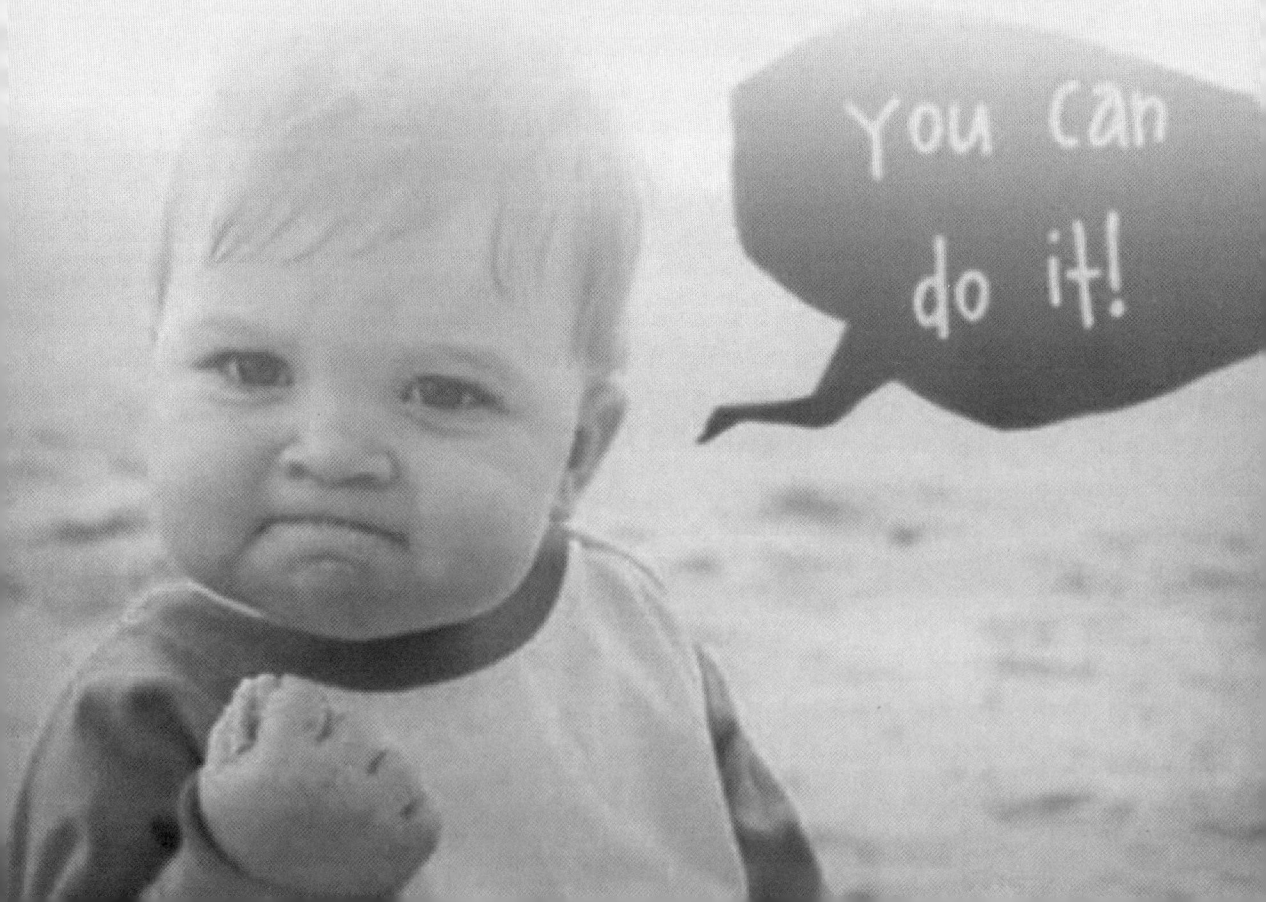

第一课　学前儿童家庭教育的目标

　　家庭教育在儿童的发展中占据着重要地位，作为学前儿童第一任教师，父母的言行举止对学前儿童的思想和行为有重要作用。家庭的经济状况、成员构成和教育理念都直接或间接地对学前儿童的成长产生重要影响。学前儿童家庭教育有着其他教育不能取代的作用，这主要是由家庭教育本身的独特性决定的。

　　首先，家庭教育对学前儿童的影响是显性与隐性的统一。研究表明，儿童喜欢模仿最亲近或最具权威性的人物，学前儿童在家中经常模仿父母的动作、神态或语言，并以此为乐。从这一意义上说，家庭教育的影响是显性的，表现在日常生活中，学前儿童会对家长进行有意识的模仿。美国心理学家布鲁姆的研究表明，很多天才钢琴家并非来自音乐世家。但是，他们大多数都有一个温和、关爱和支持他们的家长，有一个轻松、自由、愉快的学习氛围。家庭氛围、经济状况和父母的教养方式与方法等因素的影响是潜在的、隐性的。比如儿童的涂鸦行为，在传统教养方式下是不被家长接受的（会将墙壁弄脏），而在民主的教养方式下可能被认为是极具创造性的、应该鼓励的行为。

　　其次，家庭教育对学前儿童的影响是全面性与深刻性的统一。随着社会的进步，人们的教育理念也在不断改变，"给孩子一个天真烂漫的童年"逐渐成为现代家长的共识。家长作为儿童生活的"导师"，在学前儿童动作、语言、思维等的产生与发展中有着全面的指导作用。家庭教育对学前儿童的生活习惯、社会规范、认知风格和道德品质等方面有着持续影响。同时，家长根据对儿童特点的了解，有针对性地培养儿童的优势领域，如逻辑思维、演讲天赋、音乐才能，这些专长将深刻影响儿童的成长甚至是儿童一生的发展。

　　最后，家庭教育是幼儿园教育的合理延伸与有效补充，幼儿园教育与家庭教育形成合力，是培养健康儿童的有效途径。一方面，儿童在家庭中的活动消化和践行着幼儿园的教育理念，是幼儿园教育内容的延伸与深化；另一方面，家庭中生活知识的积累、亲子活动的开展和专项技能的开发又是幼儿园教育的有效补充。现代教育观认为，培养和谐发展的儿童，需要幼儿园与家庭的通力配合。

可见，学前儿童家庭教育具有基础性和全面性的特点，影响范围广泛，涵盖儿童发展的方方面面。家庭教育要配合幼儿园教育，促进学前儿童在认知、情感、社会和行为等方面的和谐发展，培养全面发展的儿童。学前儿童家庭教育的目标应涵盖以下四个方面。

一、培养健康的人格

人格是构成一个人思想、情感及行为的特有模式，是一个人区别于他人的稳定而统一的心理品质。健康的人格是一个人和谐发展的主要特征。依照《3~6岁儿童学习与发展指南》的要求，学前儿童的健康人格应包括健康的体质、乐观的心态、积极的情绪体验和良好的生活习惯，这些要素的培养有赖于良好的家庭教育。

心理学研究发现，儿童人格的养成与父母的教养方式有着非常密切的联系。儿童在与父母的交往中逐渐学会了根据父母的特点趋利避害，在服从父母的教育方式中形成了自己的人格特点，这一过程是日积月累、潜移默化的。而人格一旦形成就具有稳定性特征，不易改变。中国古代的"有其父必有其子""虎父无犬子"等也很好地说明了这一点。民主和谐的家庭教育模式有利于培养学前儿童的健康人格。儿童就像一棵小树苗，需要父母的悉心照料，这样他才能愉快地成长，自由地行动，健康地生活。

二、培养高尚的道德品质

《说文解字》中将"教育"解释为"教，上所施下所效也。育，养子使作善也"。《大学》中也有"大学之道，在明明德，在亲民，在止于至善"的说法。可见教育的真谛为劝人向善，培养人的良好道德品质。在全面发展的教育理念中，德育占据首位，处于优先的战略地位。在儿童的道德品质的培养中，家庭教育占据重要位置。

道德品质的形成过程包括道德认知、道德情感、道德意志和道德行为四方面。

传统教育理念认为应从儿童的道德认知入手，首先树立其是非观念，代表人物有苏格拉底、柏拉图与孔子。然而，随着时代的发展和教育理念的变革，增加儿童的情感体验、塑造儿童的道德行为成为当今家庭教育的着眼点与目标。

高尚的道德品质的养成需要儿童身体力行，同时家长要以身作则，利用说服教育的方式对儿童进行有效教育。例如，过马路时遵守交通规则，在公共场合爱护环境，在家庭生活中尊敬长辈等。

▶ **小资料**

儿童遵守的基本行为规范

3～4岁：

1. 在家长提醒下，能遵守游戏和公共场所的规则。

2. 知道不经允许不能拿别人的东西，借别人的东西要归还。

3. 爱护玩具和其他物品。

4～5岁：

1. 感受规则的意义，并能基本遵守规则。

2. 不私自拿不属于自己的东西。

3. 知道说谎是不对的。

4. 知道接受的任务一定要完成。

5. 在家长提醒下能节约粮食、水电等。

5～6岁：

1. 理解规则的意义，能与同伴协商制定游戏和活动规则。

2. 爱护公物，用别人的东西时也知道爱护。

3. 做了错事敢于承认，不说谎。

4. 能认真负责地完成自己所接受的任务。

5. 爱护身边的环境，注意节约资源。

▶ **拓展阅读**

产婆术

苏格拉底的产婆术又称"精神助产术"，即通过比喻、启发等手段，用发问与回答的形式，使问题的讨论从具体事例出发，逐步深入，层层驳倒错误意见，最后走向某种确定的知识。

一天，苏格拉底像往常一样来到市场上。突然，他一把拉住一个过路人说道："我有一个问题不明白，向您请教。人人都说要做一个有道德的人，但道德究竟是什么？"

那人回答："忠诚老实，不欺骗人。这就是公认的道德行为。"

苏格拉底问："你说道德就是不能欺骗别人，但和敌人交战的时候，我军将领却千方百计地去欺骗敌人，这能说不道德吗?"

"欺骗敌人是符合道德的，但欺骗自己人就不道德了。"那人说。

"和敌人交战时，我军被包围了，处境困难，为了鼓舞士气，将领就欺骗士兵说，援军到了，大家奋力突围出去。结果成功了。这种欺骗能说是不道德吗？"苏格拉底问道。

那人回答说："那是战争中无奈时的做法，我们日常生活中就不能这样。"

"我们常常会遇到这样的问题，"苏格拉底停顿了一下问道，"儿子生病了，却不肯吃药，父亲骗儿子说，这不是药，而是一种好吃的东西。请问这也不道德吗?"

那人只好承认："这种欺骗是符合道德的。"

苏格拉底又问："不骗人是道德的，骗人也可以说是道德的。那就是说道德不能用骗不骗人来说明。究竟用什么来说明呢? 还是请你告诉我吧！"

那人无可奈何，只好说："不知道道德就不能做到道德，知道了道德就是道德。"（层层设问，步步引导，找到答案。）

苏格拉底听了十分高兴，拉住那人的手说："您真是一位伟大的哲学家，您告诉了我道德就是关于道德的知识，使我明白了一个长期困惑自己的问题，我衷心地感谢您！"

三、培养良好的学习能力

随着终身教育理念的兴起和学习型社会的建立，学习能力在人一生的发展中扮演着越来越重要的角色。未来社会的引领者不是既有知识的占有者，而是掌握有效获取知识途径的学习者。联合国教科文组织指出，儿童要具备"四个学会"，即学会认知（learn to know）、学会做事（learn to do）、学会生存（learn to be）、学会共同生活（learn to live together）。对于儿童而言，良好的学习能力包括知识的获得、方法的内化和习惯的养成。在家庭教育中，家长要利用随机教育的机会和一系列的系统训练，培养儿童的学习能力。儿童的探究精神和学习品质也要在家长的鼓励下不断发芽和生长。

按照皮亚杰的认知发展阶段理论，学前儿童主要处于前运思阶段，其特征包括进行符号游戏、自我为中心、难以理解可逆性和守恒性。据此，学前儿童家庭教育的重点是提供给儿童足够的操作材料，运用情境教学法帮助其学习，充分发挥其"做中学"的特征。家长要强调儿童学习主动性的发挥，有意识地帮助儿童形成良好的学习习惯、自主学习的意识。例如在数学教育中，以加法为主，教育内容与方式符合儿童的年龄特征与智力水平。此外，在家庭教育中，要特别注意保护儿童的创造性，鼓励他们敢说敢做，勇于担当，摒弃"标准答案"式的教育模式。

四、培养积极的审美意识

审美教育是培育人感受美、表现美的情趣和能力，进而促进人追求人生情趣和理想境界的活动。审美意识的培养是儿童和谐发展的需要，是全面发展教育的有机组成部分。审美意识的直接作用在于培养儿童欣赏美、感受美和表现美的情趣与能力，达到"美育"之目的。在此基础上，为儿童智力发展、道德提高和体质锻炼提供精神动力，进而培养他们追求人生趣味和理想境界的能力。

在家庭教育中，家长要注重儿童积极审美意识的培养，利用美术和音乐等艺术活动，发展儿童的审美意识。在日常生活中，家长可多带儿童参加音乐会、芭蕾

舞、歌剧、演唱会等文艺活动，让儿童在艺术表演中升华审美意识与能力。此外，充分发挥音乐游戏的价值，如家长可以与儿童一同表演亲子音乐剧，接唱、轮唱歌曲，听音乐节奏猜歌或乐器，参加舞蹈比赛等。

第二课　学前儿童家庭教育的内容

为实现培养全面发展、身心和谐儿童的目标，家庭教育应着眼于儿童发展的各领域，配合好幼儿园教育。学前儿童家庭教育的内容主要包括生活知识与技能、人际交往技能、认知教育、艺术能力和学习习惯的培养。

一、生活知识与技能教育

学前儿童正处在生长发育的重要时期，在发展过程中有许多生理特点、心理特点，加上儿童生活自理能力差、心理发展较不成熟等，所以只有通过科学的培育，儿童才能健康成长。家庭生活教育的重要内容是通过长期、反复的实践活动，教育和帮助儿童养成一定的生活习惯、卫生习惯和品德行为习惯，儿童最初的生活技能和行为规范都是在家庭中学习的。借助"教养结合、自然渗透"，通过养育过程对学前儿童进行自然教育和影响，是家庭教育独具的优势与能力。可见，家庭在儿童生活技能培养方面所起的作用是其他社会机构无法替代的。

（一）创设帮助学前儿童学习生活技能的环境

掌握必要的生活技能是人作为独立个体生存的首要条件。帮助儿童学习一些简单的生活技能，培养儿童的自我服务意识和自理能力，是对儿童人格的充分尊重，有利于培养儿童自立、自强、自信等良好品质，从而促进其积极主动的发展。家庭是儿童学习生活技能的最好场所，也是将这些技能付诸实践、提高其熟练程度的最佳场所。父母在日常劳动中，要鼓励儿童积极参加力所能及的家务活动，有意识地传授儿童可以接受和掌握的知识技能，从而使儿童获得必要的自我服务的经验，如整理床铺、收拾玩具、浇花、餐前摆碗筷、打扫卫生、照顾小动物、洗袜子和小手绢等。儿童在家务中能够懂得吃苦耐劳，懂得勤俭节约，善于与人交往合作，同时和父母的关系也更密切。

（二）培养学前儿童的生活自理习惯

儿童生活自理能力是指儿童在日常生活中照料自己生活的自我服务能力，是儿童应当具备的基本能力之一。从小养成自理意识与习惯，对儿童的全面、和谐发展具有重大的意义。但是，目前儿童家庭教育往往关注儿童自理能力的培养，忽视其生活自理习惯的培养。儿童家庭教育的重点应是习惯养成教育。身心健康是儿童茁壮成长的基础，这一点在学前儿童阶段显得尤为重要。不管是在生活、学习、游戏还是交往中，都需要儿童支付基本的身心能量。良好的习惯可以调节儿童身心支付的能量，使儿童既不因太疲劳而使稚嫩的身心受损，也不因无所作为而让幼稚的身心得不到锻炼。例如，晚睡早起、打闹无度、不善交友等，这些都会使儿童身心劳累；而饮食健康、睡眠规律、动静交替，这些都会使儿童身心愉悦，健康发展。因此，为了维护儿童身心健康，帮助学前儿童养成良好的、基本的习惯是非常必要的。

在学前期要注意培养的儿童的个人生活习惯。

1. 独立自理

要培养学前儿童自己洗脸、洗手、早晚刷牙、穿脱衣服、吃饭、收拾整理玩具和用具等生活自理能力和习惯。

2. 生活有规律

要训练学前儿童按时起床、睡觉、定时定量饮食及规律大小便等的生活习惯，使其每天的生活都有规律。

（三）培养学前儿童良好的卫生习惯

生活知识与技能教育的任务还包括教给学前儿童一些简单卫生常识，包括心理卫生常识，培养学前儿童良好的卫生习惯，促进儿童身心健康发展。

1. 营养与饮食卫生教育

对学前儿童施行的营养与卫生教育应与饮食卫生习惯的培养同时进行。在对儿童进行教育时，应特别注意以下几点：引导儿童定时定量饮食，不挑食、不偏食，细嚼慢咽，少吃零食，饭前、饭后不做剧烈运动，进餐时保持安静及其他饮食卫生习惯。

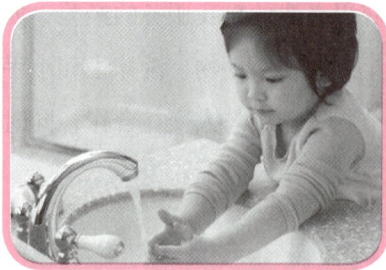

2. 消费卫生教育

对学前儿童进行消费卫生教育，让他们对各种消费物品、消费服务，对于健康的影响具有初步的识别能力，能抵制社会各方面的消极的消费观念和行为，逐渐增强自我保健的意识，为形成稳固、健康的消费行为和习惯打下基础。对学前儿童进行的消费卫生教育最终应当落实在儿童消费习惯的培养之上。早期建立起的对商品和服务的态度、选择和使用模式会对人一生的身心健康产生重要的影响。

3. 环境卫生教育

环境是人类赖以生存的基本条件。一般情况下，人与环境形成一种动态平衡，如果环境发生剧变，或者由于人为的原因致其构成或者状态发生变化，就会造成环境污染，甚至扰乱和破坏生态平衡，从而严重影响人类的健康与生活。对学前儿童施行的环境卫生教育要从小处着手。首先，教育学前儿童注意公共环境的卫生，不到处乱涂乱画，不随地大小便、吐痰。其次，教育学前儿童如有废弃物要丢在垃圾桶里。最后，要保持教室清洁干净。

4. 疾病预防和控制教育

疾病预防和控制教育旨在让学前儿童懂得健康的行为和习惯有益于儿童疾病的预防，从而使儿童初步形成个体在疾病预防中的责任感，并在日常生活中能初步形成有益于健康的行为和习惯，较为自觉地执行各项疾病预防措施。

5. 性教育

学龄前期形成的性观念和性认识是成人明确的性概念和性信念的前身，可能成为成人期性行为形成的主要影响因素之一。性教育应从儿童刚出生时就开始，通过教育让儿童逐步学习各种有关性的知识，防止儿童产生性压抑，从而使儿童逐步确立正确的性态度，培养儿童正确的性别自我认同和性角色意识。学前儿童对性知识仅表现为纯粹的求知兴趣，所关心的只是自然界和人的因果关系，他们会提出诸如自己是从何处来、为何自己的生殖器官与异性儿童的不一样等问题。家长对学前儿童提出的关于性的问题不应回避，但是也不必主动去提问或解释。家长可以有意识地利用自然界的现象和日常生活情景，让学前儿童逐渐认识一些关于动植物和人类繁衍后代的知识，以及不同性别的人在社会生活中的作用。

▶ 拓展阅读

不要娇惯孩子

当一个女性不是给孩子以母亲的关心而是过于关心的时候，她会把孩子视为她的偶像，会为了防止孩子感觉到她的娇弱而把孩子养得愈来愈娇弱。她希望孩子不遭受自然法则的危害而使孩子远离种种痛苦。可是，她没有想到，由于她一时使孩子少受一些折磨，却在遥远的将来把那么多的灾难和危险积累在孩子的身上；她没有想到，这种谨小慎微的做法是多么残酷，它将使孩子幼小时期的娇弱继续延长，到成人时受不住种种劳苦。

经验告诉我们，只要我们不使孩子做超过其能力的事情，那么与爱惜他们的体力相比，使用他们的体力的危害要小一些。因此，要从小训练孩子经得起他们将来有一天要遇到的打击的能力。

所以，我们能够在使孩子的生命和健康不遭到任何危害时，就把他培养得十分健壮。即使有危险也不必犹豫。因为，既然这些危险是人生无法回避的，那么，除了在一生中趁它们危害最轻的时候就能够承受它们之外，还有什么更好的办法呢？

二、人际交往技能的培养

对于儿童来说，正常的人际交往是形成良好心理素质的重要内容，它直接影响儿童自我意识的发展及心理健康水平。

在与人交往的过程中，儿童能够增强群体意识，形成开朗大方、自谦宽容、合群友爱、自律自信等良好的个性特征。同时，人际交往还可以抑制儿童自私任性、骄横孤僻、怯懦恐惧及过分依赖等消极心理特征的滋长。儿童将来要走向社会，无论从事什么样的工作，都会遇到各种人际交往问题。如果他们缺乏正确处理人际关系的态度和能力，自己就会陷入孤独、封闭和痛苦的旋涡之中。

培养儿童的人际交往能力，家长要避免以下几种倾向：

第一，溺爱儿童，一切包办。由于现在很多儿童都是独生子女，家庭中长辈对儿童投入了所有的爱与关怀，这本无可非议，但是，家长只重视对儿童爱的投入而忽视爱的反馈，生怕儿童受委屈、吃苦受累，凡事替儿童考虑，替儿童料理，儿童过着"衣来伸手，饭来张口"的生活。殊不知，这种一切替儿童着想，一切替儿童做事的"保姆式"教育，会导致儿童依赖性增强，责任感降低，使儿童形成唯我独尊，孤僻冷漠，缺乏爱心，不会体贴别人，不关心别人的情感品质。

第二，纵容儿童，听之任之。有些父母对儿童娇纵过分，对其乖张脾气姑息迁就，不严格要求儿童，无原则地听从和满足儿童的一切要求，使儿童逐渐养成"以我为主"的待人接物的态度和习惯。更有甚者，有些父母对儿童的不良行为和习惯听之任之，随其发展。一些儿童消极的个性特征，如霸道、自私自利等的形成，与父母的这种"恣其所求，恣其所为"的教养态度与方式有一定的联系。

第三，使儿童没有伙伴，缺乏交往。儿童大部分时间是和成人一起生活，很难与成人一起进行平行性的游戏活动。有的父母全天忙于家务和工作，很少有时间与儿童进行情感方面的交流，加上现今多是单元住宅，儿童生活、活动空间有限。独生子女更是会因为在家庭中没有兄弟姐妹，从而无法建立兄弟姐妹间的伙伴关系。在缺少"儿童集体"的家庭环境中，儿童缺少与年龄相仿的小伙伴互助互爱、相互关怀、和睦相处、相互礼让的机会，容易养成不合群的品行，容易缺乏群体意识，品尝不到分享的乐趣。

上述倾向会使儿童的社会适应能力发展缓慢，如果不能及时辅导，儿童便逐渐养成孤僻、内向、软弱怕事、沉默寡言的性格。同时，也会导致儿童做事非常认真，追求完美，以致容易钻"牛角尖"。

人际交往是人与人之间相互联系、相互沟通及相互作用的一种特有的行为方式。人的社会交往能力是人类生存的重要能力。家长要使儿童意识到，与人交往是快乐的，是生活中必需的。

（一）教给儿童人际交往的方法

家长应该告诉儿童：在人际交往的过程中，要遵循平等互利、坦诚相待、真诚守信、豁达大度、心胸宽阔的原则，要学会主动与人交往的技巧。例如，小虎8岁了，经常和邻居家的几个小伙伴一起玩。这些小朋友里数小虎个头最大，比别的小朋友都高出半头，力气也大，因此成了"孩子王"。开始时，小虎带领大家在一起玩相安无事，可后来小虎仗着自己的身体优势，经常欺负其他伙伴，小伙伴们有好东西都要送给他一份。对不听话的小朋友，小虎就打他们两下。时间一长，小伙伴们都怕他，也不和他玩了。小虎妈妈发现这种情况以后，和小虎讲明道理，告诉他必须和小朋友友好相处，不能仗着自己个头大而欺负人，因为这样的孩子是不受大家欢迎的。小虎意识到自己的错误。于是，小虎给曾受他欺负的小朋友道歉，并邀请小伙伴们有时间到他家玩。几天以后，小朋友们又和小虎在一起玩了。

（二）营造开放的家庭氛围

家长应该鼓励儿童多和周围的小伙伴接触，可以带小伙伴回家一起玩耍，引导儿童学会欣赏小伙伴的优点，取长补短，共同进步。家长对孩子带回家的伙伴要热情、礼貌，要平等对待，家长也可以参与到儿童的活动中来。

（三）在人际交往中为儿童做出榜样

家长在人际交往中的言行与倾向会成为儿童效仿的对象。家长应以身作则，在言行、人际交往等各方面都应该给儿童树立一个良好的榜样。儿童耳濡目染，在充满爱和温馨的氛围里也容易学会交朋友的方法。

（四）加强独生子女的社会化教育

由于独生子女没有兄弟姐妹，自幼缺少小伙伴，多数时间和成人生活在一起，因此，多数独生子女不能很好地融于社会之中。因此，家长要多给独生子女提供社会交往的机会。儿童在两三岁时就希望有同龄的伙伴，独生子女这方面的要求就更强烈，希望拥有属于他们自己的"儿童社会"。如果这个要求得不到满足，儿童就容易变得孤僻、不合群。因此，当儿童到一定年龄时，就必须让他们和年龄接近的小朋友接触，为其提供适合他们的社会生活。为此，家长可带孩子去串门，找其他小朋友玩耍，带孩子到儿童乐园去游戏，也可将孩子送进托儿所、幼儿园，让孩子广交小朋友，扩大其社会交往范围。家长切不可把孩子一直关在家中，使其离群索居。

▶ 拓展阅读

PAC理论

个体的个性由3种比重不同的心理状态构成，这就是"父母""成人""儿童"。取Parent（父母）、Adult（成人）、Child（儿童）这3个状态的第一个英文字母，简称为人格结构的PAC分析。PAC理论把个人的"自我"划分为"父母""成人""儿童"3种状态，这3种状态在每个人身上都交互存在，也就是说，这三者是构成人类多重天性的3个组成成分。

"父母"状态以权威和优越感为标志，通常表现为统治、训斥、责骂等家长制作风。当一个人的人格结构中P成分占优势时，这种人的行为表现为凭主观印象办事，独断独行，滥用权威，讲起话来总是"你应该……""你不能……""你必须……"

"成人"状态表现为注重事实根据和善于进行客观理智的分析。这种人能根据过去存储的经验来估计各种可能性，然后做出决策。当一个人的人格结构中A成分占优势时，这种人的行为表现为待人接物冷静，慎思明断，尊重别人，讲起话来总是"我个人的想法是……"。"儿童"状态像婴幼儿的冲动，表现为服从和任人摆布。当一个人的人格结构中C成分占优势时，其行为表现为遇事畏缩，感情用事，喜怒无常，不加考虑。这种人讲起话来总是"我猜想……""我不知道……"

三、认知教育

家庭教育内容包括为生之道，为人之道，为学之道。为生之道，是指以生命健康为核心，包括生理卫生、营养保健、安全防护、运动能力四方面。为人之道，是指以生命价值为核心，包括人格、心理卫生、道德礼仪、人际交往四方面。为学之道，是指以生命智能为核心，包括学习、思维、科学素养、人文修养四方面。所谓为学之道就是我们这里要介绍的认知教育，在这方面，家长应做好以下几个方面工作。

（一）尊重学前儿童的好奇心

学前儿童好奇心很强，遇到任何事情都会问个为什么，此时父母要给予积极回应，与孩子一起寻找问题的答案，不能因为孩子问得太多而不耐烦或敷衍了事，更不能训斥，特别是当孩子问的问题把父母难住了，让父母下不了台的时候。这样做往往是父母把孩子的好奇心给毁灭了，"未来的科学家"可能从此不见了。

（二）创设满足学前儿童探究的环境

学前儿童好奇心极强，对科学小现象和拆拆拼拼、敲敲打打等操作活动非常感兴趣，因此，家庭中应当有引起儿童研究科学兴趣的环境，从而有利于儿童智力的开发。例如，为儿童提供锤子、钉子、螺丝刀等仿真玩具。在接近水的地方为儿童提供玩水的材料，在玩水的过程中，让他们感受水的特征，并根据儿童的年龄大小，通过小游戏渗透容积、沉浮等科学知识。有些儿童非常喜欢拆玩具，家长可以利用他们的好奇心和良好的动手能力，引导他们进行有目的的拆装、修理等活动。

（三）向学前儿童传授自然界和社会生活中的基本知识和技能

向儿童传授的知识主要来源于儿童所接触的周围生活。儿童对事物的认识具有直觉行动性和具体形象性特点。在大量直接经验的基础上，儿童抽象概括的认识能力才有所发展。所以学前阶段主要是使儿童学习丰富的感性知识，积累丰富的感性经验。这些感性经验不仅是儿童独立生活所必需的，也是发展儿童思维和语言、形成儿童知识的基础，并为儿童进入小学学习系统的文化科学知识做准备。在进行知识教育的同时，应着重发展儿童的智力，并可进行一些专门的智力活动，锻炼他们的听觉、视觉、触觉，同时培养他们分析问题和解决问题的能力。

（四）促进学前儿童语言的发展

语言是儿童交际的工具。学前儿童正处在语言发展的敏感期，能掌握大部分口头语言，词汇量增多。缺乏语言方面的教育，则会使儿童产生语言发展缓慢和语言障碍现象。发展儿童语言的任务是使儿童发音正确、清楚，会说普通话，丰富儿童的词汇，发展儿童的口头语言表达能力。口头语言表达能力的培养是家庭教育的主要任务，可为儿童进入小学学习书面语言打下基础。

（五）培养学前儿童的学习兴趣、求知欲望

学习兴趣和求知欲是获得智力发展的先决条件。如果一个人的学习兴趣不足，那么他不可能获得多少知识，智力也不可能高度发展。所以家长要注意培养儿童的学习兴趣和求知欲望，还要培养儿童良好的学习习惯，使儿童在学习时能注意听、仔细看、认真思考、积极提问题并能克服困难，对学习表现出主动性和积极性。

四、艺术能力的培养

《3—6岁儿童学习与发展指南》指出，艺术是人类感受美、表现美和创造美的重要形式，也是表达自己对周围世界的认识和情绪态度的特有方式。家庭教育中要进行审美教育，培养儿童感受美、鉴赏美和表现美的意识和能力。

（一）带学前儿童到广阔的大自然中感受美

1. 大自然是对学前儿童进行美学教育的大课堂

历史上有不少教育家认为，广泛地接触大自然，感受和认识自然界中蕴含的美，是培养和造就高尚人格的必要条件之一。孔子说"仁者乐山，智者乐水"。他把自然特征同人的美德联系起来。我国古代还有一句教育箴言，叫做"读万卷书，行万里路"。所谓"行万里路"，也就是让学习者尽可能广泛地接触山川草木、风土人情，让祖国的大好河山陶冶学习者美的情操，培养学习者对自然美的鉴赏能力。

2. 家长要带领学前儿童走进大自然

早在19世纪，俄国教育家卡普捷列夫就提出，儿童应该尽早而且长时间地投身于大自然，从中吸取它的美，体验由大自然激起的每一种思想感受。有些家长自己不喜欢外出活动，或者忙于工作和家务，往往习惯于把儿童关在家里，致使有的儿童孤陋寡闻、视野狭窄、缺乏生机活力。这一做法不仅影响儿童的身心健康，不利于发展他们的智慧与才能，更不利于对儿童进行美的教育。

"天地有大美而不言"，家长应利用节假日经常带领儿童到风景优美的地方散步、游玩，登山涉水，领略大自然壮丽的景色，欣赏秀美的园林风光，观赏花鸟

鱼虫，寄情于山水花草之中，取乐于动物世界之间。这样，不仅能给儿童带来无穷的乐趣，还能开阔他们的眼界和心胸，丰富他们的想象力。儿童在街头、广场、公园、文化宫、博物馆，或者去郊区和乡村参观、游览，可以欣赏街道的装饰、商店橱窗的陈设、千姿百态的花草树木、精巧的亭台楼阁、高大壮观的新建筑，可以认识各种色彩和不同形状的车辆以及季节变化、日出日落等现象。在引导儿童接触大自然时，家长要有意识地让儿童观察，家长可与他们一起捕捉昆虫、采集标本，与他们一起在百花盛开、绿草如茵的园地里游戏，这样才能使儿童增长见识，增强对美的感受和辨别能力。

3. 在大自然中培养学前儿童美的鉴赏能力

学前儿童的各种能力，包括注意力、观察力、记忆力和想象力等都可以在大自然中培养和发展。大自然也为培养学前儿童美的鉴赏能力提供了生动、丰富的教材。当学前儿童学会走路时，家长就应该带他们出去散步，让他们观察江河湖水、树木花草、天空旷野、房屋建筑，注意它们的形状、颜色，让千姿百态的大自然成为培养学前儿童美的鉴赏力的场所。有的家长带儿童外出游玩，只注意给儿童买好吃的，却忽视培养儿童鉴赏美的能力。有的家长则不然，他们在公园里教儿童识别花卉的颜色，观察树叶的形状，一起闻花朵的芳香，观赏花的优美姿态，告诉儿童人人都喜欢花，是因为花朵五彩缤纷，装点了祖国美丽的山河。这些家长还告诉儿童要爱护树木，不践踏草坪，不乱扔果皮、纸屑，讲究公共道德，爱护公共财产。这些都能提高学前儿童对美的感受力和鉴赏力。

（二）创设引发学前儿童感受和表达艺术的环境

高尔基说："照天性来说，人都是艺术家，他无论在什么地方，总是希望把美带到他的生活中去。"儿童喜欢绘画，他们在很小的时候只要拿到笔，就会在最方便的地方涂画起来。有的家长抱怨家里的墙、柜子、地板到处都是儿童乱涂乱画的痕迹，甚至有的家长对此严加指责。这样会打击儿童的兴趣。有的儿童很喜欢听音乐，一听到优美、节奏感强的音乐就会手舞足蹈，喜欢听打击的声音等。这些都是儿童对艺术的强烈感受，他们有丰富的想象力、强烈的表现欲望，家长可以根据实际情况为儿童创设相应的环境。例如，为儿童提供挂历、图纸等大的废旧纸张，让他们在地上或墙上随心涂画。越小的儿童使用的纸张要越大，笔要粗，因为他们的精细动作尚未发展成熟，控制能力较差。在创设音乐环境方面，家长可以从两方面来做：一是在儿童玩玩具、看书、绘画时播放一些经典音乐作为背景，让他们在无意识中得到艺术的熏陶；二是引导儿童专注地听一些他们喜欢的儿童歌曲和节奏轻快、明晰的音乐，从而提高他们的音乐素养。

▶ **拓展阅读**

审美心理过程

审美的过程既符合认识论的一般规律，又具有自己的独特规律。从审美过程的一般规律来说，首先，它是一种对客观事物、客观世界的认识活动。它是人们认识活动的一个组成部分。其次，审美过程不仅有感性认识阶段，也有理性认识阶段，符合由感性认识到理性认识的发展过程。同时，它也可以通过事物的现象去认识事物的本质。最后，审美过程也要受到实践的检验。实践乃是检验审美过程中对事物认识的正确性的标准。从审美过程的特殊性看，审美活动过程也具有自己的独特规律。首先，它虽然是一种认识活动，但它是审美的。因为审美对象不是赤裸裸的概念，而是具体事物的感性形象。因而，这就决定了审美主体（欣赏者）所进行的思维活动也必然是具体的、形象的，其思维方式也是以形象思维为主的。其次，审美过程虽然也是经过感性认识阶段到理性认识阶段的过程，也是透过现象看本质，但它并不抛弃感性的、具体的现象，它不像我们阅读科学论文时那样，只是注意判断推理。它的理性认识离不开具体的、感性的现象。它对客观事物的本质的认识，也不是抽象的、纯概念的，而是始终和审美对象的具体性、生动性、丰富性紧密地联系在一起的。最后，审美过程的实践性，最主要表现在欣赏者的言行上。欣赏者的言行必然要表现出来，并反作用于社会生活。因而，审美在社会生活中所产生的社会效果如何，就成为检验审美认识正确与否的重要实践标准。

所以，审美过程乃是欣赏者审美时的感知、感受、感动的过程。其实，感知、感受、感动是难以截然分开的。在审美过程中，它们往往是相互交织在一起的。

五、学习习惯的培养

　　良好的学习习惯是儿童追求知识的资本，也是儿童走向成功的必经之路。儿童通过每天的积累和巩固，使得这个资本不断地发生增值，于是儿童的学习就产生了"滚雪球"的效应，最终使得儿童的学习产生质的飞跃。

（一）帮助学前儿童养成多阅读的好习惯

　　电视和计算机的迅速普及，使得现在的儿童对于电视、网络的依赖越来越明显。但是计算机和电视带来的"知识轰炸"，让儿童很难有选择的机会，也就很难积累系统、有用的知识。众多的教育专家都不约而同地指出，网络和电视提供的许多信息是不利于儿童的学习和成长的，多阅读有益的课外书籍才是儿童积累知识的正确之道。阅读可以使儿童增长见识，体会到书中文字的魅力，可以引起儿童内心的共鸣，是一种使知识与精神双丰收的良好学习习惯。

　　要想儿童养成多读书的好习惯，父母就应该以身作则，尽量多读书、看报，不要在儿童做作业时看电视和玩电脑，从小就让儿童养成爱阅读的习惯。同时父母还应该多引导、督促儿童去阅读各种有益的课外书籍，增长儿童的见识，扩大儿童的知识面。

（二）帮助学前儿童养成合理安排时间的好习惯

　　"一个人晚上8点在做什么决定了他的生活层次"，科学的时间管理策略是有效学习的途径之一。合理安排时间反映出儿童的学习和生活态度，也可以让儿童赢得更多的时间来完善与提升自我。缺乏时间观念的儿童总是感觉时间不够用，每天也都是忙忙碌碌的，但是并没有做出什么事情。对于缺乏时间观念的学前儿童，父母可以在与他们协商后，制定一份科学合理的时间安排表，并且设置一定的奖惩措施，督促儿童在规定的时间内完成任务，从而培养他们合理安排时间的良好习惯。

▶ **案例分享**

不要让孩子成为一个半途而废的人
——谈谈幼儿坚持性的培养

　　5岁的强强看到身边的很多小朋友每天背着画夹去学画画，感到很好奇，再三要求妈妈为他买画夹。妈妈为强强买了一套油画材料，没过几天，强强又说不想自己画，自己不会画，要去兴趣班和小朋友一起画。这是孩子的兴趣倾向还是孩子的三分钟热度？强强妈妈很犹豫，该不该让孩子去兴趣班学画画。最后，家人一致决定还是让强强去学画画。起初，强强兴趣高涨，学得有模有样，可没过多久，他便不愿意画了，他不愿坐在画夹前一动不动。

中班幼儿的家庭教育中存在着一个普遍性的问题，即家长在满足孩子兴趣的基础上带孩子参加了某项兴趣班的学习后，过不了多久孩子便失去兴趣，闹着要放弃。家长应该答应孩子的要求吗？还有的孩子，学着一项又被另一项所吸引，"贪多嚼不烂，忙得团团转"，对以前的项目到底是坚持还是放弃呢？

评析：

幼儿中途放弃兴趣班学习的原因各有不同，主要表现为以下几个方面：其他兴趣爱好的影响、同伴生活的影响、父母态度的影响、逃避在兴趣班学习过程中遇到的困难、好奇心得到满足后兴趣班学习动机逐渐缺失。

改进对策有：

4~5岁是孩子坚持性发展的关键年龄段，成人应抓紧对这个年龄段孩子坚持性的培养。

（1）培养孩子良好的兴趣。此年龄阶段的孩子对事物的认识还比较肤浅，兴趣点容易转移。家长需要做的不是扼杀孩子的兴趣或是批评孩子，而是引导和激发孩子对事物的好奇心，延续或升华孩子的兴趣。

（2）进行挫折教育，增强孩子的自信心。家长应该把握生活中的机会对孩子进行坚持性训练。在孩子遇到困难时，不要一味地包办代替，而要帮助他们找到克服困难的方法。无论成功还是失败，都要及时帮助他们总结经验或教训，帮助他们养成"胜不骄、败不馁"的良好心理品质，只有这样，才能提高孩子的坚持性。

（3）通过实践锻炼孩子的坚持性。在实践活动中，孩子会碰到来自内部和外部的各种困难。怎样对待这些困难，能否克服这些困难，就是对坚持性的实际考验。

（4）制定切实可行的目标，帮助孩子实现目标。家长应该与孩子一起制定出一个能够达到的目标，并帮助与督促孩子努力实现这个目标。制定的目标一定要具体、切实、可行，要和孩子的年龄特点、兴趣倾向相符，是孩子通过努力可以实现的。

（5）通过生活小事培养孩子的责任感，让孩子做事有始有终。孩子年龄小，做事易受外部环境影响。在做事情的过程中，如果孩子一遇到困难，就丢下手中的事去干别的，成人一定不要迁就，而要及时表扬孩子已取得的成绩，同时帮助孩子克服困难，鼓励孩子做完手中的事。这是指导孩子锻炼坚持性的重要手段。

（6）通过榜样示范与同伴参照提升孩子的坚持意识。家长是孩子生活中的榜样，因此，要想培养孩子良好的坚持性，家长首先应该要求自己是一个坚持不懈、有始有终的人。

（7）培养孩子的成就动机。家长可以在孩子的活动中观察孩子，和孩子单独沟通，与孩子一起评价和认识他们的行为，让孩子清楚自己在活动中表现出的强弱点。这样有利于家长对孩子形成正面和现实的期望，从而不会向孩子施以太大的压力。家长要多为孩子创造在实践中取得成就的机会，以此来培养孩子的成就动机，提升孩子活动的坚持性。

▶ 拓展阅读

延迟满足，增强幼儿的自制力

4~5岁是幼儿自制力发展较快的年龄段，家长在这一阶段要着眼于幼儿自制力与规则意识的发展，这样有利于幼儿从消极被动的应付转变为积极主动的发展，对幼儿的一生都有重要的影响。自制力在打骂中是很难获得发展的，打骂只能使幼儿变得怯懦。幼儿自制力的培养要着眼长远，在日常生活中有意识地进行自制力的培养，对于幼儿自制力的发展很重要。

1. 尽量满足幼儿的合理需要

家长对于幼儿的要求不能过于苛刻，过分的约束会影响幼儿在成长中的自主

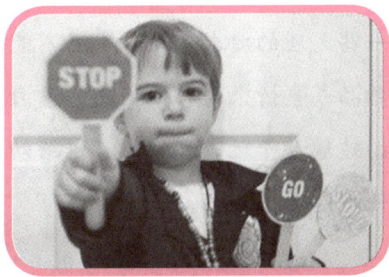

探索与发展，可能让幼儿变得怯懦、畏缩。家长应尽量看到幼儿要求的合理性，满足幼儿的合理欲望。家长应该理解、看到幼儿好奇心的可贵之处，并且尽力满足幼儿的好奇心，这样，幼儿会在成人的引导下积极主动地探索，而不是乱摸乱碰。满足幼儿的好奇心，首先要求家长在确保幼儿安全的情况下，为幼儿提供自主探索的空间。当幼儿的要求合理时就尽量满足，特别是当他们遇到自己能解决的问题时，如要求自己扣纽扣、自己洗脸等，家长应放手让幼儿自己去做，使他们体会到成就感，从而避免幼儿"不听话"行为的再次产生。

2. 循序渐进，延迟满足

人类欲望的满足形式可以分为几种：延迟满足，适当不满足，超前满足，即时满足，超量满足。好的教育总是提倡"延迟满足"和"适当不满足"。延迟满足不能事先定下过高标准，企图一蹴而就，而要循序渐进，即延迟时间，逐步让幼儿学会"等待"。只有在期待中获得满足，幼儿才会加倍珍惜来之不易的幸福。例如，幼儿早上起床后想要去公园玩，可是父母都要工作，没有办法带他们去公园，他们就开始哭闹。这时，家长要能沉住气，给幼儿讲道理："爸爸妈妈今天都要工作，等周末的时候爸爸妈妈再陪你去公园玩，好吗？"经过家长耐心地解释，相信大多数幼儿都能接受家长的建议，抑制自己想要去公园的欲望，把希望留在等待中。幼儿在等待中，学会了理解他人。当然，家长一定要兑现自己的话，下次遇到类似的事件时，幼儿才会信任你、尊重你。在对待不太听劝的幼儿时，家长一定要坚持立场。因为这一过程是家长和幼儿进行心理较量的过程，只要家长坚持自己的做法，幼儿最终还是会迫使自己妥协。待幼儿情绪比较稳定之后，家长要对其进行适当疏导，让幼儿从内心真正接受建议。

3. 及时转移注意力是延迟满足的好方法

当幼儿对某些物品感兴趣时，他们会不顾一切想要摸到、拿到，甚至还会提出一些无理的要求。此时家长不能粗暴地制止他们，而应该找出一些他们更感兴趣的物品或事情来转移他们的注意力，并及时带他们离开。如当幼儿非要拿厨房餐桌上的玻璃盘子玩时，家长可以给幼儿一个平时他最喜爱的玩具，带他到另一个房间陪他一起玩儿。

思考与练习

一、简答题

1. 简述学前儿童家庭教育的目标。

2. 简述学前儿童家庭教育的主要内容。

二、论述题

1. 试论述学前儿童家庭教育中人际交往技能的培养策略。

2. 试论述学前儿童家庭教育中儿童艺术能力的培养策略。

三、案例分析题

纽斯泰德夫妇一家住在英国东南部的奥尔平顿，家里除了罗克和安夫妇两人外，还有他们的3个孩子——乔舒亚、塞缪尔和威廉姆。早上9点，对于大多数孩子而言，正是他们和父母说再见去学校的时候，但是对这个家庭而言，早上9点和上学并没有什么关系。相反，在这个时候，孩子们可能正在菜园里种植西红柿，可能正在注视疾驰而来的火车，也可能正在制作风速计，还可能正在为即将来访的客人准备蛋糕。

请联系实际，谈谈你对这一教育方式的看法。

四、实践题

设计一则亲子活动，通过此项活动培养学前儿童的生活技能。

单元导言

　　从古至今，很多教育家都曾强调，正确教育子女的方法最主要的应该是爱和严相结合。在生活上既要给予子女适当的父母之爱，在思想上又要严格要求他们，特别要舍得让他们到艰苦环境中去锻炼，让他们在风雨中成长，这才是真正的爱。只有这样才能锻炼出人才，使儿童成为真正有作为的人。

学习目标

1. 理解学前儿童家庭教育的原则。

2. 领会学前儿童家庭教育的方法。

第四单元　学前儿童家庭教育的原则和方法

第一课　学前儿童家庭教育的原则

　　虽然家庭教育由于家庭经济水平、家长素质、孩子认知水平及个性等方面的不同而具有一定的复杂性，但仍存在一些普遍性，如每个家庭都期望孩子能够健康成长、成人成才。家庭教育不能单凭父母的热情与愿望、经验与判断，它需要遵循科学的家庭教育的原则。

　　家庭教育原则是以学前儿童身心特点为依据，建立在成功的家庭教育经验基础之上的，是家长在对学前儿童进行教育的过程中所必须遵守的要求和准则。现阶段学前家庭教育主要有以下几个原则。

一、目标性原则

　　由于家庭教育存在盲目性、随意性、片面性，因此只有确立目标性原则，才能使家庭教育具有方向性。所谓目标性原则，是指家长应该根据儿童的年龄特征提出适宜的目标，并且目标的设置应该符合儿童身心发展特点，面向儿童全面发展。

（一）目标的制定要符合学前儿童的年龄特点

　　学前儿童的身心发展具有阶段性，不同年龄段的儿童在认知、运动、社会情感等方面存在不同的发展特点。1~3岁的儿童基本上掌握了本民族的语言，有了自我意识，独立性也开始发展；3~4岁的儿童具有直观行动性思维，心理活动受情绪支配，不受理智控制，喜爱模仿；4~5岁的儿童思维具有具体形象思维的特点，活泼好动，具有初步的规则意识；5~6岁的儿童抽象思维开始萌芽，开始掌握认知规律，个性也初具雏形。因此，家长要根据儿童的年龄特点、身心发展水平制定适宜的目标。例如，4岁孩子正处于具体形象思维阶段，孩子知道爸爸给了他3个苹果，妈妈给了他2个苹果，爸爸妈妈问他一共有几个苹果，孩子很快就能说出是5个苹果，但是如果问他3加2等于多少，孩子却回答不上来。因为他们思维的内容是具体的，而不是抽象的，他们不理解抽象的算式，如果家长在这个年龄段要求孩子掌握加减法，这个目标就制定得不合理，孩子不容易达到，可能会打击孩子的自信心，得不偿失。

（二）目标设置要体现学前儿童的个体差异性

虽然儿童身心发展特点具有一定的普遍性，但是由于儿童所处的环境不同，遗传素质也不同，儿童的发展也就具有独特性。每一位家长都要正确看待儿童的成长。每一名儿童都是唯一的，他们具有鲜明的个性，有其自身潜在的各种能力，在他们成长的过程中表现出明显的个体差异。家长要了解儿童的成长与发展特点，给他们提供适宜的教育，不要盲目攀比，切忌用一把尺子衡量所有的儿童。事实上，由于家长没有充分关注儿童发展的差异性，忽视儿童的兴趣与能力，盲目让儿童学习各种知识，这样容易使很多具有无穷潜力的儿童泯然众人。

二、一致性原则

一致性原则是指家长对影响儿童教育的各方面因素（教育要求、教育内容、教育态度、教育方法和教育力量）相互配合、相互统一，从而形成教育合力的原则。教育

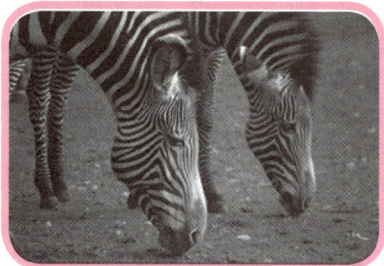

一致性是树立家长权威不可缺少的保证，也是强化教育效果的重要手段之一。如果家长各行其是，不仅会使教育力量互相抵消，而且不利于儿童良好人格的形成。儿童也会因教育的差异而感到无所适从，甚至对家长产生不正确的爱憎情感，或导致儿童利用成人教育的矛盾来掩盖自己的缺点和错误。因此，在家庭教育中应杜绝"一人一把号，各吹各的调"。

（一）家长教育观念要一致

家长对儿童在为人处事方面的要求体现出家长的教育观念。例如，一个孩子把自己的伞让给别人打，自己反而淋湿了，爸爸赞扬了他的这种行为，而妈妈却数落孩子说："伞是你自己的，却让给别人，自己淋得像个落汤鸡！"再如，孩子没有参加学校里的扫雪活动，老师批评了她，她回家后一脸不高兴，爸爸妈妈问清缘由后，妈妈说："傻孩子，你直接说自己生病了，我给你补个假条不就行了吗？"爸爸说："你这不是让孩子撒谎吗？"夫妻俩因为这件事情吵起来。这都体现出家长教育观念的不一致，会导致儿童无所适从，不能使家庭形成统一的价值尺度和评价

是非的标准。

（二）家长对待学前儿童的态度要一致

家长的态度一定要一致，不能一人制止儿童的行为，另一人顺从儿童的行为。我们常见有的孩子做错事，爸爸一批评，妈妈就护着孩子。这就削弱了爸爸的教育权威，也容易导致孩子成为"两面派"。妈妈如果抱开孩子并对他说："你看，你犯了错误爸爸妈妈都很生气，下次改了，爸爸妈妈都会很高兴的。"妈妈这样做就会带来不同的教育效果。

想一想

人们常说，家庭教育中要有一个唱白脸，一个唱红脸，你认为合理吗？

（三）家长对学前儿童的要求要前后一致

家长对儿童的教育要前后一致，不能朝令夕改。儿童良好习惯的养成、道德情操的培养，都需要家长持之以恒地关注。家庭教育是一个长期的、连续的过程，家长对子女的教育应当始终保持积极负责的态度，不能在某一个阶段严格要求，坚持正确的原则，而过了一段时间又采取放任自流的态度，放弃正确的原则。比如妈妈要求孩子自己吃饭，过了几天后，妈妈急着上班就直接喂孩子，又或者因为孩子稍有点不舒服又代劳，那么孩子独立进餐的习惯将很难养成。

（四）家庭、幼儿园对学前儿童的要求要一致

儿童上了幼儿园以后，家庭教育也要和幼儿园保持一致，给儿童提出一致的要求，和幼儿园教育工作相互配合。儿童在幼儿园能够主动做事情，回家之后却全都让家长代办，由于家庭和幼儿园（简称家园）要求的不一致，使得幼儿园的教育效果大打折扣。因此家长要和幼儿园相互配合，对儿童要求一致。例如，在接孩子回家的路上，孩子高兴地告诉妈妈："老师今天表扬我了！"妈妈急忙问道："老师为什么表扬你呢？"孩子说："因为吃苹果时我挑了一个最小的。"如果妈妈听后生气地说："你真傻，我们家交的钱和别人家一样多，下次吃苹果时，你一定要挑一个最大的，把我们家今天的损失弥补回来。"这时，家园教育的不一致会让孩子感到莫名其妙、无所适从。

三、尊重平等原则

尊重和平等是营造良好家庭氛围、保障家庭和谐发展的基础，是营造和谐的亲子关系的保障。自儿童脱离母体那一刻起，他们就成为独立的个体，他们有自己的

思想、喜好、权利和存在方式。在家庭中，家长对儿童的尊重表现在平等对话、用心倾听。陈鹤琴说，父母对子女也应该有礼貌，像对待朋友一样对待子女，通过商量询问的方式征求子女的意见与看法，而非命令式的通知。

（一）放低身姿，用心倾听

家长对儿童的尊重和平等相待首先建立在了解儿童身心发展特点的基础之上。学前儿童有其独特的思维特点，家长不能按照成人的思维去解释学前儿童的行为。例如，一名学前儿童往家里鱼缸里倒了一暖壶热水，结果把鱼全都烫死了，而这些鱼是爸爸花了很多钱买的，爸爸很生气，但还是很耐心地询问孩子为什么把水倒进鱼缸里。孩子说，他觉得鱼感冒了，因为他看见鱼游得很慢，他想起在他生病的时候妈妈让他喝很多热水。爸爸听后顿时怒气全消，把孩子揽在怀里，表扬他是一个善良的孩子。可是如果不倾听孩子的心声，家长就会做截然相反的解读，比如说孩子不爱护小动物，甚至将孩子打骂一顿。因此，在家庭教育中，家长应放下身姿，用心倾听，进而了解儿童的行为方式，知道儿童由于其自身的年龄特征、思维特点会经常好心办坏事。

（二）尊重儿童的感受和意愿

尊重儿童还应该尊重儿童的感受和意愿。一位妈妈特别喜欢给孩子买鱼片干，因为它富含优质蛋白质和钙、磷等微量元素。她的孩子被迫以喜不喜欢吃鱼片干作为奖惩标准，结果，为了得到一个芭比娃娃，孩子吃掉了数十袋鱼片干，长出了难看的氟斑牙。后来这位妈妈才在网上看到，鱼片干由海鱼制成，含氟量很高，过多食用将导致慢性氟中毒。这位妈妈很后悔没有关注孩子不愿吃鱼片干的意愿。在家庭生活中，对儿童的尊重、平等相待还表现为在外人面前不批评儿童，家长做错事情也应该向儿童道歉，儿童犯了错误不大声斥责儿童，应该心平气和地和儿童讲道理等。

四、信任原则

信任是家长相信儿童的能力，并能适时放手让儿童自己探索、自己去完成自己的事情。从儿童呱呱坠地，嗷嗷待哺，到逐渐能跑会跳，会说会笑，每一位家长对自己的孩子总是充满深情的爱。但有时这种爱会使家长失去理性。家长总认为儿童还小，还不懂事，凡事都为儿童包办，让儿童"衣来伸手，饭来张口"，这都反映了家长对儿童的不信任。作为家长，既要看到儿童身心的不成熟，同时也应该看到儿童本身蕴藏着巨大的潜力，具有强烈的主观能动性。家长要相信儿童，给儿童尝试的机会，相信儿童会在一次一次的失误中获得发展。心理学上的皮格马利翁效应就说明了家长的信任是儿童成功的主要动力。小来来24个月了，一直以来都是奶奶喂着吃饭，妈妈看到育儿书说24个月以后可以培养孩子独立进餐了，于是便要求孩子自己尝试拿着勺子吃饭，奶奶却觉得孩子还这么小，怎么能自己吃饭呢，但奶奶仍然把勺子给了小来来。刚开始小来来会舀不到碗里的饭菜，挖到菜后，也会很费劲地花很长时间才把勺子放到自己的嘴巴里，几天之后，小来来可以自己吃饭了，奶奶还觉得有点不可思议——孩子这么小，居然会自己吃饭了。

▶ **小资料**

皮格马利翁效应，讲的是古希腊雕刻家皮格马利翁的故事。他雕出一尊塑像并深深爱上了她，他每天同雕像说话，亲吻她，数十年如一日，他的行为感动了阿佛洛狄忒女神，女神把雕塑变成了皮格马利翁真正的妻子。

五、循序渐进原则

循序渐进是指家长应该根据儿童的年龄阶段和身心发展特点，由浅入深，由表及里，由易到难，逐步提高对儿童的要求。

（一）要求应该具体明确，适当合理

在家庭教育中，家长对儿童提出的要求应该具体明了、能够量化、便于执行。比如家长为了培养儿童的阅读兴趣，可以和儿童约定，每天一起阅读，每个周末去图书馆，每个月组织家庭读书会，和家长分享读过的书等。家长对儿童的要求要难易适中，不能过难或过于简单，任务过于简单达不

到发展的目的，任务过难不仅达不到训练的效果，还会影响儿童的求知欲望，甚至会挫伤儿童的自尊心和自信心，因为儿童的兴趣和成熟感来自一点一滴的成功。

（二）要求应该螺旋上升

任何教育都不是一蹴而就的，要量力而行，循序渐进。日本教育家铃木镇一在小提琴的教学中特别强调渐进性原则，他的教学从简单的音阶、和声开始，要求学生一定要认真掌握，否则不给学生上新课。他对女儿映子的教育也体现了这一原则。映子两岁半开始练琴，由于映子年龄小，音阶、和声练了一年还没练好，铃木镇一就让她继续练，过了一个月终于练好了之后才开始让映子学一首简单曲子——《蝴蝶》。映子用了5个月学会了《蝴蝶》，接着又花3个月学会了变奏曲。后面的曲目越来越难，可映子越学越快，到了小学二年级，映子开始练习莫扎特第四乐章的总练习曲，这时她已经成了小提琴教室里的顶尖人物。

▶ **案例分享**

对孩子充满耐心，不要越俎代庖

儿子是我们家第一号"大懒虫"：只要让他干什么事，他总能找出一万个理由来对我说不。这令我很头疼。有一天，我在客厅吃花生，丢了一堆花生壳。儿子从面前走过，我和他商量："好儿子，把笤帚拿来给爸爸。"但同时，我已经准备起身自己拿了，因为此时他玩兴正浓。"我来扫地！"儿子突然来了兴趣。太阳突然从西边出来了，我非常激动。他以百米冲刺的速度拿来了笤帚，又以狂草的笔法开始扫地，满地的花生壳很快四分五裂。妻子很着急："你让他扫什么地，越扫越脏！"我说："不急不急，有导师我呢。"于是我一边鼓励儿子，一边在旁指导。儿子花了很长时间，却只扫了一半。我对儿子说："慢慢来，不急不急。"儿子满头大汗地扫完地，我给了他高度的评价："儿子很棒！"儿子乐颠颠地玩去了，我开始对他扫得"很棒"的地进行二次"扫描"。

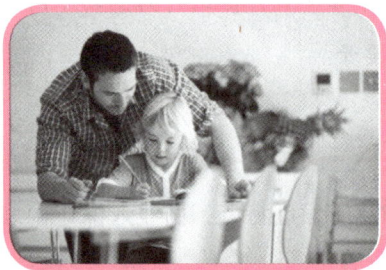

评析：我们总是在孩子想做事的时候越俎代庖，我们也总想用成人的标准要求我们的孩子做事情一次到位。可是我们很少能耐心地让孩子完整地完成一件事情。

对于任何事情，孩子如果不去实践，就很难做好。如果他有了第一次，就会有比第一次更好的第二次。

六、因材施教原则

在家庭教育中，家长应从全面发展着眼，考虑儿童的具体特点和实际情况，扬长避短、因势利导，提供充分的条件与支持，从而使儿童获得最佳发展。

（一）从学前儿童实际出发，因势利导

从儿童的实际出发，是指从学前儿童的性格特点、兴趣、能力等方面出发，遵从学前儿童发展的倾向性。舟舟先天智力异常，在他两三岁的时候，爸爸经常带着他在音乐厅里排练，舟舟不吵不闹，细心地观察着周围的一切，尤其是对指挥家张起的动作观察得细致入微。大约在舟舟6岁的一天，乐手们在排练休息时和舟舟开起了玩笑。"舟舟，想不想当指挥家？""想！"舟舟爬上了指挥台，举起了指挥棒。奇迹出现了，舟舟惟妙惟肖地把张起先生的动作都表现了出来，甚至连用左手推眼镜架看谱的动作都模仿得惟妙惟肖。舟舟煞有介事地敲了敲谱台："预备，开始！"舟舟很有感觉的动作惹得众人大笑，大家纷纷随着他的指挥棒演奏起来。如今，舟舟已成为中国残联艺术团的重量级艺员，参加过无数场演出。从这个例子中，我们可以看到，只要从儿童的兴趣出发，从儿童的实际出发，给儿童支持与鼓励，那么儿童一定会在某一领域有所专长。

（二）扬长补短，全面发展

有的家长在儿童很小的时候就开始注意儿童某方面才能的发展，要么只练琴，要么只画画，要么只打球，要么只识字计数，儿童除此之外的素质培养被忽视。但是，家长在满足儿童需要，促进儿童特长发展的同时，要注重儿童其他方面的发展。儿童的发展是全方位的，任何限制其某一方面发展的做法，对儿童的前途都是无益的。

木桶理论

一只木桶想盛满水，必须每块木板都一样平齐且无破损，如果这只桶的木板中有一块不齐或者某块木板下面有破洞，这只桶就无法盛满水。一只木桶能盛多少水，并不取决于最长的那块木板，而是取决于最短的那块木板。

《家庭与家教》曾报道了一位父亲用30万元人民币花20年的时间打造儿子的足球明星梦，但是现在20岁的儿子除了踢球几乎什么也不会。1985年，丁贺强出生在一个球迷家庭，父母在他胎儿期就想好了要让他当"球星"。丁贺强一出生就开始看足球赛、足球书籍杂志，玩足球。在父亲的培养下，丁贺强只对足球感兴趣，6岁便进了一家业余足球学校，然后进入专业学校培训。除了足球，丁贺强的其他学科成绩很差，学足球又很花钱。到20岁时，父亲为他学球、参加比赛花了总共30万元人民币。最后，丁贺强在一家很小的俱乐部当了一名不拿工资的三线候补球员，后来该俱乐部解散，丁贺强失去了唯一可以施展自己特长的平台。在招聘会上，丁贺强没办法找到工作，因为一张招聘表上他就有十几个字不认识。孩子喜欢踢足球，父母为孩子踢球提供必要的条件是应该的，但千万不能把所有的时间、精力都花在踢球上，同时还应该注重培养孩子将来生存和发展所需要的其他方面的能力。

动物的课堂

一天，小动物们想办一所学校，就在森林里聚会。野兔坚持要把跑步列入教学计划，小鸟坚持要开飞行课，鱼坚持要把游泳作为必修课，松鼠坚持要把垂直爬树列入学校教学的课程内……经过讨论，动物们决定这些学科都要开设，并写了课程指导书。野兔的跑步成绩是A，但垂直爬树对它来说的确是一个难题，它总是爬两步就掉了下来。不久，它连跑步也跑不快了，跑步成绩由A降到了C。当然，它的垂直爬树的成绩总是得到F。小鸟的飞行美极了，但是当它来到地上打洞时，就不行了。它的嘴和羽毛都坏了。不久，它的飞行成绩也下降了，而打地洞的成绩当然还是F，对于打地洞它是力不从心的。

这个故事对我们家庭教育有什么启发？在家庭教育中应该遵循什么样的原则？

评析：从上述的故事中可以领悟到：发扬优点，克服缺点，才可以获得更好的发展。如果一味地追求所谓的"全面"，而不顾现实情况，就可能导致故事中出现的结果：野兔擅长跑步，却让它垂直爬树，以至于跑步跑不快、爬树爬不上；小鸟善于飞翔，却让它在地上打洞，导致了飞行受影响、身体受损伤。这样做不但没有使动物们实现全面发展，而且破坏了其原来的优势与特长。

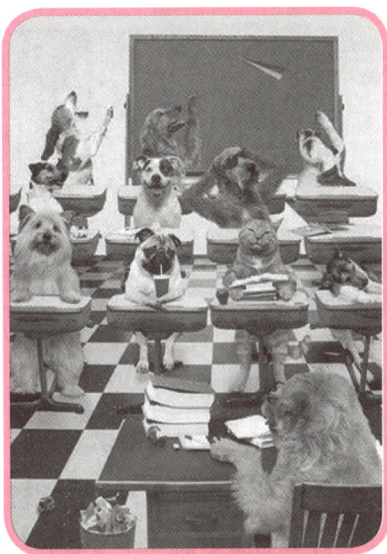

在家庭教育中，家长应该从全面发展着眼，从因材施教着手，首先了解孩子的兴趣、爱好，因势利导，保持其优势；在认识到孩子发展的差异之后，不能够忽视、回避这种差异，而应该结合孩子的现实去分析，使其优势得以充分发挥，使其劣势得以最大限度的改善，并在以后的发展中注重改善的状况，使其逐步达到全面发展的标准和要求。

▶ 拓展阅读

牵一只蜗牛去散步

上帝给我一个任务，
叫我牵一只蜗牛去散步。
我不能走太快，
蜗牛已经尽力爬，为何每次总是挪动那么一点点？
我催它，我唬它，我责备它，
蜗牛用抱歉的眼光看着我，
仿佛说："人家已经尽力了嘛！"
我拉它，我扯它，我甚至想踢它，

蜗牛受了伤，它流着汗，喘着气，往前爬……

真奇怪，为什么上帝叫我牵一只蜗牛去散步？

"上帝啊！为什么？"

天上一片安静。

"唉！也许上帝去抓蜗牛了！"

好吧！松手吧！反正上帝不管了，我还管什么？

让蜗牛往前爬，我在后面生闷气。

咦？我闻到花香，原来这边有个花园。

我感到微风，

原来夜里的风这么温柔。

慢着！我听到鸟声，我听到虫鸣，

我看到满天的星斗多亮丽。

咦？我以前怎么没有这般细腻的体会？

我忽然想起来，莫非是我弄错了？

原来上帝是叫蜗牛牵我去散步。

第二课 学前儿童家庭教育的方法

　　家庭教育的方法是指家长在对学前儿童实施教育时所采用的具体措施和手段。是否能恰当地选择和创造性地运用家庭教育方法，直接关系到学前儿童家庭教育的效果。家长应根据学前儿童的年龄特点、个性特征，创造性地选择适当的方法。

一、启发诱导法

　　启发，由孔子的"不愤不启，不悱不发"而得。所谓"愤"，是指学生想明白某一问题而得不到答案的激愤；所谓"悱"，是指学生对某一问题已有所悟而表达不出来的急迫。孔子认为，教育教学的关键是要调动学生内在的求知欲望。因此，不到他想求而未得的时候，不去开导（"启"）他；不到他欲言而不能的时候，不去提示（"发"）他。采用启发诱导法，有助于激发儿童思维的主动性，培养儿童积极思考的习惯，提高儿童的逻辑思维能力，培养儿童独立思考的心理品质，从而促进儿童健康成长。

（一）巧设"不愤不启，不悱不发"的情景

引导儿童在实践中观察，在实践中探索，为他们创造有利的条件和机会。学前儿童的思维特点是直观行动性和具体形象性，他们通过自身的行动获得关于事物的知识。家长在日常生活中，要激发孩子的好奇心与求知欲望。比如，下雪天可以和孩子一起打雪仗、堆雪人，也可以让孩子观察一片一片的雪花，认识雪花的颜色、形状，让孩子感知雪是固体形态，然后带着孩子把雪球拿到房间里，观察雪的变化。雪会化成水，孩子这时会自主发问雪球去哪里了，雪球怎么变成了一堆水，从而让孩子开动脑筋，主动思考。

（二）以图画书为载体，鼓励儿童积极思考，主动提出问题

阅读图画书不仅可以丰富儿童的间接经验，而且能够训练儿童的理解、猜测、推断等能力。通过引导儿童观察图画书中的富有表现力的画面，激发儿童主动提出问题。例如，图画书《我的幸运一天》的封面上有一只小猪被一只狐狸截住，孩子们看到这幅画面，不禁会问，这只猪会不会被狐狸吃掉？"幸运的一天"，是谁幸运？是狐狸呢，还是小猪呢？

儿童对我们司空见惯的事物也总是充满好奇，比如，为什么秋天树叶会从树上落下来，为什么春天小树会发新芽等。对于这样的疑问，家长首先要表扬孩子善于观察，善于提问，然后请孩子说说自己的想法，鼓励孩子大胆地表达自己的想法。如果家长也不知道答案，就坦白告诉孩子："这个问题把爸爸妈妈难住了，咱们一起回家查阅图书，或上网寻找答案。"这也是引导孩子在遇到困难的时候要思考并解决问题的策略。对于孩子的疑问，家长千万不能敷衍了事。成人习以为常的姿态和不以为然的态度，会逐渐扼杀儿童的求知欲。因此，父母如果能够有意识地引导孩子的兴趣，保护孩子的好奇心，鼓励孩子积极思考，关注孩子的提问，与孩子一起思考、一起寻求未知的答案，那么孩子提出问题的欲望和探求的兴趣就会不断增强。

二、榜样示范法

榜样示范法指家长要时时、处处、事事严格要求自己，为儿童树立好的榜样，以模范行为影响儿童。社会心理学家班杜拉通过波波玩偶实验得出，儿童是通过观察进行学习的。教育家马卡连柯曾说，家长不要以为只有在劝导儿童、吩咐儿童、与儿童谈话的时候是在教育儿童，家长在生活的每时每刻，甚至家长不在场的时候，也在教育着儿童。家长怎样谈话，怎样谈论别人，怎样欢乐或发愁，怎样对待朋友和敌人，怎样笑或怎样读报——这一切都对儿童有重要的意义，这一切都将被儿童观察和模仿。

（一）家长要以身作则

家长希望儿童诚实守信，自己首先要做到诚实守信；家长希望儿童善良有爱心，自己首先要做到博爱、富有同情心；家长希望儿童爱看书，自己也要博览群书；家长希望儿童讲文明、懂礼貌，自己就要谈吐文雅，见到熟人主动打招呼。有个古老的故事，说有个媳妇对婆婆不好，让婆婆用一个破木头碗吃饭，后来，这个婆婆去世了，媳妇就把破木头碗扔了，老太太的小孙子看到了就把碗捡了回来，这个媳妇问儿子拿回这个破碗做什么，儿子说："等你老了给你用。"

儿童是父母的镜子，如果父母想要看到儿童好的表现，父母就要先做到。教育家梁启超在教育他的子女们时，就十分注重为子女提供良好的示范。梁启超做学问坚持不厌不倦，平日里坚持读书写字，把自己读书写字的情况在书信中告知子女，"吾日来字课极勤，岁暮结账文美斋南纸店之债务乃至七十余金，可见我用纸之多矣""吾今夕又写字三点钟之久"。忙碌时，他仍然坚持每天看书写字，"每夜率皆两点钟后乃赶写作"。在外奔波之时，他所乘坐的船装满咸鱼，气味难闻，使本来不晕船的梁启超难受欲呕，即便如此，他"勉成千余字，且作一诗，俱带腥气也"。正是梁启超的以身作则，使坚持不懈、持之以恒做学问的态度深入到子女心中，子女们在梁启超的带动下，勤奋学习，最后成为各个领域的专家学者。孙敬修也曾对家长们说："孩子们的眼睛是照相机，脑子是录音机，你们的一言一行都刻在他们的心上，要做好榜样啊！"

（二）言教身教相结合

学前儿童由于生活经验和社会知识缺乏，所以生活中常会出现问题，时刻需要父母的指点。身教要求家长直接把其希望儿童能做到的，自己首先做到。但是言教确实要用语言表达出来，而且要转换成儿童能够听懂的语言。家长给儿童讲清道理，让儿童明白应该做什么、不应该做什么，是非常必要的。因为学前儿童年龄小，家长给他们讲大道理时，他们很难听懂，原因在于家长没有用儿童能够听懂的话去说。例如，家长希望儿童善于分享，乐于分享，当孩子拿着一个橘子时，妈妈正好可以让孩子知道什么是分享。这时，妈妈可以说："给奶奶一瓣橘子好吗？"如果孩子不愿意，妈妈可以说："宝宝你要懂得分享。"如果孩子还是不愿意。妈妈可以进一步说："你看，一瓣一瓣的橘子像什么，像不像小船？我们把小船开到奶奶的嘴巴里好吗？"于是妈妈拿着一瓣橘子，说："小船游啊游啊，游到奶奶嘴巴里。"孩子看到后，也会拿着橘子游到奶奶的嘴巴里。这时妈妈要给予夸奖。有了这次愉快的经历，孩子会渐渐地学会分享，并从中得到快乐。

三、环境熏陶法

美国心理学家詹巴斗曾经做过一个"偷车实验"，将两辆一模一样的轿车分别放在环境很好的中产阶级社区和环境比较脏乱的贫民区，结果发现贫民区的车很快被偷走了，而另一辆车几天后仍然完好无损。后来，实验者将中产阶级社区的那辆车的天窗玻璃打破，几个小时后，那辆车也被偷了。在此实验基础上，美国政治学家威尔逊和犯罪学家凯林提出了著名的"破窗理论"：如果有人打坏了一栋建筑物上的一块玻璃，又没有及时修好，别人就可能受到某些暗示性的纵容，去打碎更多的玻璃，久而久之，这些窗户就给人造成一种无序的感觉，在这种氛围中，犯罪就会滋生并蔓延。"破窗理论"给家庭教育的启示是，环境具有强烈的暗示性和诱导性。

在家庭中，家长要注意创设良好的环境。所谓环境熏陶，是指在家庭中家长有意识地创设优美和谐的环境，使儿童置身其中能够受到良好的影响。这种教育方法主要是为了培养儿童良好的生活习惯，使儿童形成高尚的道德情操。因此，在家庭环境中，家长应注重物质环境的建设和精神环境的建设，用好的物质和精神环境熏陶儿童的心灵。

（一）布置舒适的生活环境

家庭生活环境的布局、装饰，应多从儿童的角度考虑，为儿童布置专门的活动空间。有的家庭装修得富丽堂皇，却限制了儿童的探索空间。因此在布置家庭空间的时候，可以像幼儿园那样，布置玩具角、自然角等，在玩具角摆放各式各样的玩具，在自然角摆放鱼种繁多的鱼缸和五颜六色的植物，从而使儿童受到美的陶冶。这样，儿童在美术活动中，才可能把鱼画得形象逼真、品种繁多、形态各异；在"过家家"时，才可能把娃娃家布置得井然有序、别出心裁。因为家里舒适的布置、装饰，会使儿童自然而然地受到美与秩序的熏陶。

（二）营造和谐的心理环境

对于家庭成员而言，家庭不仅是一个生活场所和文化实体，而且是情感的归宿。每个家庭成员在情感上都会对家庭产生不同程度的依赖，而且这种依赖很有可能是终身的。因此，心理环境的营造对每个家庭成员来说都非常重要。心理环境具体包括家长的生活态度、文化修养、道德情操、兴趣爱好和生活习惯等，这些无形的环境影响着儿童的思想品质、性格情感等。

【议一议】

家风歌

噼噼啪，噼噼啪，爸爸天天要打牌，捶桌跺脚使劲甩，大呼小叫夸能耐。

中央台，地方台，妈妈坐下起不来，节目不论好与坏，总要看到"沽得白"。

皱眉头，摇脑袋，且将拇指当耳塞，满屋噪音关不住，手握笔杆儿眼发呆。

——摘自《中国青年报》

结合这首歌谣谈谈你对家长言行的看法。

美国的一位心理学家曾对4 000名儿童做了调查，结果表明，生活在充满笑声的家庭中的儿童的智商比父母关系不和的儿童要高。此外，美国的一个研究中心对61名儿童进行了长期的追踪研究。结果发现，20名生长在情感气氛极差的家庭中的儿童，不仅智力落后于其他儿童，个子也矮于其他儿童。研究者还发现，10多个智力严重不良的儿童大都来自心理环境不良的家庭，他们之中，有的父母分居或离异，有的父母正在闹纠纷，有的家庭成员之间长期不和睦……

因此，家长要为儿童营造良好的心理环境，即为儿童营造民主的教育氛围、宁静和谐的情感氛围、积极向上的文化氛围、勤奋好学的学习氛围，使儿童在良好的家庭环境氛围中拥有安全感和幸福感。

▶ **拓展阅读**

父母的态度与子女性格

父母的态度	子女的性格
支配	服从、无主动性、消极、依赖、温和
过分照管	幼稚、依赖、神经质、被动、胆怯
保护	缺乏社会性、深思、亲切、非神经质、情绪安定
溺爱	任性、反抗、幼稚、神经质
顺应	无责任心、不服从、攻击、粗暴
忽视	冷酷、攻击、情绪不安、创造力强
拒绝	神经质、粗暴、冷淡、企图引人注意
残酷	执拗、冷酷、神经质、逃避、独立
民主	独立、爽直、协作、亲切、善于社交
专制	依赖、反抗、情绪不安、自我为中心、大胆
父母意见有分歧	警惕、好说谎、易生气、两面讨好、投机取巧

四、实践锻炼法

实践锻炼法是指家长有意识地让儿童参加力所能及的活动，从而培养儿童优良品德和良好行为习惯的方法。鲁迅说过，如果把儿童禁在床上，使他躺着研究走路，即使儿童长到100岁还是不会走路。因为儿童是在活动中学习的，是在走路的时候学会走路的，是在奔跑的时候学会奔跑的，是在说话中学会说话的。正如杜威所言，儿童是在做中学的。因此，在家庭教育中，父母除了说服、教导儿童之外，还要鼓励儿童通过亲自探索与实践去获得对知识、周围环境和世界的理解。

（一）家长要敢于放手

当今，家长对儿童包办代替的现象普遍存在：孩子已经会自己吃饭了，家长还要一口一口地喂；孩子会走路了，家长还要背着、抱着；孩子会洗脸、洗脚了，家长还要替他们洗，等等。我国末代皇帝溥仪长期受到无微不

至的关爱，吮奶经历达8年之久，长期过着"饭来张口，衣来伸手"的生活，以至于到了二三十岁还不会系鞋带。造成这种现象的原因，正是在于他得到了太多无微不至的"爱"，本来应该自己做的一丁点儿小事都有人替他代劳。所以，在家庭教育中，家长要敢于放手，给儿童锻炼自己的机会。学前儿童的思维具有直观行动性特点，儿童在动作中思考，在动作中解决问题，小伙伴之间合作配合使儿童在游戏的过程中不断调整自己与小伙伴之间关系，儿童总是在一边体验，一边调整，最后形成了儿童人际交往中的个性特点。家长要让儿童学会生活自理，让儿童在社会交往中解决问题。此外，在游戏活动中，儿童需要不断解决游戏过程中出现的问题，并在解决问题的过程中丰富体验，提高能力。

（二）家长要正确对待学前儿童的错误

在儿童成长过程中，家长要正确对待儿童的错误，有些"错误"在家长看来是错的，但是从儿童发展角度来看却是"契机"。瑛瑛的故事就证实了这一点。湖南省苗族小姑娘戴瑛瑛在父亲的引导下，在14岁时就"玩"出了12项国家专利。父亲在瑛瑛3岁时买了一架小电子琴送给瑛瑛作为生日礼物。瑛瑛高兴极了，急于想看看发出美妙音乐的琴键里面是不是有人在唱歌，所以一部崭新的电子琴很快就被瑛瑛拆得七零八落。父亲认为这是女儿探索行为的萌芽，于是陪着女儿一起拆装，还时不时地给女儿讲述琴键发声的原理。瑛瑛在父亲的引导下，探索精神越来越强，终于在10岁那年"玩"出了第一项发明——"取暖凳"。试想一下，当初瑛瑛把电子琴拆坏了，如果被父亲认为是不爱护玩具而教训一顿，那么还会有今天的小发明家瑛瑛吗？所以，在家庭教育中，家长要正确对待儿童的"错误"。

▶ 拓展阅读

修表的故事

有一天，陶行知先生一位朋友的夫人来看他。陶先生热情地让她坐下，又倒了一杯茶给她，问道："怎么不带儿子一起来玩？"

这位夫人有点气呼呼地说："别提了，一提就叫我生气。今天我把他结结实实打了一顿。"

陶先生惊异地问："这是为什么？你儿子很聪明，蛮可爱的哩！"

朋友的夫人取出一个纸包，里面是一块被拆得乱七八糟的手表。这表成色还很新，镀金的表壳却被打开了，玻璃破碎，连秒针也掉了下来。她生气地说："陶先生，这表是才买的，竟被我儿子拆成这样，您说可气不可气！他才七八岁，就敢拆表，将来大了恐怕连房子都敢拆呢！所以我打了他一顿。"

陶先生听了，笑笑说："坏了，恐怕中国的爱迪生被你枪毙了！"

夫人有点愕然："为什么呢？难道我这样做不对吗？"

陶先生摇摇头。

陶先生把拆坏的表拿过来，对夫人说："走，我们上你家去，见见这个小'爱迪生'。"

到了朋友家里，陶先生见到那个孩子正蹲在院子的大树下。陶先生说："想跟我一起去看师傅修表吗，看他怎么拆，又怎么修，怎么装配，你喜欢吗？"

孩子高兴得跳起来："我去！我去！"

陶先生拿着那块坏表，带着孩子一起到了一家钟表店。修表师傅看了看坏表，说要一元六角修理费。

陶先生说："价钱依你，但我带着孩子看你修，让他长长知识。"师傅同意了。

陶行知和孩子站在旁边，满怀兴趣地看师傅修表。看他怎样拆开，把零件一个个浸在药水里；又看他加油后，把一个个零件装配起来。从头到尾，整整看了一个多小时。全部装好后，师傅上了发条，表重新发出清晰的嘀嗒声。孩子高兴地欢叫起来："响了，响了，表修好了！"

陶先生把孩子送到家后，孩子立即蹦跳着跟妈妈说："妈妈，伯伯给我买了一块表，让我学习拆装呢！"

陶先生说："孩子拆表是因为好奇心，孩子的好奇心其实就是一种求知欲，原是有出息的表现。家长打了他，不是把他的求知欲打掉了吗？与其不分青红皂白地打一顿，不如引导他去把事情做好，培养他的兴趣。中国对于小孩子的教育一直是孩子不许随便乱动，动就要打手心，往往因此摧残了儿童的创造力。我们应该学习爱迪生的母亲，那么理解、宽容孩子，那么善于鼓励孩子去动手动脑，这样，更多的'爱迪生'们就不会被打跑、赶走了。"

五、合理奖惩法

奖励和惩罚是家庭教育中运用十分广泛的方法。奖励就是对儿童好的思想、行为、习惯给予正向的、肯定的评价。常用的积极正向的评价有赞许、表扬、奖赏等。惩罚是对儿童不良的思想、行为、习惯给予否定的评价。常用的否定的评价有批评、惩罚等。合理奖惩法是在适用奖励或惩罚的时候要合乎情理，对儿童行为的评价要具体、不笼统，要适度、不夸张。

（一）表扬要具体、及时

首先，表扬越具体，儿童越知道哪些行为是好的，越能坚持这些行为。

其次，表扬要及时，在儿童表现出好的行为之后立即给予表扬，可以强化这种好的行为。家长在表扬时，与其空洞地夸奖儿童的"聪明"，不如具体地称赞儿童的"努力"。研究表明，父母经常夸奖儿童"聪明"，儿童的挫折容忍度就会变得较低，由于害怕失败，这些儿童往往选择较有把握的事情去做；父母经常称赞儿童的"努力"，儿童的自信心就会逐渐增强，由于不担心失败，这些儿童往往选择有价值的事情去做。有一个妈妈带着6岁的孩子学习骑自行车，邻居一位阿姨看到了，说："你家孩子真聪明啊，这么小就会骑自行车了。"这位妈妈故意大声说："谢谢你的夸奖，他今天骑得这么好，都在于他平时的练习，他练的时间越长，就会骑得越来越稳。"孩子听了，更加认真地练习了。

（二）惩罚要对事不对人

家长要牢记惩罚的对象不是儿童，而是其过失行为。家长在动用惩罚手段之前，要冷静地分析儿童过失行为产生的原因，使儿童知道自己为什么遭受惩罚，应该如何改正错误。家长在运用惩罚时，要使禁止儿童做的事与他犯的错误之间有直接的联系，以发挥惩罚的教育作用，而不应使惩罚变成体罚。幼儿教育家陈鹤琴先生指出，无论什么人，受激励而改过是很容易的，受责罚而改过是比较难的。清代思想家、教育家颜元说过："数子十过，不如奖子一长。"在家庭教育中，家长对儿童的激励应以表扬、奖励为主，应慎用惩罚。在运用惩罚时也要讲究艺术，让儿童自身也能产生认同，从而使儿童认识到自己的错误，及时改正。教育家陶行知任育才学校校长时，有一天发现学生王友用泥块砸自己的同学，当即制止了王友，并责令他放学后到校长室等候。放学后，陶行知来到校长室，见王友已经等在门口，便掏出一块糖递给他："这是奖励你的，因为你按时来到了这里，而我却迟到了。"接着又掏出一块糖给他："这也是奖给你的，我不让你打同学，你立即就住手了，说明你尊重我。"陶行知又掏出第三块糖塞进王友手里："我调查过了，你砸同学，是因为他们欺负女生。这说明你有正义感。"王友哭了，说："您打我两下吧，我错了，我砸的不是坏人，而是我的同学呀……"陶行知满意地笑了，随即掏出第四块糖递过去："你已经认错了，我再奖给你一块糖。我的糖奖完了，我看我们的谈话也该结束了。"教育只有得到学生的认同，才能起到应有的作用。面对儿童，家长是戴着放大镜去看优点，还是戴着显微镜去找缺点，儿童的命运会迥然不同。对待犯了错误的儿童，只要家长诚心地帮助，耐心地开导，儿童就会改正错误，健康成长。

▶ 案例分享

一分钟教育法

有一本家庭教育指导手册，叫做《一分钟母亲》，作者是美国的斯潘塞·约翰逊博士。书中写到，这位拥有三个孩子的母亲，把教育归结在三个"一"上，即一分钟目标、一分钟表扬、一分钟责备。她把真挚的情感渗透到表扬之中，当孩子做了好事、成绩优异达到既定目标时，她给予孩子的是拥抱和亲吻，还有那温柔慈爱的目光及热烈的首肯；当孩子表现不佳时，她首先用沉默来表示自己的态度，使孩子在心理上有了一定的压力，继而用低沉的话语来责备孩子。当孩子对母亲的教育心服口服，彻底承认错误、改正错误，努力完成目标时，她再次用拥抱来表示对孩子的鼓励。这位用情感去感染、教育孩子的母亲，最终达到了一分钟目标，她创造了最著名的"一分钟教育法"。

评析： 一分钟教育法并不是强调母亲在教育孩子时可以走捷径或者效果会立竿见影，而是恰恰在告诉我们，教育孩子是一个长期的过程。这个过程需要父母科学的教育理念、合理的言语和行为的引导，其中，对孩子的合理评价起着至关重要的作用。合理意味着"及时"和"有度"。一味推捧、表扬泛滥，并不是赏识教育的精髓，赏识教育的精髓是关注孩子的进步。急功近利、过多关注孩子的"失败"也不是挫折教育的内核，挫折教育的内核是更好地树立起孩子对成功的向往。"一分钟教育法"给我们最大的启示应该是，把教育融入孩子真实的生活之中，及时、合理地促进孩子的发展。

思考与练习

一、名词解释

1. 目标性原则

2. 一致性原则

3. 榜样示范法

4. 合理奖惩法

二、简答题

1. 简述学前儿童家庭教育的原则。

2. 简述学前儿童家庭教育的方法。

三、论述题

1. 结合当前学前儿童家庭教育的实际，谈谈在家庭教育中贯彻教育原则的重要性。

2. 分析家长在学前儿童家庭教育中的重要角色。

四、案例分析题

明明是个聪明的孩子，个子高高的，平时爱说话但不爱劳动，集体观念比较淡薄，上课时经常做小动作，做作业也拖拖拉拉。经了解，明明的父母做生意比较忙，经常到外地出差，照顾孩子的任务就落在了明明爷爷奶奶的身上，爷爷奶奶对孩子的思想教育不多，比较惯着孩子，有时见孙子作业来不及做了，还帮着他做作业。

请结合案例分析隔代教育的特点及改善策略。

五、实践题

综合运用多种家庭教育的方法，设计培养学前儿童良好学习习惯的教育方案。

单元导言

　　家庭是儿童生命的摇篮，是儿童出生后接受教育的第一个场所，即人生的第一个课堂。家长是儿童的第一任教师，即启蒙之师。因此，家庭教育是儿童一生最重要的教育。马克思曾主张把学前儿童划分为"需要用不同态度来对待的年龄组"。我国唐代诗人杜甫也写过这样的名句："好雨知时节，当春乃发生。随风潜入夜，润物细无声。"儿童在不同的成长阶段，具有不同的特点，所以我们教育儿童，就应犹如"知时节的好雨"一样，针对儿童不同年龄阶段身心发展的不同特点进行教育，从而使儿童更加健康地成长。

学习目标

1. 了解不同年龄阶段学前儿童的身心发展特点。

2. 掌握不同年龄阶段学前儿童教育的特点和任务。

3. 能根据学前儿童的发展特点，分析家庭教育问题并给予指导。

第一课　胎　教

一、胎教的含义及意义

（一）胎教的含义

胎教是指孕妇为了胎儿的健康发育，通过调控自我身心状态，为胎儿提供一个良好的内外生长环境，适当地刺激成长到一定时期的胎儿，从而促进胎儿的健康发育，改善胎儿的素质。

目前，关于胎教的理解有广义和狭义之分。广义胎教指为了促进胎儿生理和心理的健康发育，同时确保孕妇能够顺利地度过孕产期所采取的精神、饮食、环境、劳逸等各方面的保健措施。没有健康的母亲，也不会有强壮的胎儿。有人也把广义胎教称为"间接胎教"。狭义胎教是指根据胎儿各感觉器官发育的实际情况，有针对性地、积极主动地给予胎儿适当合理的信息刺激，使胎儿建立起条件反射，进而促进其大脑机能、躯体运动机能、感觉机能及神经系统机能的成熟。换言之，狭义胎教就是在胎儿发育成长的各时间段，科学地为胎儿提供视觉、听觉、触觉等方面的教育，如音乐、对话、抚摸等，从而使胎儿大脑神经细胞不断增殖，神经系统和各个器官的功能也能够得到合理的开发和训练，从而最大限度地发掘胎儿的智力潜能，达到提高人类素质的目的。从这个意义上讲，狭义胎教也可称为"直接胎教"。

（二）胎教的意义

过去，人们认为，胎儿在出生前一直安静地躺在母体子宫里睡觉，直到分娩时才醒来，这是错误的。现代医学研究认为，胎儿有奇异的潜在能力，为开发这一能力而施行胎教越来越引起人们的关注。胎儿长到第1～2个月的时候感觉器官初现雏形，第3～4个月触觉、味觉形成，第5～6个月听觉开始发达，第7～8个月视觉变得敏感，第9～10个月感官发育完善。母亲的一举一动都能影响胎儿，母亲要抓住对胎儿进行教育的重要时期。美国医学专家托马斯的研究结果表明，胎儿在6个月时，大脑细胞的数目已接近成人，各种感觉器官已趋于完善，对母体内外的刺激能做出一定的反应。这就给胎教的实施提供了有力的科学依据。

天下的父母都希望自己的子女健康、聪明、漂亮。科学的胎教方法可以创造适合胎儿生长发育的有利环境，通过有规律的视觉、听觉和触觉等方面的刺激，可促进胎儿感知能力的发育。同时，孕妇在受到这种良好刺激，保持良好心理状态的同时，也能促进胎儿大脑神经细胞不断增殖，有利于胎儿大脑的发育，从而达到优生的目的。目前，越来越多的父母已经认识到胎教对胎儿成长的重要性。

1. 有利于胎儿大脑健康发育

由于胎教的内容情感化、艺术化，融形象和声音于一体，从而可以促进胎儿右脑的发育，使胎儿出生后知觉和空间感灵敏，更容易具有音乐、绘画、空间鉴别等方面的能力，并能够使儿童情感丰富，形象思维活跃，直觉判断正确。同时，胎教给胎儿大脑以新颖鲜明的信息刺激，具有怡情养性的作用，从而有利于胎儿大脑的健康和成熟。

此外，胎教还有利于胎儿大脑潜能的全面开发。由于胎教重视情感化和形象化，所以胎儿的语言和数字等知识学习变得容易，这样也就调动了左脑的功能，使左右脑功能得到互补，使胎儿出生后大脑的潜能得以更好地发挥和利用。

2. 有利于胎儿的心理健康

胎教带给胎儿的心理影响是积极的、能动的。胎教不仅有利于胎儿感知能力的培养，而且有利于胎儿情感接受能力的培养，使胎儿在出生之前就容易在感知、情感等方面和父母进行互动。触摸胎儿时，胎儿能做出相应的动作；为胎儿播放音乐或唱歌时，胎儿能变得很安宁，这都是胎儿感知能力和情感接受能力的体现。这两种能力是基本心理功能，有了这两种能力，胎儿出生后在成长过程中就能更好地接受审美教育，从而具有良好的想象、领悟能力，并具有积极的情感体验，心理得到健全发展。

3. 有利于完善儿童的人格

胎教对胎儿的影响是整体性的，胎儿学习的结果也具有整体性，因此胎教有助于胎儿出生后人格的完善。人格又称个性，即一个人各种心理特征的综合，或一个人的基本的精神面貌。人格的形成与人的早期经验有很大关系，如果一个人能够在人生初期就受到良好的审美教育，那么这种教育会对一个人的心灵产生长远的、深刻的影响，最终使这个人的人格趋向完善，并使这个人成为一个真诚、善良、美丽的人，成为能够自我认识、自我完善和自我实现的人。胎教就是人生最早的审美教育，对一个人的发展起着开创性的作用，正如人们常说的那样，良好的开端就是成功的一半。澳大利亚和我国的专家对受过胎教的儿童的追踪访谈表明，受过胎教的儿童大都性格活泼，而且身体健康、聪明好学，他们中有的成为早慧儿童，有的具有艺术等方面的特殊才能。

二、胎教的原则

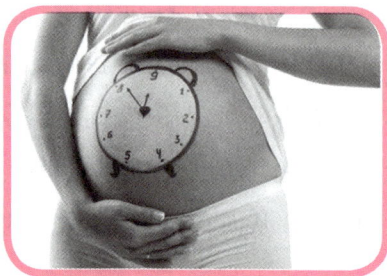

胎教已成为孕期的一种文化，不论是音乐胎教，还是语言胎教，都越来越受到关注。但孕妇要遵循一定的原则，才能让胎教达到预期的效果。

（一）适时适度原则

年轻的父母在进行胎教时，往往容易出现操之过急、过度等情况。无论哪种胎教方式，都有其适宜的刺激方式。比如在进行按摩胎教时，如果胎儿以轻轻蠕动作为反应，可继续抚摸，若胎儿用力挣脱或蹬腿应停止抚摸。

（二）科学原则

科学的方法应遵循自然规律，按胎儿的月龄及胎儿的发展水平进行相应的胎教，做到不放弃施教的时机，也不过度人为干预，有计划地进行胎教。例如，在进行音乐胎教时，胎教音乐的质量是至关重要的。有的胎教音乐制作条件较差，伴有较强的噪声干扰。有的胎教音乐的乐曲、节奏、配器等都不适宜胎教。胎教乐曲要平稳、明朗，节奏接近人的正常心率，配器简练考究，使胎儿感到舒适、安静、愉快、优美。

具体实施胎教时还要注意操作技术、技巧等问题，例如按摩的手法、按压的力度、所用的时间、胎儿的正常或异常反应等，胎教还须在胎教专家、妇产科医生的指导下进行，以免发生意外。

（三）全家参与原则

胎教不是孕妇一个人的事情，家人也要参与进来。家人的参与、体贴、关怀会使孕妇心情愉快，从而促进胎儿健康发育。

三、胎教的方法

虽然越来越多的父母已经认识到胎教对胎儿成长的益处，而且也会积极为胎儿实施胎教，可真正实施起来又会发现不知道应该如何进行。什么时候是进行胎教的最佳时机，有哪些具体可行的胎教方法可以选择呢？

（一）营养胎教

营养胎教是根据胎儿在妊娠早期、中期和晚期发育的特点，指导孕妇合理地摄取食物中的蛋白质、脂肪、碳水化合物、矿物质、维生素、水、纤维素等多种营养，以促进孕妇自身健康及胎儿生长发育的一种方法。

营养胎教主要包括以下要点：

（1）补充蛋白质。孕妇每天需要比以往多吸收10克蛋白质。为此，孕妇每天可多补充一杯酸奶、一杯绿豆汤、一片涂了花生酱的全麦面包或85克瘦牛肉。

（2）补充铁质。孕妇在刚怀孕时，体内的铁含量就已经不足了，如果不及时补充，会使胎儿在子宫里吸收不到足够的氧气，导致胎儿发育不良、智力低下等。孕妇可以多吃富含铁的食物，如瘦牛肉、鸡肉等。

（3）补充孕期维生素。孕妇应每天补充维生素。B族维生素能够维持神经系统的正常运作，促进脑部血液循环，进而提高胎儿智力，维生素A的缺乏会导致胎儿智力低下等。

（二）语言胎教

孕妇或家人用文明、礼貌、富有感情的语言，有目的地对胎儿讲话，给胎儿的大脑皮质输入最初的语言印记，为胎儿后天的学习打下基础，这就是语言胎教。

语言胎教主要包括以下要点。

（1）音量适中、吐字清晰、速度缓慢。孕妇讲话时音量要适中、吐字要清晰、语速要缓慢，并且要发自内心。因为声音通过羊水的传递后往往有些模糊不清，因此孕妇在对胎儿说话时，音量要适当大一些，吐字要清晰一些，停顿要长一些，语速要慢一些。

（2）对事物的名称要用正规称谓。孕妇和胎儿说话时，要注意语言的规范化，对事物的名称要用正规称谓。如教他认识汽车，第一次就应该告诉他"这是汽车"，不要以"嘟嘟"来代替，否则以后把"嘟嘟"改称为汽车时，儿童要重新学习一次，这会使儿童感到复杂。

（3）持之以恒。孕妇不能"三天打鱼，两天晒网"，一定要坚持每天至少进行一次语言胎教。

（4）定时讲故事给胎儿听。这可以让胎儿有一种安全与温暖的感觉，孕妇若一直反复讲同一则故事给胎儿听，会令胎儿的神经系统对语言更加敏锐。怀孕第8个月直至生产前，是孕妇施行阅读胎教的最佳时机。孕妇可以选一则读起来非常有意思、能够使人感到身心愉悦的儿童故事或童谣、童诗，将作品中的人、事、物详细清楚地描述出来，例如描述出太阳的颜色、家的形状、主人公穿的衣服等，从而让胎儿融入故事描绘的世界中。孕妇选择故事，要避免过于暴力的主题和太过悲伤的内容。选定故事内容之后，设定每天的"讲故事时间"，最好是父母二人每天各讲一次给胎儿听，借讲故事的机会与胎儿互动。

拓展阅读

语言胎教中的"母子对话"

所谓语言胎教中的"母子对话"，即孕妇与胎儿之间进行的有意识的对话，这种对话不要求胎儿听懂孕妇的话，而是让孕妇通过说话的声音和内容去感染胎儿，让胎儿接受和存储来自母亲的美好信息。"母子对话"中，最重要的就是，孕妇一定要把胎儿当成一个"活生生"的人，用心去和胎儿进行平等民主的"对话"。

"母子对话"是一种温馨的听觉启蒙互动方式，也是一种早期的母子情感的交流活动，有利于胎儿安全、舒适的生长环境的孕育，有助于唤醒胎儿的灵性，并激发儿童生命最初的情感。

（三）音乐胎教

优美的音乐能使孕妇分泌更多的乙酰胆碱等物质，改善子宫的血流量，从而促进胎儿的生长发育，并且音乐的节律性振动对胎儿的脑发育也是一种良性刺激。孕妇在孕期的不同阶段选用胎教音乐时要小心谨慎，孕期不同，孕妇生理状况不同，选择的胎教音乐也就不同。同时，父母也可以唱歌给胎儿听，父母的歌声对胎儿是一种良好的刺激，能促使胎儿大脑健康发育，也是父母与胎儿建立最初感情的良好通道。

音乐胎教主要包括以下要点：

孕早期（0～12周）：怀孕早期，孕妇适宜听一些轻松愉快、诙谐有趣、优美动听的音乐，力求将忧郁和疲乏消除在音乐之中，例如可以听《春江花月夜》《假日的海滩》《锦上添花》等曲子。

孕中期（13～24周）：怀孕中期，胎儿已经开始有了听觉功能，这时的胎教音乐在内容上可以更广泛一些，孕妇除了可以继续听孕早期的乐曲外，还可以听一些其他乐曲，如《喜洋洋》等。

孕后期（25～40周）：怀孕后期，孕妇心理难免有些紧张，这个阶段可选择既柔和又充满希望的乐曲，如舒曼的钢琴曲《梦幻曲》等。

（四）运动胎教

运动胎教是指孕妇进行适宜的体育锻炼，促进胎儿大脑及肌肉的健康发育，帮助正常妊娠及顺利分娩的一种方法。

运动胎教主要包括以下要点：

（1）散步。散步不受条件限制，可随时进行。孕妇可以边呼吸新鲜空气，边欣赏大自然美景。散步过后，孕妇会感到轻微、适度的疲倦，这样对睡眠有帮助，还可以调节心情，消除烦躁和郁闷。

（2）踝关节运动。具体做法：取座位坐下，将一条腿放在另一条腿上面，下面一条腿的足踏平地面，上面关节、踝关节和足背连成一条直线。两条腿交替练习上述动作，可促进血液循环，锻炼脚部肌肉。

（3）练习盘腿坐。在早晨起床后和晚上睡觉前，可盘腿坐在地板上，两手轻放两腿上，然后用力把膝盖向下推压，持续一呼一吸的时间，把手放开。如此一压一放，反复练习2～3分钟。通过伸展肌肉，可使腰关节松弛。

（五）光照胎教

光照胎教是指从怀孕第16周开始，当胎儿胎动时，孕妇用手电的微光一闪一灭地照射自己的腹部，使胎儿适应昼夜节律，从而促进胎儿视觉功能健康发育的一种方法。

光照胎教主要包括以下要点：

（1）进行光照胎教时，可选用装有2节或3节1号电池的手电筒。如果使用灯泡，选用发橘黄色光的老式白炽灯泡，光线不要太强。慎

选聚光充电手电筒。

（2）孕妇可以每天用手电筒紧贴腹壁照射胎头部位，每次持续5分钟左右。结束时，可以反复关闭、开启手电筒数次。胎教实施中，孕妇应注意把自身的感受详细地记录下来，如胎动的变化是增加还是减少，是大动还是小动，是肢体动还是躯体动等。

（3）光照胎教最好在胎儿醒着的时候进行，一般可以在胎动活跃时进行，也可以在给胎儿听完音乐后就进行。进行光照胎教时，用手电筒照射腹部，主要是宫底下两三横指处，注意不要把手电筒放在肚脐上。

（六）情绪胎教

情绪胎教是通过对孕妇的情绪进行调节，使之忘却烦恼和忧虑，创造清新的氛围及和谐的心境，通过孕妇的神经递质作用，促使胎儿的大脑得以良好发育的胎教方法。

情绪胎教主要包括以下要点：

（1）孕妇应胸怀宽广，乐观向上，尽量避免烦恼、惊恐和忧虑的情绪产生。

（2）尽量把生活环境布置得整洁美观、赏心悦目，如在墙上挂几张漂亮的娃娃头像，欣赏花卉、盆景、美术作品和大自然美好的景色，多到户外呼吸新鲜空气等。

（3）孕妇应常听优美的音乐，常读诗歌、童话和科学育儿书刊，不看恐怖、紧张、暴力的电视剧、电影和小说等。

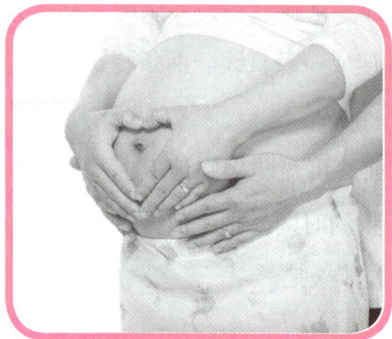

（七）抚摸胎教

抚摸胎教是指孕妇用手轻轻抚摸胎儿，把这种动作通过腹壁传达给胎儿，形成对胎儿触觉上的刺激，从而促进胎儿感觉神经和大脑发育的一种方法。

抚摸胎教主要包括以下要点：

（1）抚摸肚皮是和胎儿沟通的一种有效方式，一般过了孕早期，孕妇抚摸胎儿时动作宜轻，时间不宜过长，每次持续2～5分钟。

（2）怀孕时间不到36周的孕妇，千万不要频繁摸肚皮，以免引起子宫收缩，导致早产。

（3）抚摸肚皮的技巧为孕妇在腹部完全松弛的状态下，用手从上到下、从左到右来回抚摸，同时心里可想象自己的双手真的爱抚在胎儿身上，并深情地默念"小宝宝，妈妈爱你""小宝宝真可爱"等。

第二课 0~2岁学前儿童的家庭教育

一、0~2岁学前儿童的主要特点

从出生到2岁，是儿童神经系统发展的重要时期。同时，儿童的身高和体重均有显著增长，遵循由头至脚、由中心至外围、由大动作至小动作的发展原则，逐渐掌握人类行为的基本动作。儿童的语言发展也很迅速，并表现出一定的交往倾向，乐于探索周围世界，逐步建立亲子依恋关系。

（一）身体发育及动作发展迅速

儿童从出生到2岁，其身体发育和动作发展非常迅速。儿童出生后，骨骼生长十分迅速，抬头、翻身、坐、爬、站立、行走等逐步实现。尤其在1～2岁的时候，儿童的大肌肉活动日趋发展，除了走路较稳外，还开始学习上下小滑梯，从高处往下跳等动作。这时候儿童的小肌肉也相应发展起来，不仅能抓握，而且会捏、穿、搭，喜欢穿袜子、脱鞋子，以及用小手拉头绳。所以，该阶段应特别注意加强儿童的饮食营养和体育锻炼。

（二）语言发展迅速

婴儿期是语言发展的关键期，在儿童出生的第一年，其语言发展一般是要经过"哭叫—咕咕叫—咿呀作语—规范化语音"这样四个阶段。1～2个月的婴幼儿会辨别照顾者的声音，4个月的婴幼儿会看说话者的嘴型，6个月的婴幼儿能发出声音（咿呀声），10个月的婴幼儿懂得语词含义，1岁的婴幼儿不但能发出连续的音节，音调也接近真正言语音调，模仿和重复增多，某些音节与实物发生联系，词语开始出现。儿童2岁的时候，不仅能听懂成人的大部分话语，而且能利用正在快速增加的50个以上的词汇说话。在这一时期，儿童逐渐从说2个或者3个字的句

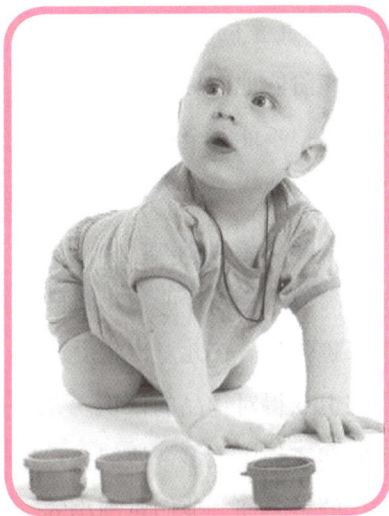

子（"喝果汁""吃饼干"）转变为可以说4个、5个甚至6个字的句子（"爸爸，球在哪里？""洋娃娃坐在我腿上"）。儿童也开始使用代词（我、你、我们、他们），理解了"我的"概念（"我要我的茶杯""我见我的妈妈"）。同时，在阅读方面，他们可以领会故事的情节，理解并记住书中的许多概念和信息片断。到了2岁末，随着儿童语言技能变得更加熟练，他们也能够从使用重复滑稽的音节和可笑的短语组成的诗、双关语和笑话中得到乐趣。

（三）自我意识逐渐增强

2岁儿童的自我意识逐渐增强，并逐步理解"我的"或"他（她）的"的概念。该阶段他们更关心自己的需要，而且行为也更加自私。但他们还不能完全与父母分离，不能完全理解自己是一个独立的人，因此，虽然他们表现出的独立性越来越强，但情绪变化较大，不能控制自己的情绪，开始显露挑衅性行为。

（四）喜欢探索

随着儿童动作能力、言语能力的发展，他们的活动范围逐渐扩大，探索的欲望越来越强烈。在儿童出生后第一年，儿童通过吮、舔、咬等方式来尝试和探索，从质感上获得对物品的认识。儿童在1～1.5岁时会有一个敏感期，喜欢到处探索。这个时期家长应该多带他们去户外，让他们去玩。同时，该阶段的儿童正处于对细微事物的敏感期，他们对细小的物体、动作非常感兴趣，经常会专注地观看蚂蚁的活动，发现细小的物品，可以借此来培养他们的观察力。例如，他们对小瓶子、小蚂蚁这样的小东西感兴趣，作为家长要支持儿童的这种行为，要允许他们将裤子玩脏，也可以适当地跪下观察蚂蚁，玩蚯蚓等。家长在保护儿童好奇心的同时，还要保护儿童的安全。例如，这个阶段的儿童喜欢触碰插销、插座等一些危险物品，家长要提前做好防护措施，并对儿童施以安全引导教育。

（五）喜欢模仿

1～2岁的儿童特别喜欢模仿和观察。观察、模仿是儿童非常重要的学习方式，如观察别人如何吃饭、如何再见、如何说话等。他们大部分的玩耍时间可能用来模仿其他人的行为方式和活动，模仿和"假装"是他们本阶段最好的游戏。因此，2岁儿童将玩具熊放到床上或喂他们的洋娃娃吃饭时，他们使用的词汇和语调与家长的基本相同。不管在其他时候他们如何拒绝家长的指令，但在他们转换为父母的角色时，他们会非常精确地模仿家长。所以，在日常生活中，父母要注意自己的言行举止，为儿童树立良好的学习榜样。

二、0~2岁学前儿童家庭教育的要点

（一）加强学前儿童的营养保健和体育锻炼

学前儿童生长发育迅速，必须给他们供给足够的、均衡的热量和营养，所以食物要均衡搭配。婴幼儿早期，提倡母乳喂养，增强婴儿免疫力。在母乳不充分的阶段，采取科学的混合喂养方法，适时添加辅食。平时要多让儿童接触水、阳光和空气。

家长通常容易"重智轻体"，忽视儿童的动作发展，出现过度保护，减少儿童的走、跑和跳等活动机会，长此以往，就可能出现由于运动和身体刺激不够导致的各种问题，比如动作不协调、学习运动技能慢，甚至出现感觉统合失调、注意力不稳定等发展障碍，所以家长应积极带领儿童进行体育锻炼。例如，可以为儿童提供安全的活动场地；创设有趣的情境，提高儿童活动的兴趣；开展亲子体育活动，发展儿童动作技能；让儿童进行充分的动作练习，不仅进行爬、翻滚、走、跑、跳、攀、转圈这些大动作练习，还要进行抓取物品、拍球等精细动作的练习，进而促进儿童动作的灵活发展。

（二）培养学前儿童良好的生活习惯

0~2岁是儿童良好生活习惯形成的关键期，具体包括良好的睡眠、饮食、排便及卫生习惯的培养。

第一，睡眠习惯。1岁左右儿童除晚间10个小时左右睡眠外，上午和下午还应各小睡1.5~2个小时；1.5岁以后，午睡2~2.5个小时。儿童睡床应有栏杆，家长要培养儿童自动入睡的习惯，同时培养儿童早睡早起的好习惯。

第二，饮食习惯。家长在儿童4~6个月时开始添加辅助食品，为断奶做准备，但不宜突然或生硬断奶，否则会影响儿童的情绪和健康。1.5岁左右的儿童应开始拿匙吃饭，2岁能

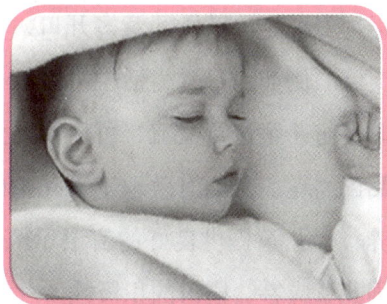

拿匙扶碗，3岁能独立进餐。这一阶段的儿童应尽量少吃零食，不挑食、不偏食，进餐时不玩耍走动，饭前洗手，饭后漱口。

第三，排便习惯。培养儿童良好的排便习惯，从一开始就应训练其在比较固定的位置进行排便，到会坐盆大小便时，便盆的位置也应尽量固定。这样就能逐步地建立起儿童条件反射。儿童随地大小便是不文明的习惯，可影响至成人期。

第四，卫生习惯。良好的卫生习惯要从小抓起，要鼓励儿童勤洗手、勤洗澡、勤剪指甲，学会使用小手绢，早晚洗脸刷牙，还要经常换洗衣服。作为父母要以身作则，为儿童树立良好的学习榜样。

（三）加强感知训练，提高学前儿童的感官能力

0~2岁儿童的探索欲望非常强烈，对周围的环境充满了好奇。父母要抓住儿童这一关键时期，加强对儿童的多感官训练，进而促进儿童认知能力的发展。父母应充分调动儿童的多种感官，可运用色彩鲜艳的玩具、图画，优美动听的音乐、歌曲以及不同味道的食物等发展儿童的视觉、听觉、味觉、嗅觉、触摸觉、时空觉和运动觉等。父母还可以引导儿童学习比较物体的大小、轻重、长短、颜色、形状等，鼓励儿童自主探索，学做各类游戏，以发展其观察力、记忆力、注意力、想象力等。

同时，家长要创设儿童自如爬行、充分活动的独立空间与条件，随时、充分地利用日常生活中的真实物品和现象，挖掘其教育价值，让儿童在爬行、观察、听闻、触摸等过程中获得各种感官活动的经验，促进儿童的感官发展。家长同时要加强对儿童的保护，防止意外伤害发生。

（四）加强与学前儿童的语言交流，促进其语言发展

0~2岁是儿童语言发展的关键期，该时期内，儿童的词汇量迅速积累，同时表现出与成人进行语言交流的强烈愿望。良好心理、物质环境的创设是促进儿童语言发展的重要条件，儿童的语言能力必须在与成人的相互作用中发展。因此，家长应为儿童创设宽松愉快的语言环境，为儿童的语言学习和模仿提供丰富的物质材料，运用多种方法鼓励儿童多开口，积极回应儿童的言语需求，鼓励儿童之间的模仿和交流。例如，日常生活中可以随机告诉儿童一些实物的名称，丰富儿童的词汇，同时多与儿童进行交流，可以和儿童一起开展亲子阅读，为儿童讲故事，激发儿童的阅读兴趣，从而有效地丰富儿童的语言经验。此外，家长要不断提高自身的语言素养，为儿童提供良好的言语示范。从儿童6个月起父母应经常对其讲话、唱歌，增强儿童应答、模仿的积极性。

（五）加强亲子沟通，培养学前儿童良好的情绪

0~2岁是儿童安全依恋关系建立的关键期，为了建立良好的亲子关系，家长可以从以下方面进行努力。

第一，家长应主动学习，了解儿童成长的规律及特点，掌握科学的日常养育方法，学习亲子沟通的技巧，以民主、平等、开放的姿态与儿童沟通。

第二，家长要关注、尊重、理解儿童的情绪，学会倾听、分辨儿童的"语言"，安抚儿童的情绪，合理对待儿童过度的情绪化行为。

第三，关注儿童的需求，用心欣赏他们的行为和作品并给予表扬、鼓励和支持，分享他们的快乐，满足他们好奇、好玩的认知需要。

第四，要有针对性地实施适合儿童个性的教养策略，利用生活场景进行随机教育。

第五，培养良好的亲子依恋关系，重视发挥父亲的角色作用。例如，父母应经常与儿童进行亲子活动，并支持儿童与同龄人、家庭以外的人交往，培养他们理解、同情并关心别人，学会与伙伴及成人合作。

第六，发展儿童独立性和自主性，使他们获得初步的"规则"意识，学做力所能及的事，培养他们初步的责任意识。

三、0~2岁学前儿童家庭教育典型问题分析

儿童在学会走路之前，都会遇到这样一些现象：他们的手乱撕乱摸东西，抓住东西都往嘴里放，喜欢到处乱爬等。我们应该怎样看待这些现象？

分析：

瑞士心理学家皮亚杰把儿童认知发展分为四个阶段，其中0~2岁就是儿童认知发展的第一阶段，即感知运动阶段。皮亚杰认为，智力来源于儿童的动作。对于0~2岁儿童来讲，虽然他们还没有成熟的自我意识，但他们有特殊的智力活动的方式，即他们通过各类感官运动与这个世界进行着互动，从而得到全面的发展。从另一个角度说，各类感官的运动是儿童学习和发展的基本方式，是儿童的一种基本实践方式，这种方式可以促进儿童的身心发展水平逐步得到提高。

儿童的乱摸、乱抓、乱撕、乱咬、乱爬等现象实际上是儿童对世界的一种探索。这种探索过程使儿童的好奇心得到满足，也使儿童获得了最初步的人生体验，体能和智力也得到了提升。

家长除了满足这一年龄阶段的儿童基本的保育方面的需求外，还应从教育的角度为这一阶段的儿童创造适宜的条件，丰富他们多方面的感性体验，让他们以感官为入口，积极融入真实的世界之中。

▶ 拓展阅读

如何预防婴幼儿烫伤

婴幼儿刚学会爬行及走路，活动能力大增，好奇心强，却不懂如何保护自己，是最容易发生意外的时候。即使在家里，只要父母稍不注意，婴幼儿就有可能遇到危险。烫伤就是其中一种常见的损伤。尽管常见，严重的烫伤却会给患儿留下可怕的后果。那么，如何预防婴幼儿烫伤呢？

第一，给婴幼儿洗澡、洗脸、洗脚时，一定要先放冷水，再倒热水调节到适温。反之，先倒热水，再转身去取冷水时，婴幼儿会以为水放好了，马上进入盆中，造成烫伤。

第二，热水瓶、电饭锅、热茶杯等不能放在婴幼儿能够直接或间接触及的地方。有的父母以为不放在婴幼儿直接能触及的地方就安全了，其实不对。如果放置热容器的台面上有台布，婴幼儿蹒跚行走时，喜欢拉扯台布，会导致热水自婴幼儿头顶泼下，造成烫伤。

第三，不要让婴幼儿独自面对热液（热汤、热粥、热奶、热洗衣粉液等），因为婴幼儿对周围事物很感兴趣，但他们的手脚尚不灵活，容易碰翻热液，引起烫伤。

第四，带婴幼儿去新的环境，如亲属、同事家里，一定要注意热容器的摆放位置，让婴幼儿玩耍时远离此处。否则，婴幼儿在新环境中，极易碰翻热水瓶、热茶杯等物，造成烫伤。

第五，反复告诫婴幼儿发生烫伤的原因及后果，以唤起婴幼儿的安全意识。教育婴幼儿不要玩火（火柴、煤气等），告诉他们发生火灾时的正确自救方法。

第六，带婴幼儿到外地游玩时，要注意观察婴幼儿玩耍的环境中有无高压电线、灰水池、热水池、热沥青地、强酸或强碱地、热油锅等，禁止婴幼儿在其附近玩耍。

第三课　2~3 岁学前儿童的家庭教育

一、2~3岁学前儿童的主要特点

2岁之后，儿童的身心获得了迅速的发展，动作也更加协调，自我意识不断增强，该阶段是儿童心理发展的一个转折期，心理学家称这一时期为人生"第一反抗期"。不少父母也感到2岁左右的儿童不听话、不服管、脾气大。这时期儿童身心发展的主要特点表现在以下方面。

（一）身体及动作发展迅速，开始出现独立倾向

该阶段的儿童运动发展处于大肌肉发展阶段，喜欢重复做搭积木类的游戏，动作常显得笨拙可爱，而小肌肉（手指等）运动的能力则更弱。例如，2岁儿童已能完成坐、立、行、走、爬、钻等基本动作，并能扶着栏杆上下楼梯。手眼协调的能力也有了较快发展，可以同时一手捧碗一手拿匙，还会进行穿珠等活动。可以说，此年龄段儿童的动作发展进入了一个快速发展的关键期，但做事动作迟缓，身体控制力较差，缺乏自我保护的意识和能力，尚需要成人的帮助。同时，2岁儿童在日常生活中开始表现出独立的倾向。他们尝试着自己洗手，用小匙进食，自己穿脱衣服、鞋袜等。在如厕方面懂得表达自己的需要，并能在成人帮助下自行如厕。但由于受动作能力发展的制约，2岁儿童的动作仍然迟缓、笨拙，生活自理行为还需要成人的帮助。

（二）自我意识逐步建立，出现多变的情绪化表现

2岁儿童由于其动作、语言和认知能力的发展，社会交往的范围逐渐扩大，逐渐习惯与同龄伙伴及成人的交往，如在游乐场愿意到小朋友多的地方玩，但在交往中带有明显的自我中心倾向，常常以自己的需要作为唯一的标准，如在与小朋友玩时常常会抢别人的东西，需求得不到满足时甚至会抓咬别人。同时，2岁儿童的情绪具有明显的易感性和易变性，易受环境的影响。比如一个儿童哭了，便有很多儿

童跟着哭。他们一吓就哭、一哄就笑，高兴与不高兴、愿意与不愿意都流露在脸上。再有，2岁儿童对亲近的人有强烈的情感依恋，当与亲人分离时，大多数儿童都要经历或长或短的分离焦虑过程。他们用啼哭等方式表达分离的痛苦，这种因情感依恋而产生的分离焦虑表明该年龄段的儿童对依恋对象的存在和消失十分敏感。

（三）喜欢重复和模仿，对新奇事物感兴趣

2岁儿童爱模仿别人，他们看见别人玩什么，自己也玩什么。他们在家里模仿成人的活动，在幼儿园模仿小朋友、教师的行为。模仿内容大多是一些具体、简单的外部动作。2岁儿童的注意力及记忆是随意的、短暂的。喜欢重复是此年龄段儿童显著的特点。他们喜欢重复地摆弄物品，喜欢听教师重复讲一个故事，喜欢重复做某个动作，如反复地喂娃娃吃饭。他们在重复中逐渐认识物体的属性，发展语言与动作，并由此逐渐认识事物之间简单的关联，产生简单的想象，思维具有"直觉行动性"的特点。2岁儿童处于对新异性的探索阶段，此时的儿童对新奇事物特别感兴趣。因此，色彩鲜艳的、有声音的、会动的物品特别能引起他们的注意和喜爱，能激起他们的兴趣，使他们能主动认识环境，投入活动。

（四）思维存在于动作之中

2~3岁的儿童心智机能已基本形成，但不是"缩小的成人"，其心智机能具有自身的特点，他们的思维活动在行动中进行。2岁儿童的各种心理活动带有明显的直觉行动性，记忆及思维都是在直接与事物的接触或在活动中进行的。他们的思考离开了具体的事物、具体的活动便很难进行，他们往往先做后想、边做边想。如在捏泥之前往往说不出自己要捏什么，而常常在捏出某种形象之后才会说"苹果""大饼"等。

（五）口头语言迅速发展

2岁以后，儿童已能用语言表达自己的需要和愿望，这时儿童和成人的交流已用语言伴随动作和表情进行。2~3岁是儿童口语发展的关键期，此时的儿童变得特别喜欢说话，词汇量迅速增加，已能用简单的复合句来表达意愿，能够基本理解常用的简单句型。同时，2岁后期的儿童会用"我"来表达自己的需求和愿望，开始把自己从客体中区分出来。

（六）社会交往能力明显增强

随着儿童多方面能力的发展，儿童的社会交往范围在很大程度上得到拓展。他们会以动作引起老师的注意，愿意亲近老师，和老师交往，并开始认同、接纳同

伴，与同伴玩的意识增强，逐步学会和同伴共同分享玩具。这个时期的儿童也爱关心同伴的事，经常把同伴的事告诉成人。2～3岁的儿童还表现出乐于助人、喜欢劳动。例如，妈妈在扫地，他就去拿簸箕；爷爷拿起报纸，他就会送来眼镜等。

二、2～3岁学前儿童家庭教育的要点

（一）正确应对学前儿童的"第一反抗期"

儿童在2岁前后，开始进入"第一反抗期"，表现为调皮、任性、爱走极端，故意做成人禁止做的事。家长往往不了解"第一反抗期"的特点，对儿童缺乏正确的教育态度和手段，常采取专制性教育态度，或娇惯或迁就。"第一反抗期"是儿童心理发展的必经阶段，父母需做好相应的心理准备和应对策略。学会说"不"，是儿童成长的标志。首先，家长要理解儿童，尊重儿童，不轻易干涉，以平等姿态征询儿童的意见。其次，家长要相信儿童，满足他们的好奇心和合理要求，家长要采取讲道理、转移注意等方法终止儿童的不合理要求。最后，家长要注意自己的言行，做儿童的榜样。

3岁儿童可以按成人提出的要求去行动，但又不是完全按照成人的要求去做，而是常常寻找机会来表现自己的独立能力。所以该阶段儿童一有机会便要采取独立行动，不知什么叫危险。该阶段儿童爱说"不"或不让动偏用手去摸，成人斥之为"不听话"，实在是冤枉儿童。儿童的这种"反抗"一直会延续到4岁，他们总想将已经获得的经验和认识在另一个环境里试一试，想要自主地行动。对待3岁儿童出现的反抗行为，重要的是理解和有条件地满足，家长要理解儿童独立行动的要求，尽量多地创造一些条件满足儿童参与多种活动的要求，使儿童有事可做。3岁儿童已不满足于家里的狭小空间了，所以家长要使室内外活动兼有、动静活动兼有、动手动脑的活动兼有，使儿童生活不单调。儿童的活动要求得到了适当的满足，自然"反抗"行为就会减少。儿童一旦产生了反抗行为，成人不要对儿童急躁，更不要和儿童对抗，要耐心询问。如3岁的明明画画，爸爸看他画得不像就拿笔在他的画上画出了一只大公鸡，这下孩子哭了。他本来没画好心里就不高兴，这时成人代他画出来了，他的能力更无法表现了，于是不良情绪发作了。这时妈妈过来看了看说画还没画完呢，现在让明明自己来把这画画完，妈妈问："明明你想得出来还该画些什么吗?"明明点点头，情绪也慢慢平复。这就是正确对待3岁儿童的教育方法。

（二）鼓励学前儿童进行社会交往

幼儿也有交往的需求，交往是个体不可缺少的社会化重要内容。在确保安全的情况下，要让儿童和更多的人接触，在接触中练习交往，让儿童认识和各种人的关系，懂得用不同的称呼与人交往，知道在各种环境和场合中与人交往。比如家里来客人了，要有礼貌地问候，有人问话要会回答，在父母和客人讲话时不要跑来打扰，到别人家做客也要先问候，不要乱翻别人的东西，得到允许后才能玩别人的玩具，别人给东西要说"谢谢"，和邻居或幼儿园的小朋友在一起要友爱，爱护比自己小的弟弟妹妹，不能独占玩具。乘车时，别人给自己让座要说"谢谢"，不小心碰了别人要说"对不起"。在家庭中应创造一些条件让儿童有机会和伙伴一起玩，允许儿童找一两个小朋友到家里，发展儿童的独立交往能力。儿童只有在直接接触中才能体验到自己和别人的关系，在人际交往中不断适应对方，彼此关心，逐步学会和他人和谐相处。

（三）正确看待学前儿童的"破坏行为"，保护他们的好奇心和求知欲

该阶段的儿童对周围的很多事情都充满了好奇，总想去尝试一下，从而出现了一些在成人看来的"破坏性行为"。例如，家长普遍认为儿童"拆拆涂涂"的行为是一种破坏行为；只有买来的玩具才是玩具，而且越贵越好；在创设家庭环境和提供玩具材料时，没有考虑为儿童提供相应的活动条件。实际上，儿童"拆拆涂涂"

的行为也是一种探索，能促进2~3岁儿童思维的发展，是开发儿童智能的重要形式。玩具伴随儿童成长，能促进儿童感官、认知等各方面的发育；玩具的安全、实用、适宜比玩具的价格更重要；涂鸦又是帮助儿童与外界融为一体的载体。家长要为儿童提供拆卸、涂鸦的活动空间，为儿童提供足够的拆卸、涂鸦的安全工具材料，引导并陪伴儿童的拆卸、涂鸦行为，与儿童一起玩一玩、画一画、拆一拆、讲一讲，理解儿童的创造天性，用心欣赏儿童那些看似不合逻辑的涂鸦作品。

（四）在游戏中发展学前儿童的认识能力

家长可将儿童认识的事物编成游戏，在玩耍的过程中让儿童自然地认识事物。例如，将旧画册上儿童熟悉的物体，如电视机、钟表、小车、动物、房子等剪下来，各剪成两半，和儿童玩拼图游戏，拼成了让儿童说出名称。还可以玩语句游

戏，由母亲像唱歌似地进行有节奏的提问，让儿童回答热的东西是什么、冷的东西是什么、会飞的东西是什么、甜的东西是什么、能吃的东西是什么、不能吃的东西是什么等。每个问题可以有几个答案。这样的练习使儿童更加关心周围的事物和现象，理解人与人、人与自然、人与社会的关系等。再比如练习记忆的取物游戏，可在桌子上放上勺、小杯、小汽车、书等物品，用一张布盖上，让儿童听着，由成人说"小杯、书"然后把盖布揭开，让儿童把刚刚听到的物品用手拿出来。这个游戏用来练习儿童的听觉记忆力，有助于巩固儿童对物品的认识。

（五）发展学前儿童的口头表达能力，开展适合学前儿童的"早期阅读"

2~3岁是儿童口头语言发展的关键期，儿童已能用语言表达自己的需要和愿望，并且表现出强烈地与人交流的愿望。所以，家长要多与儿童聊聊天、说说话，通过多种方式积极引导他们多说、多表达。同时，2~3岁儿童已出现了早期阅读的兴趣和行为。早期阅读能给予儿童脑部良性的刺激，有助于儿童大脑更好地发育；亲子阅读使父母与儿童情感得到沟通，可以增进亲子关系，对儿童人格的发展也非常有益。家长需要为儿童提供合适的阅读内容和材料，如选择图画色彩丰富的书籍，选择简单有趣的阅读内容，选择儿童自己感兴趣的阅读材料，每天在固定时间段与儿童一起进行亲子阅读，时间可以选在儿童注意力不易分散的时候。亲子阅读可以采取多样化的阅读指导方式，如阅读游戏法，或者引导儿童看图书画面进行复述等。

（六）培养学前儿童生活自理能力和良好的习惯

3岁儿童身体和手的基本动作已经比较自如，能够掌握各种大的动作和一些精细的动作，所以要抓紧培养儿童的生活自理能力。培养儿童生活自理能力的意义不仅限于能力的形成，还在于独立性格的养成。3岁儿童的生活能力是独立用勺吃饭，用杯喝水，会漱口，会洗手，会用水吞药片，会系大一点的扣子，会自己睡觉，会自己大小便，会用手帕擦鼻涕等。在日常生活中，家长要放手让儿童练习，不要怕儿童做不好，不要怕浪费时间，要有耐心，要让儿童在独立做的过程中学会生活自

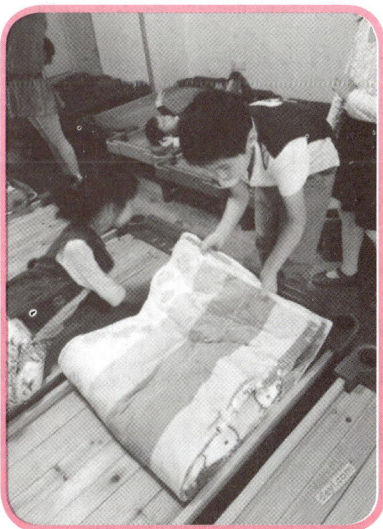

理。家长的包办代替只能使儿童笨手笨脚。家长还要利用儿童喜欢模仿的特点，鼓励儿童模仿成人的生活。除在日常生活中练习外，也可以利用游戏辅助练习，如可以让儿童脱下自己的衣服或用妈妈的衣服练习解扣、系扣。在培养儿童生活能力时注意培养儿童的良好习惯。比如进行吃饭能力的练习时，应要求儿童养成进餐时不得洒饭洒汤、不得玩玩具、不得看书、不得讲故事的好习惯，又比如要养成睡觉前要小便、把脱掉的衣服放在椅子上、不蒙头睡觉、手里不拿东西睡觉等好习惯。

三、2～3岁学前儿童家庭教育典型问题分析

这个年龄阶段的儿童身上有一个普遍的现象，许多家长都会体验到。在孩子不会走路的时候，家长期盼着孩子能快些独立行走，可当孩子会走了，却又为孩子的安全担心起来。因为他到处走，经常跌倒，甚至还会出现"破坏行为"。他不知道害怕，没有安全意识，家长应该怎么办呢？

分析：

对于儿童来说，两岁这个年龄段是人生的一个飞跃阶段，因为在这一阶段，大多数儿童从不会走路过渡到了独立行走阶段。从人类进化学角度来看，犹如人类发展进程中猿人从四肢爬行到学会直立行走一样，意义重大。儿童在学会独立行走后，面对的是一个全新的世界，这就进一步激起了儿童探索世界奥妙的好奇心、积极性和主动性。这是一种美好的"学习状态"。

儿童的乱动甚至危险行为的出现，实际上是儿童急于了解环境的主动性尝试。年幼的儿童因"无知"而"无畏"，因"发现"而"惊喜"，他们在追求真知的道路上是执着的、敢于冒险的，他们自身的行为就是认识世界的途径和工具。

家长在这一阶段的主要任务之一就是保护好儿童渴望探索未知世界的主动性和兴趣，鼓励儿童自主、独立做自己力所能及的事情。面对儿童的"危险"或"破坏"行为，家长也尽量不要简单地呵斥或阻拦，而应想办法使儿童的注意力转移到合适的行为上。值得注意的是，父母过分地保护和溺爱儿童，或者过分地批评、指责儿童，都是对儿童发展机会的剥夺，不利于儿童良好个性的形成。

如何处理孩子的"我不要"

甜甜两岁了，妈妈发现甜甜原来是一个温顺听话的孩子，可是这段时间变得越来越调皮、越来越不听话了，她总是喜欢和爸爸妈妈对着干。比如天气凉了，妈妈让她穿外套，她却硬是不穿；客人来了，妈妈让她有礼貌地和客人打招呼，她就是不理不睬。甜甜常常固执地坚持自己的主张，这样一来，爸爸妈妈就会生气，以致经常训斥她。

两三岁的孩子一般都要经过一个"第一反抗期"。从孩子生理和心理发展的角度看，这种"反抗期"的表现是一种正常的现象。随着孩子活动能力的增强、知识的不断丰富，孩子的心理急剧变化，特别是孩子的需要发生了很大的变化，而成人往往还是用老眼光去看待和要求孩子，因而引起孩子的种种反抗行为。但是，从另一个方面看，如果孩子的个性得不到发展，反倒会影响他今后的成长。经历"反抗期"是孩子正常发育的必然阶段。那么，怎样才能帮助孩子度过这一特殊阶段呢？

第一，教育是关键。在这段时期里，家长要放弃不分青红皂白的强硬态度。家长应该看到，孩子的"反抗"行为正是促进他们能力发展的心理动力。成人应及时抓住这一时机对孩子的某些行为给予适当的鼓励，以促进孩子自我意识的形成和动作技巧、能力的发展。

第二，家长要助孩子一臂之力，对孩子的反抗行为既不能一味地满足，也不能过多地限制。一味地满足容易造成孩子的任性和执拗，过多地限制会挫伤孩子的自尊心，从而使孩子变得顺从和依赖，缺乏自立能力。

第三，父母在了解了孩子的"反抗期"特点以后，最重要的是要注意因势利导，从旁协助，给予孩子正确合理的教育。例如，孩子喜欢独立行走，家长就不要硬去搀扶他，可以在旁注意保护；孩子要自己吃饭、穿衣，家长就可以让他自己动手，而家长在旁边加以指导，以此促进孩子心理的健康发展，帮助孩子顺利度过"反抗期"。

【家教小游戏】

"小小淘气包"

游戏目的：锻炼手臂的力量。

游戏准备：空旷的场地；自制的豆袋或米袋、彩色的软球、自制的纸球若干，都装在纸篓里。

方法与步骤：首先，爸爸妈妈中的一人和孩子在纸篓里选择自己喜欢的豆袋，并练习扔出去，另一人当裁判，只要豆袋扔得比前一次更远了，或者弧度更好了，爸爸妈妈就和孩子一起拍手、拥抱以示鼓励，豆袋扔完了，爸爸妈妈和孩子一起把豆袋送回纸篓；然后，孩子扔，家长接，玩一会儿后，爸爸和妈妈交换，轮流陪孩子玩。

提示：家长可以自己思考提供不同材料给孩子，让孩子体验不同物品投掷的不同感觉，同时也可以增加游戏的趣味性，但材料的大小要便于孩子持握。

第四课　3~5 岁学前儿童的家庭教育

一、3~5岁学前儿童的主要特点

（一）动作的协调性增强

儿童在3岁之后，大肌肉发展较快，身体组织结构和器官功能也有所发展，骨骼变得更加坚硬，但骨化过程还未完成，容易变形。到了4~5岁，他们变得更加精力充沛，体格健壮，可以步行一定的路程。该阶段儿童身体动作比以前更加灵活、协调，他们喜欢跑、跳、玩球、骑小车、投扔沙袋等。他们手部小肌肉有较大变化，动作逐步精细化，如能够搭积木、串珠、折纸、捏泥、使用剪刀等，能自己用勺进餐等，并逐步学会自己穿脱衣裤，会自己扣纽扣。该阶段儿童的动作质量明显提高，既比较灵活，又能坚持较长时间。

（二）有意行为开始发展

3岁儿童的行为多受情绪支配，4岁儿童则往往有一些有意行为，可以接受成人向他们提出的要求，听懂一些道理，可以接受成人交给的一些任务，比如在幼儿园里可以开始当值日生。在家里家长也可以交给儿童一些固定的事情，如让他们吃饭前摆碗筷，家中有老人的可让儿童每天为老人做一些力所能及的事，管理好自己的玩具用品，不乱放物品等。

此外，有意行为的增加还表现在4岁儿童游戏时已经可以先想一想玩什么，拿什么玩，也更愿意和小朋友一同做游戏，游戏中有着简单的角色分配，儿童还可以发展游戏的情节，如玩食堂游戏、请妈妈去吃饭，为托儿所送饭等。该阶段儿童玩游戏的时间也相对更长，有时连续几天只玩一种游戏。在游戏中也能抑制自己的行为，例如，玩竞赛游戏时虽取胜心切，但仍能坚持游戏规则，而3岁儿童在竞赛游戏中极少有意遵守游戏规则。

此外，儿童有意行为开始发展还表现在注意、记忆、想象的有意性上。例如，4岁儿童已不完全凭兴趣去注意了，家长交代一些事情时，儿童会有意地听和记，可以按一定的要求进行想象。让儿童给自己爱听的故事"龟兔赛跑"配一幅图画，每个儿童画得都不一样，因为这时儿童的想象力已经很丰富而且已经能进行有意的想象活动。

（三）情绪的稳定性增强

3岁儿童的行为受情绪支配的程度较大，其情绪仍然很不稳定，容易冲动，常会为了一件小事大哭大闹。4~5岁儿童的情绪较之3岁儿童则更稳定，他们的行为受情绪支配的比例逐渐下降，开始学着控制自己的情绪。例如，在商场，当他们看到喜爱的玩具时，已不像2~3岁时那样吵着要买，而能听从成人的要求，并用语言自我安慰："家里已有许多玩具了，我不买了。"在幼儿园里，同伴间发生争执时，他们有时也能控制自己的情绪和行为。当然，他们并非能调节好所有的事情，在特别感兴趣的事物面前仍然受情绪支配，甚至还会出现情绪"失控"现象，遇到不顺心的事情时仍会大发脾气。

（四）形象性思维开始发展

3岁儿童的思维大多由行动引起，一般先做后想，或者边做边想，不会思考好以后再做。他们只能根据外部特征来认识与区别事物，思维缺乏可逆性与相对性，因此不能理解反话。4~5岁儿童主要依靠头脑中已有的印象进行思维活动，思维具有明显的具体形象性特点，属于典型的具体形象性思维。该阶段儿童的头脑中已经积累了许多生活印象，比如常用物体的印象、认识的各种人的印象、常见的各种自然印象、周围环境和曾去过的地方的印象等，每当回忆起这些印象时，他们就可以进行积极的思维活动，离开这些原本的印象或本体事物，就难以进行抽象思维活动。

（五）对周围的世界充满好奇，活泼好动

该阶段儿童对周围世界充满了浓厚的兴趣，对新鲜事物具有强烈的好奇心，喜欢向成人提出各种各样的问题，虽然这些问题在成人看来十分肤浅、幼稚，但对儿童理智感、求知欲的发展有极大的启迪作用。好奇心是学前儿童的普遍心理特征，但5岁儿童的好奇好问却不满足于表面性的现象，他们已能注意到一些较深的或是相关联的现象，喜欢追根问底。这表明他们思维更活跃，有着很强烈的求知欲。如问"蜡烛点燃后，为什么到烧光也没有蜡烛渣呢？""虾皮就是虾的皮吗，吃它有什么用？"同时，他们的好学好问还表现为自发的观察，动手尝试，拆卸、探究等活动越来越多。例如，有的儿童长久地观察金鱼怎样吃东西，怎样排便，又怎样睡觉；有的儿童把瓢虫捉来，放在长满蚜虫的石榴树叶上，观察瓢虫是怎样吃蚜虫的。

该年龄阶段儿童的另一特点是活泼好动。例如，4岁儿童比3岁儿童表现得更为活跃，对周围生活也更熟悉，并积累了一定的经验，所以更爱活动，活动起来很灵活，也能坚持较长时间。他们爱说、爱问、爱跑、爱动手、爱玩，对成人的要求往往不那么顺从。例如，走路时总爱走在不平的地方，如过一堆沙子，一定要跑上去再跑下来，再用手扬沙子，而3岁儿童则只在沙堆边站着玩沙土。4岁儿童故意走在积水中，踏得水花泥点四溅，而3岁儿童往往站在水边不敢踏上水面。由此可以看出4岁儿童与3岁儿童之间的不同。当然，活泼好动对4岁儿童来说并不是表现为进行一些无目的的活动，他们的好动突出表现在对做游戏的兴趣上，这时的儿童不但爱玩，而且会玩，他们可以自己玩，也可以和几个小朋友一起玩，他们在游戏中会出主意，会出花样，玩得很有兴致。例如，在家里，一个4岁儿童可以开医院，把桌上摆满药瓶，把布娃娃当病人，一个人又诊病、又打针、又取药，玩得很热闹。所以，不要轻视儿童的活泼好动、好玩，天才往往就出自强烈的兴趣和执着的入迷。

（六）语言表达能力迅速发展

该阶段儿童的语言能力迅速发展，他们不仅能用简单语言表达自己的感受与需要，而且能独立表述生活中的各种事物。这一阶段是儿童语言发展的又一飞跃期，他们能够基本掌握本地区语言的全部语音，同时他们的词汇量也快速增加，尤其是

实词数量增长更为迅速。儿童已能用简单的言语与成人、同伴交往，向别人表达自己的感受和需要，喜欢与家人及同伴交谈，同时能够独立地讲故事或叙述日常生活中的各种事物，但有时讲话会断断续续，因为儿童还不能记清事物现象和行为动作之间的联系。他们还会根据对不同对象的理解水平调整自己的语言，如对小妹妹说"爸爸走了"，对妈妈说"爸爸去商店买吃的东西了"。有时他们也能表述相当复杂的句子："我还没来得及把蛋糕放在桌子上，小红就把它吃掉了。"

（七）规则意识萌芽，是非观念较模糊

在集体生活中，3～5岁儿童不仅开始表现出自信，而且规则意识萌芽，懂得要排队洗手、依次玩玩具等。当他们与人相处时，表现得有礼貌了，会主动说"谢谢、对不起"等，但此时儿童的是非观念仍很模糊，只知道受表扬的是好事，受指责的是坏事，喜欢被表扬，听到批评会不高兴或感到很难为情。

（八）社会交往能力进一步增强

从3岁开始，儿童的社会性交往范围已不限于亲人之间，而是扩展到和他人交往，特别是愿意和同伴交往。他们很乐意和小朋友在一起，和小朋友过家家、打卡片、拍手弯腰做游戏，在家里是孩子，在小朋友面前是成人，爱管别人的事，常把小朋友之间的事告诉妈妈或其他成人。可见，在活动中，他们逐渐学会了交往，会与同伴分享快乐，还获得了领导同伴和服从同伴的经验。

（九）对事物的理解能力逐渐增强

4～5岁儿童对事物的理解能力开始增强。在时间概念上，能分辨什么时间该做什么事情；在空间概念上，能区别前后、中间、最先、最后等位置；在数量上，能自如地从1数到10。对物体类别的概念也开始有初步的认识，会区别轻重、厚薄、粗细等。部分儿童还能分清左右，能把物品从大到小摆成一排，能初步理解周围世界中表面的、简单的因果关系，如能够明白种花若不浇水就会枯死等简单的道理。

二、3～5岁学前儿童家庭教育的要点

（一）帮助学前儿童安全度过入园适应期

3岁儿童开始离开熟悉的家庭环境，进入幼儿园。入园初期多数儿童会产生不安全感，表现出焦虑、害怕、厌恶甚至反抗等状况，严重影响到该阶段儿童的正常生活。儿童出现不适应是一种常见现象。解决不好儿童入园适应期的问题，将影响他们此阶段的身心发展，而儿童适应时间的长短则往往与家长的行为态度密切相关。

家长需在儿童入园前就有意识地减少儿童对家人的依恋，让儿童多融入同龄人的活动；入园后要随时关注儿童在家中的情绪、胃口、睡眠等情况；当儿童出现较为强烈的情绪反应时，不采用骂、压、恐吓等方法，要通过情感交流来稳定儿童的情绪；要经常与幼儿园教师进行沟通，了解儿童的适应情况，寻找原因并共同商讨和采用恰当对策，还可以提前和儿童聊一聊幼儿园里有趣的事情，有机会带儿童提前到幼儿园参观等。

（二）让学前儿童走进社会，引导儿童观察生活

4～5岁儿童对周围事物非常好奇，他们用充满好奇的眼光看待这个世界；所以家长要利用儿童好奇心强这一特点，教育儿童了解、认识社会，并养成儿童愿意参加社会活动的习惯。家长可以从以下几点进行努力：带领儿童关心周围事物及现象，多开展户外活动，以开阔儿童的眼界，丰富儿童的感性知识；灵活采用个别化教育手段，有针对性地鼓励儿童积极活动、主动参与、积累经验、发展潜能；改变传统的灌输、说教方式，以开放互动的方式让儿童在玩中学、在操作中探索、在游戏中成长。家长还可以带儿童去商店、博物馆、展览会、名胜古迹等地，让儿童了解社会，看看成人在做什么、怎么做，这些对儿童大有好处。家长还可利用每天接送儿童的路途风景，引导儿童观察，进行有效教育。在这个过程中，家长要对生活充满热爱，选择那些较好的、有价值的情境向儿童进行点滴的渗透教育，这样教育效果才会更加理想。家长还可以利用节假日带儿童到公园或大自然、博物馆中，到有纪念意义的地方去，从更广阔的角度观察和感受生活，以大量的、生动的具体形象丰富儿童的头脑，这样便能适应4岁儿童活泼好动和思维具体形象性的心理发展特征。在观察生活的过程中，4岁儿童会提出许多问题，有的问题是远远出人意料的。而面对这些问题，家长要抱着尊重儿童的态度给以具体形象的合理解答。

（三）发展学前儿童的表现力和创造力

4岁儿童活泼好动，有一定的独立能力，富于想象，这些都是发展表现力和创造力的基础。表现力和创造力的发展是儿童才能发展的标志。儿童通过手、口、动作、表情进行表现和创造。儿童的创造不是自身能力的创新，而是本能被唤醒的结果，这种能力的可贵之处不在于当前，而在于将来，是十分可贵的能力素质。

在家庭中怎样为儿童提供表现与创造的机会呢？要有一个可供儿童独自活动的环境，鼓励儿童用语言和表情进行表现。如伴着音乐，儿童自编自舞，自由地画、贴、剪、做玩具等。对此，家长不要太看重儿童表现与创造的结果，而是要看儿童

表现和创造的努力过程，如用心程度、认真程度、坚持精神和创造性等。争取每一次的表现和创造活动都能使儿童增长信心，并激发其再创造的愿望。儿童的表现与创造活动是可以给予适当的指导和帮助的，但不宜过多，更不要代替儿童表现与创造。家长鼓励的方式是重精神鼓励，不宜多用物质奖励，因为物质的引诱容易把儿童的纯真的创造活动引入歧途。

（四）培养学前儿童的安全意识和自我保护的能力

许多3~5岁儿童的安全意识非常薄弱，对生活中可能出现的危险缺乏应有的防范，面对危险也不知该如何处理，导致意外伤害事故呈上升趋势。究其原因，是家长对幼儿可能会遇到的危险缺乏预见性，没有及早采取预防措施；家长对任何事情都为儿童包办，使儿童得不到经验和锻炼，自我保护能力萎缩。防止儿童意外伤害事故的发生刻不容缓，家长在有效监护的同时，要适时适当地对儿童进行自我保护的教育，提高其自我保护的能力。例如，一方面要尽可能消除环境中一切伤害性因素，如剪刀等锐利物品要妥善保管等；另一方面要结合生活实际事例，随时对儿童开展有针对性的安全教育，减少对儿童各种活动的包办代替，增加儿童接受锻炼的机会，使儿童掌握多种生存技能。

（五）培养学前儿童的同情心

同情心是人类共存共生的情感基础，该年龄阶段的儿童的责任感和有意义行为逐渐发展，4岁儿童已受到一些人生观念的教育，其本性中的同情心已经被触动。例如，和同伴要互相帮助、互相谦让；不打人，不欺负人；敬老爱幼，尽力去帮助有困难的人们；保护对人有益的动物，不任意摧残它们；疼爱父母和照料自己的人等。

同情心的培养首先在于成人的榜样感染，父母应具有同情心，对弱者同情并付诸行动，并用儿童能理解的语言适当地讲解为什么要好好照顾奶奶，为什么下了班还要去一个阿姨家帮助她做事，使儿童既理解又有榜样，从而在父母的感召下，渐渐富有同情心，为终身发展奠定坚实的情感基础。同时，父母要帮助儿童正确认识自己，正确对待他人，不孤僻，不妒忌，不欺侮同伴，努力和他人建立友好、和谐的关系。

（六）增强学前儿童的抗挫折能力

现在大部分家庭是独生子女，大部分家长给儿童过多过细的保护，造成儿童依赖性强，自觉性和独立性差。有些家长在教育观念上存在偏差，重智轻德，重知识轻能力，尤其是对儿童的抗挫折能力的培养重视不够，还有些家长对挫折教育持歪曲的态度，认为挫折教育就是通过谩骂、罚站等方式与儿童对着干，让儿童服输。所有这些都是造成儿童应付挫折能力普遍较差的原因。

挫折伴随儿童成长的每一步。家长要有意识地让儿童"受点苦和累""受点挫"，使儿童明白人人都可能遇到困难和挫折，还要教育儿童敢于面对困难、挫折，并提高其克服困难的能力。抗挫折能力的增强不仅是时代发展的需要，也有利于儿童的身心发展。

家长应给儿童树立面对挫折时的良好榜样并积极暗示儿童，充分利用现有条件，利用图画、文学作品、影视作品等传播媒介达到教育的目的，同时让儿童在各种实践活动中体验生活、经历挫折。家长还要为儿童创设一定的情境，给儿童提供更多的锻炼机会，如有意识地拒绝儿童的一些要求，当儿童遇到挫折时，家长要以肯定、鼓励的方式引导儿童，并在鼓励儿童独立思考、独立操作的同时，引导儿童学习面对挫折的方法，此外，还要给予儿童必要的帮助，在儿童遇到困难时以鼓励、疏导的方式给儿童以必要的帮助与支持。

（七）保护并满足学前儿童的好奇心和求知欲

由于儿童好奇心强，同时知识面狭窄，生活经验简单，他们常常提出许多家长觉得很幼稚的问题，并刨根问底。有些家长却忽视了儿童的提问，对儿童的问题置之不理，甚至对儿童的提问感到厌烦，这会导致儿童不敢或不愿再提问。还有些家长对儿童因好奇而破坏家中的玩具或物件的行为报以训斥打骂的态度，这无形之中会严重打击儿童的好奇心。好奇心是求知欲的动力，是想象力的基石，是认识世界的驱动器。家长应珍爱儿童的好奇心和求知欲，对儿童想象力的增强和创造力的培养有非常重要的意义。家长应鼓励儿童提问，启发儿童提问，回答儿童的问题要有启发性。如果儿童提出的问题家长也不知道答案，应如实告诉儿童，与儿童一同寻找答案。

（八）积极为学前儿童创造与他人交往的机会

独生子女的家庭结构与目前家庭居住的状况，客观上不利于儿童社会性发展，同时，家长对这一问题既不重视，又害怕子女在交往中"吃亏""学坏""闯祸"，于是简单采取限制儿童与他人交往的方式，导致儿童以自我为中心，不懂得理解和关心别人，不会与他人交往合作，这样十分不利于儿童全面和谐的发展。

未来社会需要具有社会交往能力的人，儿童将来能否积极地适应各种环境，能否协调好与他人、集体的关系，能否勇敢地承担起社会责任等，取决于学前期的生活经验积累和受教育状况，而提高儿童社会适应和交往能力又是学前阶段的重要教育任务之一。

家长要积极为儿童创造与同伴交往的机会，鼓励儿童多到社区和儿童游乐场所活动，帮助他们体验与他人共同活动的愉悦。家长在活动中可有意识地指导和帮助儿童学会遵守交往规则，学会注意他人的情绪变化，体会和理解他人的情感，还可采用共情训练、角色扮演等方法帮助儿童学会用语言、动作、表情等恰当地表达自己的情感和需求，学会控制自己的情绪和行为，学会分享和合作。

三、3～5岁学前儿童家庭教育典型问题分析

3岁后，许多儿童迎来了一个崭新的生活和游戏场所——幼儿园。这个阶段存在一个普遍的，也是许多家长经常遇到的问题，就是幼儿"入园不适应"问题，有的人称为"入园焦虑症"。儿童的具体表现有：伤心地哭闹，不想上幼儿园；在幼儿园独自一个人发呆、掉眼泪；不参加幼儿园的集体活动；吃不香，睡不好等。这不仅影响到儿童的发展，也令家长牵肠挂肚。我们应该怎样看待这种现象呢？

分析：

从社会性发展角度来讲，"入园"是儿童有生以来生活方式的第一次改变，也是儿童一生当中非常重要的改变之一。因为对于儿童来说，"入园"意味着从此由家庭走向了社会，意味着有规则的集体生活的开始。这种生活方式的改变，对于儿童是一种巨大的生存考验。这种考验主要体现在以下几点：

首先，亲子依恋关系被打破，儿童产生分离焦虑情绪；

其次，保教环境被改变，儿童产生焦虑情绪；

最后，面对自身生存技能水平与现实需求之间的差距，儿童产生失落焦虑情绪。

为了帮助儿童度过这个时期，促使儿童走上正常发展的道路，家长需要从以下方面入手：

一是做好入园前的准备或衔接工作；

二是配合幼儿园做好保教工作；

三是以理解、关心、接纳和帮助的态度，提升自我教育的水平。

▶ 拓展阅读

如何解决孩子的入园焦虑

有的孩子入园特别难，哭天喊地，还有的孩子抱着家长的腿就是不让家长走，使得家长欲走不忍，欲留不能。有的家长听到孩子哭闹很不放心，便躲在墙角、门后、窗外观望，还有的家长为防孩子哭闹，不送孩子上幼儿园体验新生活，甚至长时间将孩子留在家里。

评析：

家长不要怕孩子哭，孩子是哭给家长看的。家长送完孩子后要赶紧离开。其实家长走后，孩子大多停止哭闹，因为老师有许多平息孩子情绪的办法。家长的心不要太软，只要孩子不生病，家长就要坚持将孩子送到幼儿园，千万不要因为孩子的哭闹而中断。家长要明确告诉孩子："你已经长大了，该上幼儿园了，就像妈妈上班一样，这是任务。"千万不要说"不听话就把你送到幼儿园"等灰色的语言，这样会让孩子感到幼儿园是一个可怕的地方。此外，家长在送孩子去幼儿园的路上，不要反复叮嘱孩子要守纪律、懂礼貌、唱歌时要大声、画画时要画好等，这些过高的要求、禁令或者劝告，也会使孩子望园心怯，甚至产生焦虑情绪。

第五课 5~6 岁学前儿童的家庭教育

一、5~6岁学前儿童的主要特点

（一）抽象逻辑思维开始发展

5~6岁儿童的思维仍然是具体形象思维，但是他们的抽象概括能力开始萌芽。他们开始能根据事物的本质属性将事物进行初步的概括分类，开始能分析和理解事物间的相对关系。如果给儿童画有车、船、桌、椅、苹果、桃子等物体的图片，要求他们将这些物体分类，4岁儿童往往还不会独立分类，还不清楚"车子"和"小汽车"这两个概念的关系，5岁儿童已能够按照交通工具、家具、水果将物体进行分类，并知道"车子"包含"公交车""小汽车"等。然而，由于受知识、语言、抽象概括水平的制约，这一阶段的儿童对类概念的掌握还是比较初级的、简单的，还不能掌握概念全部的精确含义，缺乏进行高一级抽象概括的能力。除此之外，5岁儿童也开始掌握一些比较抽象的概念，比如左和右，5岁儿童一般能够正确分辨自己的"左手""右手"。

另外，5~6岁的儿童能够初步理解周围世界中比较隐蔽的因果关系。他们开始能从内在的隐蔽的原因中理解各种现象的产生。例如，他们能够找到物体沉浮的原因，说"针是铁，所以要沉，火柴是木头，就会漂"。但由于周围现象中的因果关系比较复杂，儿童对不同现象因果关系的理解水平也不可能一致，而且对日常生活中所不熟悉的复杂的因果关系也依然很难理解。

由于儿童的思维正在进一步向抽象化发展，因此儿童在游戏中经常用语言和动作来替代行为。儿童之间对替代物的认同程度提高，游戏中发生争执的情况减少。游戏的主题除了来自于儿童的生活外，还来自于影视作品。儿童在角色游戏中能综合自己所经历过的各种生活内容，概括和创造性地再现一般的生活情景。

（二）表现出强烈的好奇心和求知欲

该年龄阶段的儿童非常明显的一个特点就是好奇、好问，但5岁儿童的好奇心已经不同于3~4岁儿童的好奇心。3~4岁儿童的好奇心较多表现在对事物表面的兴趣，如看见什么都要去摸一摸。而5岁儿童则要问个究竟，他们不但要问"是什么"，而且要问许多个"为什么"。例如给3岁儿童讲故事，说"那个人是坏人"，儿童知道那个人是坏人，也就不再问什么了。5岁儿童则不同，他们还要问："他做了什么坏事？怎么坏？"5岁儿童的好奇心已经开始变为强烈的求知欲和认识兴趣。5~6岁儿童除了表现出强烈的好奇心之外，还表现出好学的特点。他们对知识充满了兴趣，他们喜欢学习，乐于思考，积极回答老师提出的问题，但是他们已不再像3~4岁儿童那样互相模仿，凡事千篇一律，而是乐于追求新的想法和不同的答案。

（三）语言表达能力逐渐增强

5~6岁儿童能条理清楚地独立讲述所看到和听到的事情和故事。随着言语的发展，儿童思维中形象和词语的相互关系也逐渐发生变化，儿童对词语的使用能力加强，能发清楚全部语音，语言连贯性也增强，能逐步摆脱表象、形象的束缚。该阶段儿童的内部言语逐渐在自言自语的基础上形成，言语对行为的调节功能逐步发展起来，该阶段儿童的言语表达能力明显提高，他们能较清楚、连续甚至有表情地描述事物，并且描述得生动形象。该年龄阶段的儿童能较好地用语言与同伴、成人进行沟通交流，能自信地表达个人的观点和主张。该年龄阶段的儿童开始对文字符号产生兴趣，会创造自己想象的文字，能比较独立地、专业地阅读图书，理解能力也不断增强。

（四）自理能力和劳动能力明显增强

5～6岁儿童生活自理能力明显增强，变得更加独立，他们可以选择自己喜欢的、适合自己的衣服，能用筷子吃饭、夹菜，也能做到不影响别人入睡。5～6岁儿童已经能将劳动与游戏分开，他们对劳动的态度极其认真，更加关心劳动结果，同时能初步理解一些劳动的社会意义。他们喜欢参与成人的劳动，比如，他们在家里会扫地、擦桌子、摆放碗筷、整理自己的用品等，在幼儿园里也能做一些力所能及的事情，如种植、喂养、值日生劳动等，并且在劳动中表现出一定的责任感。

（五）合作意识逐渐增强

该年龄段的儿童在相互交往中开始形成合作意识。他们会选择自己喜欢的玩伴，也能与小朋友一起开展合作性游戏。他们逐渐明白公平的原则和个人需要服从集体约定的规则，也能向其他伙伴介绍、解释游戏规则。例如，在舞台剧表演游戏中，几个小朋友能一起分配角色、道具，他们能通过语言、动作等进行表现，在游戏中有分工、有合作，体现了他们一定的合作水平。

（六）规则意识逐渐形成

5～6岁儿童的规则意识逐渐完成，我们开始学着控制自己的情绪和行为，遵守集体的共同规则。例如，玩完玩具之后要把玩具整理好放回原处，上课发言要先举手，户外活动要遵守秩序等。同时，这一阶段的儿童特别喜欢有规则的游戏，如棋类游戏、体育游戏等。对在活动中违背规则的行为，他们常常会"群起而攻之"，一起捍卫游戏的规则。但这一时期的儿童对于规则的认识还没有达到自律水平，规则对他们来说还只是外在的，因此，儿童在规则的实践方面还会表现出自我中心。

（七）个性开始形成

个性是人的比较稳定的具有一定倾向的心理活动的总和，主要表现在性格和能力等心理因素上。

5～6岁是儿童个性形成的关键时期。首先表现在该年龄阶段的儿童出现了相对稳定的兴趣。在自由游戏期间，有的儿童总是喜欢玩球，有的儿童总是喜欢玩"娃娃家"，还有的儿童喜欢玩积木、讲故事等。同时，这一阶段儿童的荣誉感、自卑感、嫉妒心、好胜心等都比以前更加显露，这就是自我意识发展的倾向。这一时期儿童自我意识的发展主要体现在自我评价的能力上。儿童的自我评价从依从性评价向独立性评价发展，他们不再轻信成人的评价，当成人的评价与儿童的自我评价不一致时，他们会提出申辩。同时，儿童的自我评价开始从个别性评价向多面性评价发展，例如，该阶段儿童在评价自己时会说："我会唱歌跳舞，但画画不行。"

5岁儿童的性格特征已有明显差异，他们已开始表现出顺从、冲动、好表现、攻击、内向、外向以及依赖等各种不同的性格特征。能力方面，无论是智力，还是一般能力、特殊能力等，由于先天的遗传和后天的环境教育等因素的综合作用，儿童发展到5岁时的能力差别已经明显。这种能力方面的不同特征，就构成了儿童的个性差别的一个显著特征。

二、5~6岁学前儿童家庭教育的要点

（一）利用生活中的机会，让学前儿童懂得更多的道理

5~6岁儿童心理的发展水平使他们有条件获得更多的知识经验和生活道理，所以家长应该注意在日常生活中利用各种机会，自然地告诫儿童一些道理，包括各种生活经验、物品的性能、事物的因果关系、道德行为准则等。例如，在楼上动作要轻，以免给楼下带来很大的声音；在别人家窗下门外玩时不要大声喊叫，在院子里踢球、扔球时要避开门窗；在马路上行走时要靠边，过马路要走人行横道，有红绿灯处要遵守"绿灯行，红灯停"的规则；要按次序乘车，上车后不抢座位，等等。父母也应让儿童知道他们的工作，以增进儿童对父母的理解、尊敬，唤起儿童关心父母、体贴父母的孝心。总之，要紧密结合儿童日常的生活事件向儿童简单明了地讲述其中蕴含的一些道理，使儿童从中长知识、长经验，学习做人的道理。

（二）提供条件让学前儿童参与他们感兴趣的有益活动

5~6岁儿童已经有某些兴趣倾向，他们的独立性也有较大发展。在家庭中，家长可根据儿童的兴趣让他们去行动，如养只小乌龟、养蚕、养猫、画画、下棋、捏泥、看书、编织、折纸等，从而尽可能地满足儿童的兴趣。只要这些活动有益，家

长就要尽可能提供条件满足儿童的兴趣。有些活动虽然是儿童感兴趣的，但对儿童无益，家长就不应提供条件，从而使儿童的这一兴趣逐渐淡化。

儿童感兴趣的活动一般是多种多样的，所以家长可以让儿童参与多种活动，促进儿童多方面的发展。看电视是5岁儿童十分喜欢的事情，他们经常坐下来看一个又一个节目，当然并不是所有的电视节目都适合儿童，家长要注意引导。此外，看电视属于久坐不动型活动，儿童应该有所节制。美国饮食协会主席、饮食专家赫斯说过，久坐不动会对身体发育十分有害，建议父母将儿童看电视的时间控制在一定范围之内。家长为了儿童也需要适当地节制一下自己看电视的欲望，或在成人看电视的同时为儿童安排其他有趣的活动，从而使儿童少看电视。

此外，成人也不应逼迫儿童去做其不感兴趣的事情。例如，不少家长期望儿童早期便学习某种技艺，比如学琴。家长重金买来钢琴，请来琴师让儿童学琴，有的儿童开始觉得新鲜有趣，练习之初也觉着容易，成绩也好。但是后来，弹奏日渐复杂、练习单调枯燥，儿童逐渐失去了兴趣，就觉得弹琴成为苦闷的事情。此时，如果家长只是逼迫儿童练习，儿童会渐渐把弹琴当作人生的一大苦差事，难怪有一个孩子说："我真想把钢琴砸烂。"这说明家长不能逼迫儿童去做他们不感兴趣的事情。

（三）尊重学前儿童的想法，培养学前儿童的生活自理能力

5～6岁的儿童已经有了自己的想法，他们的自主意识不断增强，自我服务的能力及生活能力也得到了快速的发展。所以，家长要尊重儿童，要像对待朋友一样和儿童平等交流，允许儿童有自己的想法，耐心倾听儿童的声音，而不只是要求儿童"听话"。家长要让儿童自己做决定，给儿童自主权，比如让儿童独立选择衣服的样式、颜色，决定玩具的分享等。家中要有儿童独处的地方，从而为他们提供一定的自由空间。同时，家长在日常生活中要培养儿童的生活自理能力，如独立吃饭、穿脱衣服、洗脸、刷牙、上厕所大小便、整理被褥床铺、收拾玩具、洗手绢等，家长可以鼓励儿童帮父母做力所能及的家务劳动。

（四）培养学前儿童良好的学习习惯，做好幼小衔接

6岁儿童即将进入小学，家长要在这一年中为儿童进入小学做准备。正确的入学准备是指儿童身心健康发展的全面准备，不单是指读写算能力的准备。在该阶段内，家长要继续关心儿童认知能力的发展，关心儿童良好品德行为与性格的形成，培养儿童学习和求知的兴趣以及良好的学习习惯，进而使其有上学的愿望和心理准备。

三、5~6岁学前儿童家庭教育典型问题分析

5~6岁这一年龄阶段是幼儿身心发展的重要时刻。多年来。社会上所谓的"某某教育方案""某某教育法"以及形形色色的"特色"幼儿园层出不穷。一些幼儿园为了迎合家长的需求或受经济利益的驱动，办起了各式各样的"兴趣班""特长班"等。从现实来看，5~6岁的幼儿是这类机构教育最主要的对象。家长应该怎样看待这类现象呢？

分析：

由于我国升学竞争和就业竞争的现实性矛盾，再加上家长和各类商业培训机构的推波助澜，应试教育的理念深深地扎根在国人的思想里。"不能输在起跑线上""状元从娃娃抓起"以及学前教育中的"小学化"等，是应试教育观念在学前儿童教育中的一个集中反映。应试教育观念导致一些家长和幼教机构急功近利，主要表现为"重知识灌输、轻能力培养""重智力培养、轻人格因素培养"等倾向性，与学前教育的真正价值背道而驰。

5~6岁正是儿童社会性、人格等形成的关键期。儿童最初的对人、事、物的情感和态度，在此时已具雏形，在这一阶段，家长切不可"捡了芝麻，丢了西瓜""一叶障目，不见森林"，而应该理性看待学前儿童的学习，理解学前儿童的成长规律，促进学前儿童德智体美全面发展，为学前儿童的终身进步和成长提供支持。

【家教小游戏】

看你笑不笑

游戏目的：使幼儿在与人交往的过程中学习掌控自己的身体，发展对物体的控制能力。

游戏材料：一根吸管。

游戏方法：首先，幼儿和家长围坐成一个大圆圈，由其中一人先用鼻尖和上唇夹一根吸管；然后，做出鬼脸逗对方发笑，并把吸管传递给对方，一个一个互相传递，把吸管弄掉的就算失败。

注意事项：在围圈的过程中注意调整幼儿与家长的距离，以避免距离过远使吸管在传递时掉落，鼓励幼儿大胆将吸管传递给身边的伙伴或叔叔阿姨，控制好自己的身体以保证顺利交接吸管。

▶ 拓展阅读

芬兰的"无竞争教育"

芬兰教育者早就了解到，不要让孩子在幼年时期就被成人簇拥着去一较高下，使孩子在心灵还不成熟的阶段就学会恃宠而骄或打击他人。

赫尔辛基瑞苏中小学的校长说："我们从来不会因为孩子的成绩是最顶尖的，而发给他奖学金，而是从不同的角度来选取优秀者。如果一个孩子的分数比别人低一些，但却拥有其他人所没有的人格特质，或更好的合作能力，或更佳的人缘等，老师就会很希望这名学生能得到实质的奖励。"

芬兰教育从来不将高分学生看成优秀学生，他们眼中的好学生，是能将个人特长发挥到极致的学生。所以，芬兰人认为国会议员并不比厨房的阿姨更了不起。大家各司其职、各有所长。在这种环境下，孩子的个人潜能得到了发挥，并且从小就心态平和，懂得充分尊重和理解他人。

💬 思考与练习

一、名词解释

1. 胎教

2. "第一反抗期"

二、简答题

1. 简述胎教的原则。

2. 简述0～2岁儿童家庭教育的要点。

3. 简述2～3岁儿童的主要年龄特点。

三、论述题

1. 结合当前的胎教理论与实践，谈谈你对胎教的看法。

2. 简述3～5岁儿童的发展特点及家教要点。

四、实践题

调查幼儿园和家庭，了解帮助学前儿童做好入园准备的途径有哪些，并进行评价。

单元导言

　　对儿童的教育不能只注重智力和分数，因为决定未来生活幸福与否的往往不是学问的高低，而是人的整体健康发展水平。健康的身体、良好的性格、正确的行为规范、勤奋的思考与创造习惯都是儿童幸福健康生活的重要基础，因此，健康、情感、规则、创造教育都是家庭教育中的重要内容。不同内容的学前儿童家庭教育的实施要点、原则、方法皆不相同，本单元将分别对家庭中的健康、情感、规则、创造教育进行介绍。

学习目标

1. 领会家庭健康、情感、规则、创造教育的内容与要点。

2. 掌握家庭健康、情感、规则、创造教育的策略与方法。

3. 能够正确评析家庭健康、情感、规则、创造教育现象。

4. 能够解决家庭健康、情感、规则、创造教育中的常见问题。

第六单元　不同内容的学前儿童家庭教育

第一课　学前儿童家庭健康教育

一、学前儿童家庭健康教育的内容

学前儿童健康教育是根据学前儿童身心发展的特点，提高学前儿童健康意识，改善学前儿童健康态度，培养学前儿童健康行为，维护和促进学前儿童健康的系统的教育活动。可以说，在儿童不断成长、逐渐自主自理的过程中，甚至从儿童刚刚降生到这个世界开始，父母就开始了对儿童的健康教育，比如教育儿童不要将手指插进插座，再比如教导儿童吃手指是不卫生的行为等。家长是学前儿童健康教育中的首席教师，家庭是学前儿童获得健康意识的第一个平台，相比幼儿园的健康教育来说，学前儿童家庭健康教育起步更早、内容更为宽泛。家长在与学前儿童的密切接触中，应随时抓住生活中的点点滴滴对儿童实施健康教育。家庭健康教育主要包括三方面的教育内容，即身体健康教育、心理健康教育、安全卫生教育。

（一）学前儿童的身体健康教育

在促进学前儿童身体健康方面，家庭教育主要包括四个要点。

1. 生活环境教育

家庭环境的好坏，对家庭成员的健康有着重要的影响。如何创造一个美好的家庭环境，是家庭健康教育的重要内容。家庭环境主要指居室内部的环境，有些从建造房屋之始就已经存在，有的可能存在于装修过程中，有的则在于我们日常对家庭环境的管理，还有的属于家长生活方式、家庭成员情感所营造的心理环境。具体内容包括住宅装修中室内装饰材料的选择，尤其是儿童居室的布置，家庭卫生清洁和污染物的处理，家庭成员生活习惯，家庭成员情感状况等。

2. 动作练习活动

学前儿童动作功能发展可以分为四个主要时期，即姿势摆位时期（0～2岁）、粗大动作时期（2～4岁）、精细动作时期（4～5岁）和技巧时期（5岁以后）。每一时期的发展都在为下一阶段打基础，只有基础扎实了，才能更好地促进儿童身体素质的提高。因此，家长应针对不同时期儿童动作发展的特点，科学地指导儿童进行动作练习活动，保证活动的适宜时间和强度。在动作练习中，家长不必在技能和技巧方面对其提出过多的要求，达到增强体能及提升身体的整体素质的目的即可。

3. 体育兴趣培养

兴趣不是与生俱来的，需要父母细心观察，发现儿童的潜能，并精心指导，逐步将兴趣培养起来。因此，家长应注意培养儿童对运动的热情以及对某些运动的喜好。

4. 运动习惯养成

家庭要注重和组织身体锻炼活动，每天都应安排短时间的锻炼项目，如散步、跑步、打球、跳绳等，特别是要督促儿童认真参加，增强体质。在节假日，家庭可以安排几代人共同参与锻炼项目，如爬山、跑步、骑车、旅游等，使家庭成员一方面活动筋骨，另一方面感受大自然，特别是增加儿童美好的心理体验，感受与人交往、与大自然交融的情怀。儿童家庭中的活动应带上游戏的色彩，寓教于游戏之中，让家庭教育充满乐趣，使儿童既能在体育活动中锻炼身体，又能在游戏中愉悦身心。每次游戏结束后，家长还应和儿童一同整理物品，打扫场地，以培养儿童的自立和自理能力，同时培养他们的任务意识和责任感。

（二）学前儿童的心理健康教育

心理健康是学前儿童健康的重要组成部分。现代社会是一个高速发展、变幻莫测的社会，人们需要面对更多的困难，需要经受更大的压力，需要参与更强的竞争，这些都对人的

心理承受能力提出了挑战。没有健康的心理，人们就不能在遭受挫折时坚强起来，就不能克服困难去适应变化的环境，就不能重新参与到社会生活中。因此，现代社会尤其要重视心理健康，家庭教育要完成健康教育任务，就要特别关心儿童的心理健康，防止心理问题的产生。父母要在日常生活中贯穿对儿童健康心理的培育，使儿童具有乐观向上的态度、活泼开朗的个性，并善于调节自己，保持良好的情绪状态。

（三）学前儿童的安全卫生教育

1. 安全教育

生存是儿童发展的前提，在对儿童进行健康教育的时候，家长要特别注意儿童的人身安全。

第一，应关注儿童饮食的安全。家长给儿童准备或购买食物时，要注重食品的包装、冷热、软硬等多个因素，确保食物的卫生和安全。

第二，应关注儿童游玩的安全。父母与儿童一同出去游玩，总是希望儿童兴奋又开心，但是出去游玩时，身边环境变化较大，家长一定要注意游玩过程中的交通安全、游览安全等问题。例如，父母在带领儿童到动物园等地游览时，不要让儿童靠近动物等危险物，以免对儿童的身体造成伤害。

第三，应关注儿童脑部的安全。在夏季时，父母不要因为担心儿童怕热，就给儿童剃光头，使儿童的头部皮肤暴露出来，直接受到阳光的照射，这会引发热射病，造成脑部损伤。实际上，头发能够散热、帮助儿童调节体温。

第四，应关注儿童看电视的安全。父母不要让儿童看恐怖电视剧、录像带及广告片，以免使儿童啼哭不止，情绪不稳定，睡眠紊乱，产生焦虑感和恐惧症。

第五，在安全教育中，除了家长对于儿童的外界保护外，最为重要的是教育儿童形成自我保护意识，建立安全规则，例如不和陌生人说话等。

2. 生活和卫生习惯培养

良好的生活和卫生习惯，既能保证儿童健康、安全地生活，又能使其获得心

理上的安全感和归属感。当儿童养成了良好的生活卫生习惯后，就可以很好地计划自己的生活，掌控自己的学习，并形成良好的个性心理品质。首先，家庭成员要掌握一定的营养知识，在家庭中养成良好的饮食习惯。父母要给儿童安排合理的营养及饮食，使他们了解各种

食物的营养价值及膳食平衡的知识，培养儿童良好的饮食习惯，使儿童不厌食、不挑食、不暴饮暴食，饮食定时、定量。其次，家庭成员生活作息要有规律，注意用脑卫生，劳逸结合，同时注重个人清洁卫生。

学前儿童生活卫生习惯的培养必须建立在儿童对卫生习惯的认知上，要经过不断练习，使之成为无意识的主动行为。由于学前儿童的自理能力有限，所以家长要做好引导。

第一，家长要注意自身的生活卫生习惯，为儿童树立榜样。

第二，家长在教育儿童养成良好卫生习惯时，不能对其进行过度保护，要注意把教育内容内化为儿童自身的需要和行为。

第三，对学前儿童在生活习惯的养成过程中遇到的困难，家长可以适当帮助其解决，但不能越俎代庖，包办代替。

第四，家长要配合幼儿园帮助儿童建立合理的一日常规，使他们明白良好的生活和卫生习惯会给自己和别人带来好处。

二、学前儿童家庭健康教育的原则

家长在实施学前儿童健康教育时，应充分考虑学前儿童的心理年龄特征，依据以下五个原则进行。

（一）发展性原则

家长在对学前儿童实施健康教育时，应该充分考虑学前儿童的年龄特点。首先，在不同年龄阶段，儿童的理解能力和行为能力不同，家长也要视情况采取不同的方法和要求；其次，儿童发展中会出现某些生理、心理的不良表现，例如吃手指、夜惊等，家长遇到这些问题时，常常表现得非常紧张，实际上，家长应坚持以发展性原则来看待这些问题，儿童身上表现出来的不良行为中，有些可能是某一时期某一阶段的特殊情况，它会随着年龄的增长自然减轻或消失，但有些可能会导致儿童以后的不良发展。例如，1岁以内的儿童吮吸手指就是正常的，这种行为会随着年龄增长而慢慢消失，但如果频率过高或在儿童较大年龄仍存在时，家长就应引起注意。

（二）主体性原则

家长对儿童进行的健康教育要立足于儿童的身心发展，选择有利于儿童多种感官参与的形式和方法，最大限度地发挥儿童的积极性和主动性，引导儿童主动思考、参与实践，帮助儿童把教育的内容内化为自己的态度、行为和习惯。

（三）巩固性原则

良好行为习惯的形成，不良行为习惯的消除，都不是短时间内的说教便能奏效的，而是需要反复训练和巩固。家长应对儿童健康习惯的养成有充足的耐心，不要急功近利，不要比较，要理智地等待。

（四）多种方法原则

健康教育的方法很多，多种方法相互配合才能对儿童行为的塑造或改造起到积极的作用。如在矫正儿童挑食习惯时，家长首先要有好的饮食习惯，通过榜样示范达到教育目的；同时，家长可以通过讲挑食的危害，引导儿童明白其中的道理；儿童懂道理还不够，家长应通过鼓励与表扬促进儿童行为的改变。通过综合运用多种方法来达到教育目的是符合儿童的认知与行为规律的。

（五）一致性原则

家庭中成人之间的意见一致是教育儿童取得成功的重要因素。家庭成员应在教育儿童的各个环节上达成共识，才能取得较好的效果。同时，儿童健康习惯的培养需要坚持始终一致的要求，才能取得好效果。此外，健康教育需要家长做到言行一致，对儿童的要求，家长首先应该做到。

三、学前儿童家庭健康教育的方法

（一）父母以身作则，树立榜样

学前儿童的心理特点具有极大的可塑性，父母的言行举止和思想品德对儿童行为的调节起着非常重要的作用。父母自私自利，儿童容易形成利己主义；父母诚实朴素，儿童一般也不会说谎，并且做事踏实。因此，父母不仅要随时审视自己的言行举止，还要不断提高自己的文化和道德修养，优化自己的生活习惯。例如，教育儿童早睡早起，家长就不要睡懒觉；鼓励儿童不挑食，在全家人共同进餐时，虽然有的食物家长不爱吃，但在儿童面前也要表现出对任何食物都非常爱吃的样子，并告诉儿童食物的营养价值及其对身体的好处；要求儿童不吃零食，家长就不要贪吃零食。

（二）营造和谐的家庭氛围

良好的家庭氛围可使儿童活泼、开朗、大方、好学、诚实、谦逊、合群；相反，如果儿童和家庭成员的关系不好，父母经常吵闹，家庭气氛冷漠，成员之间关系不和睦，就会给儿童造成一种心理压力，使其长期处于不愉快的情绪之中，或者惊恐焦虑，失去安全感。不良的家庭氛围，还会使儿童形成胆怯、自私、嫉妒、孤独、懒惰、行为放任、不讲礼貌等不良个性特征。可见，家庭的环境与气氛，家庭成员的喜怒哀乐，家庭成员的关系，都直接影响儿童的身心健康。家长要为儿童创设一个宽松、和谐、团结、积极向上、安静、干净、整洁、有序的家庭环境，在这样的环境下，儿童的情绪才会稳定、积极，才会有安全感和责任感，他们的性格才会活泼开朗。

（三）保证足够、合理的营养

营养是健康的物质基础。儿童处于身体发育的关键时期，并且活泼好动，所以保证足够、合理的营养是保障他们成长发育、身体健康的关键。

很多家长在儿童营养方面存在模糊认识。有些家长认为只要吃饱就行，他们不了解儿童在生长发育过程中有着与成人不同的需要；有些家长则为儿童购买高档营养食品，造成不少"肥胖儿"；有些家长不注意及时为儿童添加辅食、维生素D和铁剂，则容易使儿童患上佝偻病和缺铁性贫血，如果精米、精面食入较多，不注意蔬菜及粗粮搭配则还会导致微量元素缺乏症。

许多家长抱怨儿童膳食习惯不好，却不知不良的膳食习惯往往是在不知不觉中形成的。要保证儿童足够的合理的营养，应注意以下几个方面：

第一，争取更多的母乳喂养；

第二，适时补充维生素及各种辅食，保证儿童骨骼、肌肉及各器官组织的发育；

第三，注意食物的烹调和卫生，做到干净无污染，尽可能做到色香味俱佳，以适合儿童各年龄段的消化能力；

第四，培养儿童良好的饮食习惯，改正挑食、偏食和贪吃零食的习惯；

第五，培养儿童的进食兴趣，可通过变换食物品种、花样，创造愉快的进食气氛来激发儿童的进食兴趣，避免强迫儿童进食的行为，强迫只能使儿童产生逆反心理而更加厌食。

（四）加强体格锻炼

人们常把肥胖度作为儿童是否健康的标志，其实，这是一种误解。很多研究表明：肥胖儿喜吃、懒动、贪睡，其肺活量比正常同龄儿小，心脏负担重，血脂较高，这些因素往往会诱发成年后的高血压、冠心病等疾病。

也有人认为只要儿童吃得香、睡得好就是健康，这也是片面的。吃好、睡好不能代替运动。我们提倡儿童从小就要锻炼身体，参与各种运动和游戏，在运动中促进骨骼肌肉的发育，加强内脏器官的代谢，提升生理活动能力。运动还能促进食欲，开发智力，培养集体主义和勇敢精神。加强锻炼能使儿童更好地适应外界环境的变化，增强抵御疾病的能力。首先，要保证儿童开窗睡眠，保持室内空气新鲜；其次，逐步降低日常用水的温度，增强儿童适应能力；再次，做操、定时晒太阳、参加游戏及球类活动等都有益于儿童的身心健康。

加强体格锻炼，家长应了解儿童的身体发育和动作发展的特点，掌握相应的教育方法和技巧，针对儿童的身体发育状况和动作发展情况，开展有针对性的训练。家长要参与到活动中去，成为儿童活动的玩伴，要根据儿童的实际情况不断创新活动的内容和形式，并及时地对其进行引导，以激发儿童游戏的热情，培养儿童的运动兴趣和良好习惯。

同时，家长应充分利用多种资源，开展体育活动。《幼儿园教育指导纲要》强调幼儿园体育活动应以培养儿童体育活动兴趣、发展基本动作、提高儿童动作的协调性和灵活性为主。家长带儿童开展体育活动时，由于受到器材、场地、活动内容等方面的限制，有时会在培养儿童运动兴趣与能力时感到束手无策，无从做起。实际上，家长可以充分利用自然条件和小区的体育设施带儿童进行运动。家长还可以带儿童做小游戏，多运用轻巧、实用的小器材，如沙包、布袋、跳跳球、雪碧瓶、各种纸盒等，还可以利用自己身体的不同造型，如变换高、矮、大、小，引导儿童锻炼身体。

四、学前儿童家庭健康教育活动与资源

（一）学前儿童家庭健康教育小游戏：顺绳子爬行

适用年龄：0.5～1岁

游戏方法：第一步，把一根绳子放在地上，爸爸和妈妈分别在绳子的两头，然后把绳子拉直；第二步，把宝宝放在爸爸所在的绳子的一头，另一头的妈妈鼓励小宝宝爬向妈妈；第三步，当宝宝爬到另一头时，爸爸鼓励小宝

宝爬向爸爸，如此反复进行。

提示：爸爸妈妈可为宝宝的良好表现加油鼓劲儿或者给予宝宝小小的物质鼓励。

（二）学前儿童家庭健康教育小游戏：小宝宝大探险

适用年龄：1.5～2岁

游戏方法：第一步，妈妈（或爸爸）仰卧在床上或有垫子的地板上，宝宝用跪着、趴着或坐着的姿势在仰卧着的妈妈（或爸爸）的一侧，爸爸（或妈妈）在另一侧；第二步，仰卧的一方用愉快的语调对宝宝说："宝宝，快来到妈妈（或爸爸）这里来，这里有漂亮的娃娃哦！"另一方可以协助妈妈（或爸爸）为宝宝助威，鼓励宝宝爬过妈妈（或爸爸）的身体；第三步，当宝宝终于爬过妈妈（或爸爸）的身体时，爸爸妈妈要大胆地鼓励夸奖："宝宝，你真棒！你真勇敢！"第四步，爸爸双脚伸直俯卧在床或地板中间，宝宝站在爸爸的脚这头，在妈妈的保护下，爸爸妈妈鼓励宝宝踩上爸爸的背脊走过去。

（三）3～4岁户外小游戏

家长可以鼓励孩子用自己的小手，把泥巴捏出不同的造型，感受泥巴在手指间流动的感觉。总之，家长应尽量创造机会，多陪孩子亲近大自然，使孩子在大自然中舒活筋骨、锻炼身体，与大自然融为一体。

▶ 拓展阅读

0～6岁婴幼儿运动智能的培养

0～6岁是宝宝运动智能培养的关键期。因为0～6岁是最有利于宝宝运动智能培养的时期，也是培养宝宝运动智能效果非常关键的时期。所以，年轻的妈妈们一定要抓住这个关键的时期，利用一切条件来培养宝宝的运动智能。

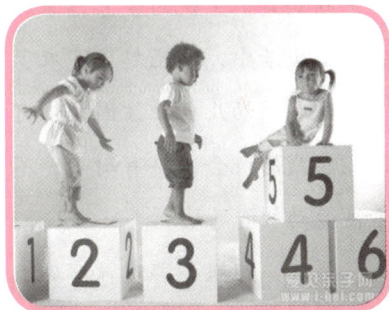

1岁以前：

这个时期的小宝宝，面对这个强大的世界，看起来可能有些软弱无力。但妈妈们可以帮助宝宝做下列体能训练。

第一，抬头训练。妈妈可在比宝宝稍高的方向呼唤小宝宝，引导小宝宝抬起头；妈妈与宝宝玩捉迷藏的小游戏，宝宝的目光会追随着妈妈不停地上下左右移动，从而使宝宝做抬头动作训练。抬头动作训练能增强宝宝颈肌的力量及颈部肌肉的灵活度和韧性。

第二，翻身训练。3个月以内的小婴儿主要是仰卧着，但他有一定的身体肌肉的运动能力，所以可训练宝宝的翻身动作。翻身训练一方面可以增强宝宝的身体力量，也可以锻炼宝宝腿部肌肉的力量；另一方面可拓宽宝宝的视野，使宝宝看到更加丰富多彩的事物。

第三，坐姿训练。在宝宝进行坐姿训练时，妈妈可以在宝宝的前面摆放一些有趣的玩具，逗引宝宝去抓握，因为宝宝前倾的力量可以慢慢锻炼宝宝坐的能力。最佳的坐姿是双腿交叉向前盘坐。

第四，爬行训练。父母在指导进入爬行阶段的宝宝时，应从各方面引导宝宝爬行。把宝宝放在床上或地板上，在他的前方放上有趣的或者色彩艳丽的玩具，父母可以在前面加油鼓劲，引导他向前爬行。

第五，站立训练。站立是行走的基础。在宝宝会坐、会爬之后，宝宝开始学习站立。这时，父母扶着宝宝腋下，很多宝宝都有一种近似本能的弹跳运动，这种运动增强了腿部肌肉力量，为以后独立站立及行走打下基础。

1～3岁：

这个时期的幼儿一般达到了爬行、站立等水平，从而进一步学会各种动作。他们能够在自己的探索下渐渐地灵活运用物体。这时，家长不妨从以下两个方面来训练幼儿的运动智能。

第一，善于抓住日常生活中的点点滴滴教育幼儿。在早期运动智能的培养日益得到妈妈们重视的今天，家长要善于在日常生活中提升幼儿的运动智能。在幼儿的日常生活中，幼儿起床穿衣、穿鞋、戴帽子时，妈妈不妨放手让幼儿自己尝试一下，这时的幼儿也往往固执得可爱，有些事情非要自己做不可。所以，妈妈应该给幼儿实践的机会，要有耐心，不可中途打断幼儿去包办代替，这样会不利于幼儿自主性运动智能的培养。

第二，组织小游戏。有趣、简单的小游戏既可以锻炼幼儿的运动智能，也能够让幼儿玩得开心快乐，一举两得。

3～4岁（发展身体运动智能的最佳时期）：

这个时期的幼儿身体比较柔软，容易学习许多动作，而且这个时期正是幼儿喜欢模仿的年龄，能够不厌其烦地重复同一动作，他们不怕失败，也不怕被别人笑话。所以这时，只要对幼儿进行积极的指导、训练和适时的鼓励，幼儿就能够学会许多必要的动作技能。家长可以通过下面的活动和准备，提高幼儿身体运动智能的发展水平。

第一，通过游戏培养幼儿的运动智能。这个时期的幼儿对模仿小兔跳、小猫钓鱼、蝴蝶飞舞等很感兴趣，家长在创设的游戏中，鼓励幼儿把自己当成小兔、小猫、蝴蝶等，他们的动作往往活泼可爱，在不知不觉中，幼儿的运动智能就提高了。幼儿和家长可以进行小比赛，如爸爸和幼儿举行金鸡独立比赛，看谁可以做一只独立金鸡，以此培养幼儿的运动平衡及协调能力。

第二，大自然是培养运动智能的天然乐园。幼儿在大自然中往往兴奋不已。在大自然中，他们通过看看、摸摸、听听等途径，扩大了活动范围，开阔了眼界，丰富了知识和经验，促进了感觉器官的发育和大脑的思维能力的增强。所以，家长在周末空闲时，不妨带幼儿去室外或公园走走，让幼儿尽情和大自然亲近。

第三，充分利用各种设备。实际上，生活到处都有能促进幼儿运动智能发展的物体。例如，利用家中的小花盆，让幼儿自己种植属于自己的植物，为它浇水、松土等；利用家中的废纸，鼓励幼儿用它们折出或剪出不同的造型，如小动物、小花等。

第四，鼓励幼儿参加各种表演等活动。在进行幼儿集体活动时，家长应积极鼓励幼儿参与其中。对于胆小的幼儿，可以先让他在家里表演，"观众"可以用布娃娃、小熊、小狗代替，让幼儿来假想他们就是真正的观众，自己在舞台上表演。表演完毕，父母代表"观众"给幼儿鼓掌，幼儿可以与这些观众握握手等。以此来慢慢锻炼幼儿的胆量，使他们能够更好地参与到各种表演等活动中。

4~6岁（系统整合、动作协调一致发展阶段）：

这个时期，幼儿身体的各个系统、各个动作的功能已基本完善，所以，这个时期是幼儿开始系统整合、动作协调一致的发展过程。

▶ 案例分享

"可可，你看喜羊羊都吃饭了，你也吃一口吧。可可，你再不吃，喜羊羊就把你的饭也吃了……"可可妈妈一手拿着勺子和碗，一手拿着喜羊羊的玩偶，从餐桌奔向沙发，趁可可要拿玩偶的时机，盛了一勺饭喂到小家伙嘴里。但没过一分钟，可可又快速跑到阳台，去骑他的木马了，可可妈妈又追了过去，借给小马喂草的样子，又喂了可可几口饭……如此这般地追了将近1小时，可

可才终于把碗里的饭都吃完了。可可现在已经18个月大了，从他会走开始，一日三餐天天如此，每顿饭吃下来都会把可可妈妈累得腰酸背痛。可可妈妈忍不住问："为什么只有追着喂，可可才会吃饭呢？"

评析：

父母在尽心尽力地做好了营养丰富的饭菜后，孩子为什么不肯主动吃呢？在排除健康方面的原因导致孩子食欲不佳外，以下几种情况可能是导致父母要追着喂饭的原因。

1. 餐前餐后给孩子吃过多零食

有的父母不是担心饿着孩子，就是怕孩子的营养不够。所以，除了正餐之外，有些父母还要在餐前餐后不停地给孩子提供水果、饼干、酸奶等零食。这样，就使孩子的胃里总有消化不完的食物，到吃正餐的时候自然不想吃了。

2. 任意安排就餐时间

父母总是对孩子百依百顺，孩子想玩多长时间就玩多长时间，过了吃饭的时间也不让孩子吃饭，等孩子饿了，随时给孩子提供食物。不论是下午还是睡前，只要孩子想吃了就让他吃。这样不按规律吃饭，会导致孩子在该吃饭的时候只顾着玩，父母只好追着喂饭。

3. 不让孩子自己吃饭

有些父母认为，孩子自己吃饭慢，饭很快就凉了，吃凉饭不利于身体健康，且孩子自己吃饭会把饭撒得到处都是，真正吃下去的饭却很少。所以，给孩子喂饭就成了父母最佳的选择。时间一长，孩子到了能自己吃饭的年龄，还要父母喂才肯吃。

4. 孩子运动量不够

缺乏运动的孩子，通常会食欲不佳。其实，孩子不仅喜欢运动，也非常需要运动。运动能使孩子的消化吸收能力增加，且大量的运动很快就会使孩子有饥饿感。这样，每当到了吃饭时间，孩子就会主动要求吃饭了，而运动少的孩子，由于缺乏饥饿感，自然就会由父母被动喂食。

拓展阅读

怎样把"追着喂饭"变为"主动吃饭"？

1. 父母要了解这个年龄段孩子的特点

2岁以下的孩子，模仿能力强，对于父母的一举一动都想模仿，而且好奇心强，对于色彩鲜艳、外形多变的食物感兴趣，对于食物的味道特别敏感，比较喜欢食物的原始味道，喜欢使用成人的餐具，对成人使用的餐具总想尝试，还喜欢用手拿取食物，这是他们最便捷的"餐具"，使用起来相当顺利。

2.抓住时机教孩子自己吃饭

孩子从10个月到1岁时，就能练习自己吃饭了。在确保孩子安全的前提下，可让孩子先尝试用手抓取食物，再过一段时间，父母只要为孩子提供安全的儿童餐具和可口的食物，给孩子围好围嘴就行了。这样，孩子1.5岁时，就能较为自如地拿着餐具独立吃饭了，孩子再大一些，就能和父母一起进餐了。这时，可以让孩子使用安全的常规餐具吃饭，还要给孩子提供足够的时间来锻炼这种能力。千万不要因嫌他把饭菜弄得到处都是，或嫌他自己吃得慢就喂他。对于孩子的每一点进步，父母都要及时鼓励。

3. 每餐吃多少由孩子自己决定

孩子从出生开始，就能很好地控制自己的食量。所以，父母在孩子进餐时，不要强迫孩子进餐。只要他能和成人一起按时吃饭，吃多少由孩子自己决定。但是，不能养成孩子挑食的坏毛病，父母要对孩子吃的食物进行监督。

4.固定进餐的地点

吃饭时，父母可以把孩子的餐椅搬到餐桌旁边，让孩子与家人坐在一起用餐。这样家人在就餐时吃得津津有味的样子，轻松的谈话内容，都会让孩子积极去模仿。在这个过程中，孩子自己也会吃得很香，而且心情会很愉快。尽量不要给孩子单独安排吃饭的地方，这样不利于孩子养成好的进餐习惯。

5. 进餐环境要温馨简洁

在温馨简洁的就餐环境中，孩子和家人都可以专心就餐，不会被其他事物吸引。让孩子的心态平静下来，才能有好的进餐效果。若餐桌附近有电视、电脑等，在就餐时要关掉，以免在吃饭时分散孩子的注意力，使孩子不能专心用餐。

6. 安排规律的就餐时间

一日三餐都要有固定的时间，不要随意安排。这样，孩子养成规律的吃饭时间，到点就会有饥饿感，有助于孩子主动吃饭。如果需要为孩子安排加餐，加餐的时间也要定时定点，最好在饭前1小时不给任何食品，这样才能保证孩子吃正餐时的好胃口。如果到了吃饭时间，孩子不愿意吃，就让他离开饭桌，千万不要追着喂，也不要给其他零食补充，一定要等他饿了再吃。父母一定要坚持按时就餐，这样才会使孩子养成按时进餐的好习惯。

第二课 学前儿童家庭情感教育

学前儿童的情绪情感容易受环境变化的影响，他们不善于用语言来表达自己的情感，往往是用行为来表达高兴、悲伤、生气、害怕等情绪情感，他们尚缺乏自我表达和调节、控制情绪情感的能力，他们在焦虑、忧愁、悲伤、惊恐、愤怒和痛苦时，会发生一系列生理和心理上的变化。因此，家长要重视对学前儿童情感的引导，情感教育应成为学前儿童家庭教育的重要内容。

一、学前儿童家庭情感教育的要点

人类情感丰富多变，学前儿童家庭情感教育的内涵也十分丰富。

（一）培养学前儿童的信赖感

所谓信赖感，即儿童有与家长、邻居、亲戚、伙伴保持亲密关系的愿望，感受到周围的人都爱自己，自己也能关心、爱护周围的人，有事乐意与他们商量，有困难愿意寻求他们的帮助，体验到生活在这样的家庭氛围中的快乐。儿童信赖感的培养能使儿童感到安全、放松，只有在这个基础上，儿童才能踏实地从事其他活动，体验其他的正向情感。

（二）培养学前儿童的自信

培养自信，即引导学前儿童尊重自己，悦纳自己，感受到自己的重要性，知道自己的长处和不足，并能正确地对待自己，相信自己能完成一定的任务，体验到通过克服困难取得成功的愉快。家长应给儿童更多表达自己的机会，这有助于儿童形成独立的世界观。长期接受家长想法而无机会表达自己想法的儿童，欠缺个人的思考，他们自己解决问题的能力较差。因此，只有让儿童学会独立解决问题，或者参与解决问题的过程，才能建立起他们的自信。

（三）培养学前儿童的合群感

一名合群的儿童能主动与家长、邻居、亲戚及小伙伴交往，对人亲切有礼貌，能与小伙伴友好相处，能宽容别人的无意过失，从中体验到相互合作、相互谅解的愉快。合群的儿童在社会生活中更能感受到幸福感，在人际交往方面能打下更好的基础，因此，合群感对于儿童的发展十分重要。

（四）培养学前儿童的求知欲

求知欲是指儿童对周围事物好奇、好问并乐意动手去操作探索，会带着问题去探明原因，寻找答案，从中获得快乐的体验。终身教育与终身学习在当今社会越来越受到重视，"乐学、会学"应该成为每个人应有的品质，

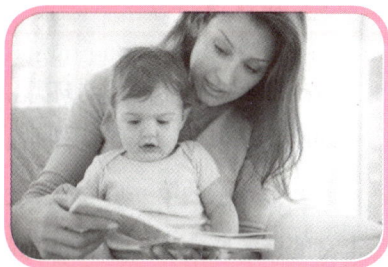

因此，培养儿童的求知欲对于儿童未来的发展十分有利。

（五）培养学前儿童的美感

美的情感教育以认知为基础，通过想象自由扩展和抒发，与对美的理解深度密切相关。家庭以美感为内容的情感教育与理智感、道德感的发展相联系。美感包括思想美、品德美、情操美、性格美、习惯美、语言美、行为美、风度美、仪表美等多方面的内容。家庭情感教育在促进上述各方面的美感教育中，应着重培养儿童感受美的能力、鉴赏美的能力、创造美的能力、表达美的能力及丰富的审美情趣等。学前儿童美感教育以引导儿童到大自然、艺术世界中培养他们对美的兴趣和爱好为重点，使之注意欣赏周围生活中的美好事物和现象，喜欢日常生活中美的东西，能发现周围美好的事物，能用唱、跳、画、讲等方式表达对美的愉悦感受。

（六）培养学前儿童的共情感

共情就是替他人着想，体会到与他人类似的情感，即富有同情心，对别人的病痛伤残或其他不幸能展现出安慰和帮助的行为。大部分情况下，儿童的共情是作为积极情感来培养和支持的，家长应该对儿童的共情持肯定的态度，会共情的儿童通常比较受同伴的欢迎。儿童对他人的情感体验、内心情感的洞察以及角色的承担能

力，直接影响共情的发生和发展。

（七）培养学前儿童的责任感

当今社会，儿童长期生活在家人的呵护和无微不至的照料中，很少意识到自己

对他人、家庭和社会的责任。责任感也是儿童顺利开展学习活动、参加实践活动以及家庭生活所必需的，它对儿童以后的成长起着至关重要的作用。学前阶段是情感教育的黄金期，帮助儿童学会对自己的情绪情感负责，也是儿童责任教育的重要内容。

二、学前儿童家庭情感教育的原则

（一）以创设良好的环境为基础，重视亲情教育

家庭，是以骨肉亲情为纽带的特殊社会结构。父母与子女之间有着特殊的情感关系，家庭是儿童的第一所学校，也是人生情感建立的启蒙学校，是人类情感最美好、最丰富的资源所在地。儿童情感起源于父母的抚爱和家庭温馨氛围的熏陶，良好的家庭情感氛围是儿童健康成长的重要条件。第一，家长要注重自身情感水平的提高，家长应当加强自身修养，培养自己坚强开朗、自信自尊、积极进取、宽容大度等良好的情感品质，与儿童一起成长，为儿童提供学习的榜样。尤其重要的是，家长情绪的自我调控能力要增强，以良好的心态、积极健康的情绪去感染儿童，努力营造宽松愉悦的家庭氛围，使儿童的情商得到健康发展。第二，家长应尽量多陪伴儿童，多与子女沟通、交流，充分满足他们对父母的感情需求。第三，家长应给儿童营造一个稳定的家庭环境，让儿童得到充分的安全感。第四，家长要时刻关注儿童的性格变化，在发现问题时要及时妥善处理，增强他们对挫折和困难的承受能力。

（二）综合运用家庭情感教育方法

家庭情感教育的方法是以亲子关系为背景的个别教育方法，以培养儿童健康情感为主要目标。家庭教育方法很多，常见的较为有效的情感教育方法有五种：

情境体验法——利用周围情境，引导儿童观察、想象、体验、感受，以加深儿童的情感

体验。

情绪感染法——利用正面、积极的环境气氛或夸张自己的情绪反应来引发儿童相应的情绪。

鼓励评价法——对儿童行为做肯定或否定评价时，都以有利于发展儿童积极向上的进取心为指导，引导儿童从积极的方面去认识成败的原因，激励儿童正面的情绪反应。

替代想象法——启发儿童想象自己处于他人境遇时的感受，从而促使儿童共情。

自我调控法——引导儿童在自己的需要不能得到满足时，学会采取自我告诫、适当宣泄，或者有意转移的方法来控制自己的情绪和情感。

在情感教育中，家长应根据不同需要选取适宜的情感教育方法，综合运用。

（三）整合训练，多方面进行情感教育

1. 情绪管理训练

首先，要进行识别自身情绪能力的训练，使儿童在不良情绪产生时能进行迅速和有效的识别。家长要鼓励儿童表达自己的情绪，在日常生活中有意识地引导儿童去感受各种情绪，引导儿童用语言、文字或其他创造性的方式来表达自己的情绪体验。

其次，要进行管理自我情绪的能力训练，主要是教会儿童一些具体可行的情绪调节方法，让儿童可以有效调控自己的情绪，采用多种方式避免恶劣情绪的爆发。

最后，要进行识别他人情绪的能力训练，让儿童学会感受他人的感受，了解他人的情绪状态，做到更好地理解和体察他人。

2. 合作能力训练

首先，强化儿童在同伴中的分享行为，鼓励儿童把自己心爱的玩具、食物分享给家人或其他小朋友，尽可能减少他们的独占行为等。

其次，给儿童创造合作的机会，鼓励儿童主动带小朋友回家玩，或是多带儿童到其他小朋友家玩，鼓励儿童多参加团体活动。

最后，给儿童提供解决小朋友之间纷争的机会。在与同伴合作时，应教会儿童遵守合作的规则，学会彼此间的平等合作，引导儿童从自己的角度出发去做出公平的判断，家长最好不用成人的标准来判断儿童间的纠纷，多引导儿童自我判断和自我批评有利于儿童的成长。

3. 自信心训练

首先，家长要教儿童表达想法，做自己的主人。家长要多给儿童率直坦言，勇于表达自己的机会，给儿童畅所欲言的勇气，并能耐心回答儿童的所有问题。同时，允许儿童之间有争吵，因为这是他们积极表达自我的重要方式。

其次，家长要培养儿童的独立性，让儿童能通过自己的思考和判断去行动，会自己处理自己的事情，自己安排自己的学习生活方式等。此外，让儿童无拘无束地玩耍，给儿童安排力所能及的任务，给儿童创造冒险的机会，让儿童学会决定自己的事情，这些都可以培养儿童的自信。

4. 人际交往训练

首先，家长要身体力行，做儿童人际交往的表率，并在日常学习生活中，利用各种机会自然而随机地训练儿童的人际交往能力，在良好的亲子交往的基础上形成良好的人际交往。

其次，家长要给儿童创设开放交流的家庭环境，鼓励儿童结交朋友，支持、帮助儿童在与同伴主动的交往和冲突中，学习人际交往的技能，建立平等、互助、友爱的人际关系，建立对身边的人的亲近感、信任感，以及对周围环境和事物的掌控感。

最后，家长要教会儿童交往的技巧，如找出与对方的共同点，体现出自己对对方的关心，主动与人打招呼，以幽默化解矛盾等。

（四）因材施教，在尊重的基础上进行情感教育

因材施教是家庭情感教育的关键。家庭情感教育要依据儿童个性的差异性与独特性，从其存在的问题出发，确定更为适宜的家庭情感教育方案。在家庭情感教育中，没有最好的、最标准的教育方法，只有最合适、最有效的教育方法。例如，对于性格内向的儿童，家庭情感教育就要多鼓励和支持，加强关爱和沟通，帮助儿童重建积极的生活态度，发现并发挥儿童的优势；对于有攻击行为的儿童，家庭情感教育就要多赏识和多监督，辅以必要的惩罚措施，通过关爱纠正儿童错误的价值观，减少攻击行为；对于退缩型的儿童，家庭情感教育就要教儿童学会保护自己，学会表达自己等。

> **拓展阅读**

"言传"不如"身教"，三类父母行为影响儿童情感

1. 过度溺爱宠出"小皇帝"

父母的溺爱行为可谓是"自讨苦吃"。现在的孩子很多是独生子女，父母待孩子

如珠如宝，生怕自己的孩子受到一点点委屈。这种心态往往导致父母忽视了孩子是需要自己去探索周围的环境的。过分包揽一切只会让孩子形成依赖、顺从、退缩等不良心理和行为。有的父母对孩子溺爱到了极点，完全忽视对孩子提出规范性的要求。孩子成了家里的"小皇帝"，以自我为中心，家庭成员一点儿也不能违背他的意思。有的父母还认为孩子的主要任务是读书，只要读书好，别的不重要。这种想法更是大错特错，完全不重视对孩子自理能力的培养，必然会影响儿童的全面发展。

2. 父母争吵的"战火"殃及孩子

父母的争吵行为对孩子来说十分"残忍"，家庭生活的矛盾无论对父母还是对孩子的影响都是巨大的。频繁的家庭矛盾很容易让父母产生各种心理问题，同时也摧残着孩子的心理健康。随着时间的推移，父母的争吵容易导致孩子身心俱损。而那种家里长期"战火连连"的孩子，在生活中通常会表现得敏感、多疑、孤僻、胆小、不合群。

3. 单亲家庭给孩子带来伤害

生活在单亲家庭的孩子，与父母在一起共享家庭的快乐对他们而言成为奢望，但他们却不得不接受这样的现实，这对孩子的心理素质提出了很高的要求，给孩子带来了很大精神压力。同时，在单亲家庭中，孩子受到的精神压力和学习压力都相对较大。因此，在父母离异后，父母要重视对孩子进行心理疏导，在一定程度上减少他们的精神压力，帮助他们摆脱心理困境。

三、家长对学前儿童负向情感的应对策略

情感是个体对所接触的世界和人的态度以及相应的行为反应，是个体身体体验的重要组成部分。学前儿童所有或正或负的情感的表达，都蕴藏着转化的可能性。家长应正视儿童情感表达的所有面貌，正确应对儿童的负向情感的表达，这也是学前儿童家庭情感教育的重要任务。

在以往的研究或教育实践中，成人对待儿童的负向情感时，通常采用转移注意力、劝诫、询问与反问、冷静法这几种策略。

（1）所谓转移注意力，是指家长将儿童的注意力转向他处，让儿童暂时忘却

负向情感事件。转移注意力并不能使儿童的负向情感得到排解，而往往是暂时压抑了情感，这种负向情感的积累不利于儿童的健康发展。

（2）劝诫也是家庭中常见的面对儿童负向情感的方法。劝诫中往往含有成人的价值判断，或者成人对儿童的"威胁"，例如，家长劝说儿童，"不要哭啦！哭不是解决问题的好办法""再哭妈妈就不喜欢你啦"。劝诫实际是在命令或强制儿童立即终止负向情感的表达，这同样是对儿童情感的压制。同时，家长向儿童传递了这样的信息：负向情感是不好的、没有意义的，儿童要学会压抑负向情感。

（3）所谓询问与反问，是指当儿童伤心、愤怒时，家长习惯于向儿童问清原委，再做处理，或者直接以反问的方式斥责儿童。但这种提问并不十分有效，处于负向情感中的儿童对他人的提问置之不理，或者回答问题时更加深刻地体验到负向情感，这两种现象在儿童当中时常出现。而反问儿童是一种更为强烈地斥责，在斥责之下，儿童的情感同样是受到压抑的。

（4）冷静法也是家长控制儿童负向情感的重要方法，即主张将儿童与他人隔绝，等待儿童冷静后再解决问题。

以上四种方法有一定的效用，家长可以适当采用，但以上方法有时容易传达给儿童这样的信息，即负向情感是不好的、无意义的，人要羞于表达负向情感。喜、怒、哀、乐是每个人都会经历的情感体验，这些情感体验十分重要，都可以通过正确方式得到表达。尊重儿童情感，意味着尊重儿童所有的情感体验，而不是压抑、控制其情感。因此，家长在运用以上方法时，需要注意防止对儿童情感的压抑。同时，家长在应对儿童的负向情感时，还可将原有的传统方法加以转换，采取以下策略。

（一）倾听学前儿童，了解学前儿童的情感

"倾听"有助于家长对学前儿童行为过程进行全方位了解，对学前儿童与家长都具有重要的意义。首先，倾听可以使儿童体验到家长的关注与理解。其次，倾听是家长了解儿童的重要途径，通过倾听，家长才能把握介入的时机与方式。可以说，倾听是解决问题的第一步，它不仅为解决问题提供了条件，同时是解决问题的关键环节。家长倾听儿童是一种全方位的倾听，耳朵要听儿童的语言交流，眼睛要观察儿童的行为与表情，还要思考儿童语言及行为背后的寓意以及联系，从而了解儿童的情感状态及其原因。

（二）认同学前儿童情感的合理性

表达负向情感容易将他人带入负向情感中，由于学前儿童与家长的特殊关系，这一点在儿童与家长之间更加明显。当儿童伤心、哭闹时，家长可能为儿童担心、焦虑，或因儿童哭闹带来的麻烦而感到烦躁，甚至气愤。当儿童为一些"小事"情绪激动、不依不饶时，许多家长的第一反应可能是埋怨儿童所带来的"麻烦"。儿童通过多种渠道接受成人的信息，他们对成人的表情、感受十分敏感，儿童通过家长的情绪可以认识到，伤心、愤怒是不好的。家长面对儿童负向情感时所产生的烦躁或紧张，还会使儿童发现家长的言行不一。因为，面对儿童的哭泣，家长要忍住烦躁或焦虑，抚慰儿童，解决冲突，家长烦躁的表情与抚慰的言语同时出现会给儿童带来混乱。家长尊重儿童的情感，首先要尊重自己的情绪，使自己的情绪得到宣泄，这不代表家长将愤怒与烦躁发泄到儿童身上，而是要认同儿童负向情感的合理性，认识到表达负向情感是每个人成长的重要需求。只有这样，家长才能减少儿童负向情感表达带来的情绪干扰，科学面对儿童的负向情感。

（三）理解学前儿童，表述学前儿童的情感

个体具有通过询问他人来验证自己推断的倾向，学前儿童和家长也不例外。面对哭闹、生气的儿童，家长习惯于询问"你怎么啦？""你没事吧？""哭什么呀？"但提问对于了解儿童的负向情感并不适宜，将提问转换为表述，其效果会显著改变。表述儿童的情感是一种简单有效的策略，它是以倾听为基础的，这要求家长具有判断力与一定的观察能力。例如，一名儿童因为自己喜爱的玩具坏了而放声大哭，家长需要对刚刚过去的场景有所关注或者具有一定的推断能力，才能了解儿童大哭的原因。这时，家长就不必询问而转变为描述儿童的感受"你喜欢的手枪摔碎了，你很伤心，你还想要玩枪"。表述对于调节儿童的负向情感很重要，表述可以使家长与儿童成为一个团体，可以表明儿童在父母这里能够得到理解与尊重，这在一定程度上缓解了儿童的负向情感，同时，使儿童感受到负向情感是正常的，不需要隐藏与克制。描述儿童的情感状态，还可以强化他们的自我意识，让他们更加坚信自己是有力的、有价值的人。

（四）引导学前儿童通过更加有效的方式抒发情感

负向情感是一种情感状态，负向情感的表达则是一种外显行为。负向情感的表达行为更容易引起关注，但负向情感状态的缓解却是儿童健康发展的关键。家长要引导儿童正确表达负向情感，即引导儿童通过不影响他人、不伤害自己、可接受的方式来表达负向情感。当儿童能面对现实后，应及时给予一定的引导，通过激励使其产生迎难而上的勇气。

四、学前儿童家庭情感教育活动与资源

（一）学前儿童家庭情感教育小游戏：我的心情

适用年龄：4岁以上

游戏材料：图画纸、画笔

游戏方法：第一，在墙上贴一张心情表，表上为每个家庭成员留出一行空间。如果谁今天很高兴，就可以画一个笑脸，如果谁有不开心的事情就画一个哭脸，这样就可以直观地看出今天家里人都是什么心情了；第二，每天父母可以利用和孩子在一起的时间，聊一聊孩子为什么高兴或为什么不开心；第三，还可以每周做一次统计，看看谁的笑脸最多，并和孩子一起讨论，为什么有的人笑脸多，怎么能让自己更开心一些等，引导孩子正确对待自己遇到的不开心的事情；第四，每天设一个固定的分享时间，在这个时间里，每个人都要说一说今天自己最快乐的事情是什么；第五，可以引导孩子学着用绘画或是其他方法把自己的心情表达出来并记录下来。

（二）学前儿童家庭情感教育小游戏：小记者

适用年龄：2.5岁以上

游戏材料：照相机

游戏方法：妈妈在出门前给宝宝一个照相机，让宝宝负责今天外出的照片拍摄；在路上，妈妈可以多鼓励宝宝拍下他自己喜欢的或是有特色的景色；回家后，妈妈把照片拿出来，和宝宝一起报告一天的情况，妈妈帮助宝宝用文字做记录。

小贴士：可以帮宝宝把他的作品集结成册，作为纪念，这同时能激发他继续探索自然的兴趣。

（三）学前儿童情商培养经典绘本

1.《我喜欢自己》

适合年龄：3~6岁

内容简介：本绘本的主人公是一只乐观开朗、活泼可爱的小兔子，作者通过对小兔子日常生活中点点滴滴事情的描写，向读者展示了一个乐观向上、积极进取的可爱小白兔形象。

小白兔聪明伶俐、爱好广泛，它喜欢自己的身体，喜欢自己的爱好，喜欢自己的微笑和梦想，它总是那么乐观和自信，它的生活总是充满了无穷的乐趣。

教育价值：有利于儿童从小建立起积极的自我概念，形成良好的自我意识。这是儿童社会性发展的重要方面。

2.《我真的喜欢你》

适合年龄：3～6岁

内容简介：本绘本的主人公是一位叫琳娜的小女孩和琳娜的爸爸弗里德。小琳娜是个小淘气、磨人精。她就像所有精力无限而且不讲道理的小孩子一样，总爱缠着她爸爸玩耍，而弗里德虽然有时也感到烦躁，但总能"化险为夷"，找到合适的相处之道。

教育价值：这是一本让儿童受益终身的书，它教给儿童如何与自己所爱的人相处，也告诉父母们短暂而高效的陪伴比漫长而心不在焉的陪伴要好得多。通过本绘本，儿童可以体验初步的相互理解和体谅，学习初步的人际交往之道，感受到温馨的父母之爱。

3.《我不想生气》

适合年龄：3～8岁

内容简介：本绘本是对3～8岁儿童情绪的生动写照，通过对主人公小兔子的描写，展示了处于这个年龄段儿童所面临的各种各样的情绪表现，并通过故事和场景交换的方式，让儿童清楚地认识自己的情感，用合适的方式表达自己的情感，减少压力，释放自我，同情他人，乐于倾听。

教育价值：本绘本可以使儿童体验到每个人都会有不同的情绪感受，也可以体验到不同情绪的表达方式，同时可以锻炼儿童初步的管理自己情绪的能力，促进儿童情商的发展。

4.《一只脾气暴躁的熊》

适合年龄：3～8岁

内容简介：本绘本讲的是在一个风雨交加的日子，四个好朋友——斑马、麋鹿、狮子和绵羊找到了一个可以休息避雨的山洞，它们就进来玩耍了。它们快乐地唱歌和跳舞，可却吵醒了正在山洞睡觉的熊。这只脾气暴躁的熊认为它们占领了自己的领地，就把它们赶出了山洞。四个好朋友一致认为只

要能让熊高兴起来，熊就会允许它们继续在山洞玩耍。于是它们竭尽所能，做了很多努力但都没有成功，依然被禁止进入山洞。最后绵羊送了熊一个枕头，熊终于开心起来，因为它总算能好好睡觉了。

教育价值：这个故事让儿童明白，绵羊的礼物虽然并不好看，但熊却非常喜欢。此绘本可以引导儿童学着站在别人的立场上考虑别人的喜好和感受，对于培养儿童的同理心很有帮助。

5.《不是那样，是这样的!》

适合年龄：3～6岁

内容简介：本绘本讲的是森林里发生的一段小风波：几个动物小伙伴在一起游戏，它们在建造一座高塔，可建到了一半时，高塔突然倒塌了。于是它们发生了争执，争吵得很厉害，甚至大打出手，谁都说自己的做法是对的，可每个人说的都不一样。最后，为了游戏能继续进行下去，大家自行解决了争执。它们悟出了仅仅靠武力和拳头是解决不了问题的，只有好好聆听，好好解释，多倾听别人的意见，大家才能开心地在一起玩耍。

教育价值：这个绘本可以使儿童体验到争执的基本解决方式，学会初步的理解对方、倾听对方意见的好处，对于培养儿童的社会交往能力也有一定的促进作用。

6.《拔萝卜》

适合年龄：3～6岁

内容简介：本绘本来源于一个传统而经典的俄罗斯民间童话，讲的是一只小白兔在地里找到一个大萝卜，用尽全身力气也拔不出来。这时小猴来了，小兔请它一起拔，还是拔不动。小猴又从草丛里把正在睡懒觉的小猪喊醒，叫它一起拔。小猪没有睡醒，一边拔一边又睡着了。它们正在发愁，走来一只身材魁梧的小熊，它高傲自大，自以为力气大，把小兔、小猴、小猪一起赶开，独自去拔萝卜，想炫耀一番，结果萝卜没有拔出，自己却摔得瘫在地上，幸亏小猴帮它，它才喘过气来。小熊接受了教训，和大家一起齐心合力拔萝卜。最后，连小小的蜗牛也赶来参加，终于把大萝卜拔了出来。

教育价值：本绘本可以帮助儿童体验到人多力量大，只要齐心协力就能完成个人不能完成的事情，有利于儿童最初的合作意识的形成。

第三课 学前儿童家庭规则教育

学前期是儿童规则意识萌发和规则行为初步形成的重要时期。在日常生活中，家长应采取一些行之有效的途径和方法，积极引导学前儿童提升自己的规则意识，养成一定的规则行为，从而为他们在社会集体中能够真正自主活动提供保障。

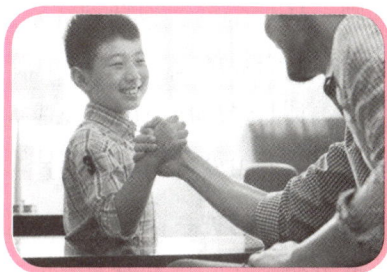

一、学前儿童规则意识的发展

儿童的规则意识是指儿童对环境中必须存在规则的原因、规则的内容、规则的作用以及规则如何执行等方面的认识与理解，并在此基础上逐渐形成遵守规则的愿望和习惯。规则意识有三个层次：第一个层次是指关于规则的知识；第二个层次是有遵守规则的愿望和习惯；第三个层次是遵守规则成为人的内在需要，即已经成为一个人的内在素质。儿童规则意识的发展会经历不同的阶段，在不同的发展阶段，儿童规则意识的层次各不相同。

（ ）运动性质规则阶段

运动性质规则阶段发生在儿童2岁以前。在这个阶段，儿童是按照他的欲念和运动习惯进行活动的，并逐渐形成了一种仪式化的图式。但是，这种图式纯粹是个体自身的运动—反映模式，所以，这只是一种运动规则而不是真正的道德规则。在这一阶段，运动规则显然不是强制性的，他们或者是纯粹的运动—反映模式，或者仅仅是在无意中接受这些规则，等等，因而儿童就不需要为行动承担责任。也就是说，在这一阶段，儿童尚不具有道德思维能力，还没有"应该"等道德概念，这就是无律的阶段。

（二）道德实在论阶段

道德实在论是皮亚杰使用的术语，指前运算思维发展阶段儿童表面化、形式化地看待道德现象的认知方式。其含义是责任和价值取决于规则或成人命令本身，而与儿童的意向及儿童与同伴、成人的关系无关。这一阶段大约在2～5岁。这一阶段以儿童从外界接受规则典范为标志。对于这一阶段的儿童来讲，规则是成人或年长儿童强加给年幼儿童的。因此，儿童不仅把这些规则看成约束性的，而且认为规则是既定不变的、神圣而不可触犯的、永存的，从而坚决服从这些规则。这种不可变动性便保证了规则的真实性。这样，规则便等同于所谓的责任。皮亚杰等认为，儿童责任感最早期的形式实质上是他律，皮亚杰等还认为，这是年长儿童施加约束以及成人本身对儿童压迫的结果。但是，更重要的原因还在于儿童意识发展的局限。这一阶段的儿童虽然具有了模仿能力，但尚不能深入理解人与人的关系，不能顾及规则的统一。因此，这种对于规则的顺从，乃是个人外表的顺从。从表面上看来，儿童的顺从似乎完全符合道德的要求或伦理的精神，实际上，儿童只不过是进行一种社会性的模仿，谈不上有什么深刻的道德意义。

由此，在道德实在论阶段，儿童的道德意识具有以下两个主要特征。首先，从道德实在论来看，任何服从于规则或要求的行为都是好的，任何不符合规则的行动都是坏的。所以，规则绝不是由内心精心制作、判断或解释的某种东西。它本身是给定的、现成的和外在于心灵的，它也被想象为由成人所揭示和强加的。所以，"好"就被严格地定义为服从。其次，道德实在论导致客观的责任感。客观责任感是指儿童的道德评价不是根据行为的动机，而是根据行为是否严格符合现有的规则。客观的责任感是道德实在论的一个标准。在这一阶段，规则构成了一种强制的和不可触动的实在的阶段。以"不准撒谎"为例，在这一阶段，儿童刻板地遵循着"不准撒谎"的规则，不是因为撒谎要受到惩罚，而是因为"不准撒谎"是"老师说的"或"就是不准撒谎"。此时，儿童还不能正确理解"诚实"的价值，因此，规则还是一种外在于儿童自己意识的强制的形式。

规则是自主地和逐渐地发展起来的。首先，谎话是错误的，因为它是惩罚的对象，如果没有惩罚，它就是允许的；然后，谎话成了本身是错误的某些东西，即使没有惩罚，它也还是错误的；最后，谎话是错误的，因为它与互相信任和爱护相冲突。这样，说谎的意识便逐渐地内化，而且我们可以得出结论，它是在协作的影响下才逐渐地内化的。

二、学前儿童家庭规则教育的要点

（一）学前儿童家庭规则教育的主要内容

学前儿童家庭规则教育内容可分为以下几类。

第一类，个人生活的规则，以保障儿童规律和健康的生活，包括讲究卫生、生活自理和分担家务、按时作息和健康生活三项内容。

第二类，人际关系的规则，以保障儿童具有良好的社会环境，包括尊敬父母和长辈、和同伴友爱相处、讲究文明礼貌三项内容。

第三类，与社会、自然关系的规则，以保障儿童和谐地融入社会生活，主要包括遵守公共秩序、保护自然环境两项内容。

第四类，参与社会竞争的规则，以保障儿童做好参与社会竞争的准备，主要包括诚实守信、勇于负责等内容。

（二）学前儿童家庭规则教育的基本原则

儿童的规则意识，大多是通过自己不断地实践和尝试来获得的。学前儿童家庭规则教育应遵循三个主要的基本原则。

1. 对学前儿童提出的规则应适量，不宜过多

儿童的理解能力较差，自我控制能力也不强，树立过多过难的规则，他们可能记不住，也可能做不到，这会导致教育的混乱和冲突的发生。因此，家长不宜集中教授儿童过多的规则，尽量不要过多地限制儿童探索的行为和乐趣。正如儿童教育家洛克在《教育漫话》中指出："你对于儿子所定的规则，应该愈少愈好，比表面看去好似绝对不可缺少的还要少。"这样，儿童才能有相对充分的自由，才愿意遵守规则。家长不能集中提出大量规则，这就要求家长做好规则教育的相关准备，儿童遇到什么问题，就向儿童介绍什么规则，再让儿童逐步掌握这些规则。

2. 依据学前儿童能力特点，提出适宜规则

如果建立起太多的规则，就不利于儿童对规则的理解和遵守。家长可以有针对性地建立少数规则，当儿童理解并能很好地遵守之后，可以建立更多的规则让儿童去适应，只有循序渐进，才能有所收获。此外，正如世间万事万物都有自身的发展

规律一样，为儿童制定的规则，也要符合儿童的身心发展规律。不同年龄段的儿童有不同的特质，家长在设置规则时要加以考虑。

3. 提出坚定的规则，做到始终如一

规则教育说起来简单，做起来却有难度。尤其是一些年轻的父母，对儿童比较溺爱，当儿童违反规则的时候，他们总在心里这样为儿童开脱："现在对儿童松一点没有关系，以后严一点就可以了。"但是他们不知道，现在松了，以后有很多事情根本无法严格起来。因此，在规则教育中，父母要始终如一，在儿童面前，规则一经建立，就要执行到底，说到做到，即"言必信，行必果"。如果儿童触犯了规则，父母不能因为心疼儿童或嫌麻烦，就为自己和儿童开脱，让这件事不了了之。规则一旦制定明确，家长和儿童就一定要按事先说好的办法执行。只有这样才能让儿童真正明白，任何人都要遵守规则并要为触犯规则负责，这样儿童才会更认真严谨地对待和遵守规则。

三、学前儿童家庭规则教育的方法

（一）发挥家长的榜样作用，促进学前儿童遵守规则

人类的许多行为都是通过对榜样的观察和学习获得的。榜样具有强大的说服力和感染力，榜样示范比语言讨论更能使儿童信服，从而产生直接、具体的影响。在家庭中，家长是儿童的主要观察和学习的对象，家长的一言一行、一举一动，都是儿童模仿的内容。因此，家长应自觉严格规范自己的言行。家长要注意通过言传身教，把社会的道德准则，做人、做事的道理及父母良好的品德和人格在不知不觉中传给儿童。家长应当避免为儿童树立坏的范例，以免将不良的行为习惯传给儿童。儿童具有极强的模仿能力，"有其父必有其子"虽说得过于绝对，但不无道理。儿童长期生活在父母的身边，父母的言行举止随时都可能会引起儿童的注意，经过反复强化，自然而然就被儿童模仿和学习。

（二）家长对学前儿童要加强引导

父母要对儿童加强引导，让儿童从内心深处明白规则的重要性。家长应首先使儿童知道任何集体活动都是有规则的，其次让儿童了解参加活动的人都必须遵守规

则，活动才能顺利进行，还可以让儿童设想违反规则的后果，引起他们对于规则的重视。在此，父母需要注意的是，规则意识的养成不是一朝一夕的事情，如何在生活情境中帮助儿童逐渐形成明确、统一、灵活又可持续发展的规则意识，使儿童的个性与社会能够有效且自然地融合，从而使儿童在社会中获得幸福的感受，是一个持久的教育工程，需要父母持之以恒，并且做到言传身教。

（三）让学前儿童做有限的选择

有限选择的方法对儿童的规则培养非常有效，如果想让儿童不在房间里跑来跑去，就应该让儿童选择现在是看书还是画画，而不是"现在我们来做什么"，漫无边际的选择会让儿童无所适从。把儿童必须要做到的事定为规则，在这个范围内给儿童几个可选择的方向，这样的话，不论儿童选择什么，他们的行为都在规则之中，从而接受对规则意识的培养，也会促使他们形成一定的行为习惯。

（四）在社会交往过程中，引导学前儿童体验并内化规则

儿童规则意识的发展需要具备以下两个条件：第一，儿童要与外部道德主体（父母、教师、同辈群体、社会及其他可以产生影响的人）发生相互作用，在这种相互作用中，儿童接触到外部道德规则；第二，儿童与外部道德主体要有一种情感或情绪上的联系（儿童对外部道德主体的喜爱、畏惧或尊敬的情感）。因此，儿童规则教育应在丰富的社会交往实践中进行。例如，儿童和小伙伴一起玩，一开始容易发生争夺玩具、违反游戏规则的情况等。成人在此过程中需做一些必要的指导，教育他们拿出玩具大家一起玩，既要爱护自己的玩具，也要爱护别人的玩具。家长还要帮助他们制定一些游戏规则，教育他们共同遵守这些规则。家长可以口头教给儿童这些规则，启发他们学会用相互谦让和讲道理的办法来解决问题，但必须经过一段时间的锻炼，儿童的争吵才会减少或学会自己独立解决问题，社会交往实践是儿童体验并内化规则的关键途径。

（五）适当采用自然后果法

自然后果法是让儿童遵循自然发展规律，不干预、不强迫，让儿童自由活动的积极或消极的后果对其进行自然的惩戒，这样反而会收到意想不到的教育效果，因为这些自然后果是儿童内心信服的东西，而不是由外部训诫强加给他们的。学习是在丰富的经历与体验中实现

的，儿童规则内化的过程也是如此。在规则教育中，家长可以允许儿童体验自己错误行为所带来的不良自然后果，使儿童意识到规则的重要性。但自然后果法要有一定的限度，还要与说理引导相结合，要让儿童明白行为与后果的因果关系，但同时也能感受到父母的爱意。晓之以理、动之以情，再加上示之以不同后果，规则教育才能取得较好效果。

【想一想：如何教育撒谎的孩子？】

首先，要弄清孩子为什么撒谎，看一下孩子在这种情景下的撒谎动机是否违背了社会的道德准则。其次，根据孩子的动机采取不同的方法。如果孩子是为了掩饰自己的错误甚至为加害他人而说谎，那我们就应该严肃对待；如果孩子是为别人着想、是出于良好的用意而说了假话，那么我们一方面要爱护孩子的美好动机，一方面要做细致的工作，对事情做具体的分析，使我们对孩子善良动机的褒奖尽量同我们平时"做诚实的好孩子"的行为要求相吻合。

四、学前儿童家庭规则教育个案评析

（一）在学前儿童家庭规则教育中，家长的榜样作用很重要

案例1

妈妈在家里给5岁的小华制定了严格的作息制度：每天晚上8点准时睡觉，早上7点必须起床。刚开始，小华能按照妈妈的要求去做。可是每晚当小华睡觉的时候，客厅里还隐隐约约传来爸爸妈妈看电视的声音，有好多次小华早上近8点醒来时，妈妈还在睡懒觉……

一天，小虎的妈妈带小虎过人行道时，恰好遇到了红灯。见两边没有车，妈妈便一把拉住小虎的手直往前冲。小虎不解地问："妈妈，你不是告诉我不能闯红灯的吗？"妈妈却不耐烦地说："一会儿妈妈还有事，要赶时间，哪有时间浪费在这里。"……

评析： 在给孩子设立规则的同时，家长必须考虑自己能否做到。上述案例中的家长在给孩子进行规则教育时陷入了困境：要求孩子按时睡觉、起床，自己却看电视、睡懒觉；要求孩子遵守交通规则，自己却随意闯红灯。家长自己都做不到，怎么还有资格去要求孩子做到？很多家长在给孩子设立规则时言行不一致，即在要求孩子时总是"依法行事"，而要求自己时却敷衍了事。这样的家长即使强制给孩子设立了规则，也只会事倍功半，而且严重时还会使家长失去权威。

（二）在学前儿童家庭规则教育中，家庭成员教育观念要保持一致

案例2

南南的妈妈很早就告诉6岁的南南，犯了错误要自己学会承担责任。有一次，南南在小区的花园里玩球，玩得正高兴时，球正好将一楼阳台上的花盆打碎了。南南正不知该怎么办时，奶奶过来了说："乖孩子，这事就交给奶奶了。奶奶去买个新花盆赔给别人。"

评析： 古代思想家韩非子说过："一家二贵，事乃无功；夫妻持政，子无适从。"而南南就陷入了"子无适从"的家庭教育环境：妈妈要让他承担责任，奶奶却把责任替他承担下来，所以南南感到无所适从："我到底听谁的?"孩子对人际关系的洞察力是很强的，不要让他利用家长的分歧而"投机取巧"，家庭联盟是培养孩子规则意识、纪律感和自我控制力的最强大的武器。所以，家长对孩子的要求要一致。即便家长之间有分歧，也不要当着孩子的面争执，一方可临时妥协，事后找个合适的机会再做沟通。

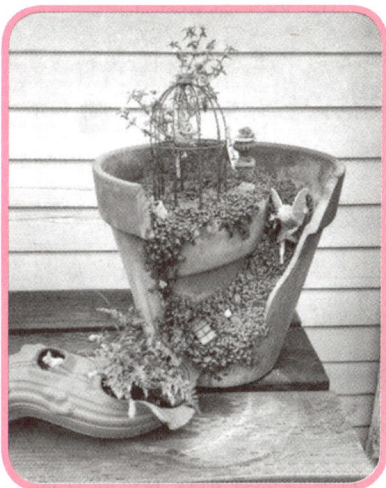

（三）规则意识是学前儿童家庭规则教育的核心

案例3

明明的妈妈在为4岁的明明设立规则时，经常变换方法。有时候喊明明吃饭，明明不听，妈妈便用物质诱导："乖宝宝，快来吃饭，吃饱了妈妈给你买变形金刚。"这下，明明高高兴兴地去吃饭了。可事后明明妈妈总以"叫你吃饭是为了你好"为由，不兑现诺言。有时，晚上到了睡觉时间，明明不愿关掉精彩的动画片，妈妈便以暴力相逼……

评析： 给孩子设立规则，应该让孩子明确这是他应该遵守的，让他从内心体验到遵守规则的重要性和必要性，而不要像明明的妈妈那样，用"多变法"来哄孩子或威胁孩子。如果遇到类似情况，父母不妨采用"自然后果教育法"，让孩子经过亲身体验，意识到自己的行为将导致什么样的后果，并体验到适度的痛苦和不快。当孩子被饿上一两次后，想必下次叫他吃饭时，他肯定会乖乖地去吃了。如果孩子赖着看电视，家长以后在孩子要看电视前也不妨先给他打招呼，告诉他，看电视只能看多长时间；如果他不答应，就应该给予坚决拒绝，但也要态度温和地给他讲道理。

（四）学前儿童家庭规则教育中，要把握好给孩子设立规则的度

案例4

6岁的小凯已经上小学一年级了。学校离小凯家不过400米，邻居家的小朋友都是放了学大家结伴回家，可是小凯妈妈却给小凯立下了严格的规定：妈妈不来接他，他就不能回家；周末不准小凯出去玩，即使学校里组织春游，他也不能参加……总之，小凯大部分的时间都被爸爸妈妈给安排好了，最后导致小凯没有一个朋友，不论遇到什么事情都首先要向爸爸妈妈汇报。

评析： 现在大多数家庭都是独生子女，孩子的成长环境比较自由，限制孩子自由的做法往往是由于担心孩子的安全而进行的过度保护，担心孩子日后的发展而给孩子设立种种规则。上述案例中的小凯家长设立过多的规则，剥夺了小凯的自由，限制了小凯自主性的发展，严重伤害了孩子的自尊心。没有规则的自由是放任的，没有自由的规则是不近情理的。理想的状态就是把握好规则与自由的张力，让孩子在规则中自由成长，这样的孩子才会既守规则又有创新精神。所以，在给孩子设立规则时要把握好度。对于一些通过孩子自己努力能做到的事情，如放学时和小朋友一起回家，家长就不要限制他，应给他充分的自主的空间；对于一些有利于孩子快乐健康成长的事，如孩子想参加集体活动，周末想和小朋友玩，家长就更不应剥夺孩子自由的权利；但对于一些违背道德规范方面的事，家长就要严格要求孩子。

（五）规则教育中，面对与学前儿童的冲突，家长应三思而行

案例5

西西三岁半了，每次看到家人出门都哭闹、喊着："我也去，我也去……"对于这一要求，有时成人有时间和精力满足，有时家长面对可怜的孩子却感到分身乏术，总不能走到哪里都把孩子带到身边啊！

评析： 幼儿时期是亲子冲突的频繁时期，这种冲突是儿童发展过程中的正常现象，可以说，儿童人格的形成就是他们的"哲学"与成人思维不断对峙、妥协的过程。好的解决方式可以充分发挥每一次冲突对儿童的教育价值，并建立平等、民主、和谐的亲子关系，而粗暴、鲁莽的解决方式只能激化儿童的过激行为，并使亲子关系专制化、紧张化。在这些冲突面前，家长既不能棍棒教育，也不能姑息纵容。那么，如何面对与儿童的多种冲突，如何在这一次次冲突的化

解中，帮助儿童形成良好的"第二人格"呢？家长需三思而后行。以"黏人"儿童为例，他们与父母之间冲突频发，面对此类冲突，如何三思而行呢？

1. 多角度、全面思考"黏人"的原因

我们常说，每名儿童都是哲学家，他们的小脑袋里有着许多古怪的想法，而这样的"古怪"，只是我们通过成人思维去审视而给出的评价。

儿童"黏人"可能有多方面的原因：一方面，3岁是亲子依恋发展的关键时期，这时，儿童喜欢黏着父母，父母陪在身边使他们感到轻松、安全而愉悦；另一方面，儿童总喜欢跟随父母出门可能是喜欢探索、乐于交往的表现，跟随在父母身边可以有更多和他人交往、游戏的机会，可以看到更多的新鲜事物，也有可能在以往的生活经验中，儿童跟随父母出去总能得到自己喜欢的食物或者玩具，这使儿童"跟人"得到了强化，儿童的哭闹是"别有用心"的。

只有正确判断儿童行为的原因才能使家长有效应对冲突、减少冲突，并且不伤害儿童。因此，在化解冲突时，成人首先要将自己作为儿童的朋友、伙伴，了解儿童的想法与思考逻辑，根据儿童日常的思维方式和行为特点分析儿童种种冲突表现的内在原因，或者直接向儿童询问原因。只有这样，成人才能够转换角色、站在儿童的视角看问题，寻找成人与儿童思维的契合点，以理服人、以情动人。

2. 思考解决冲突的办法，对症下药

情绪激动的儿童难免会有令成人不能理解甚至气愤的做法，这时，家长要冷静地思考通过何种方式来终止冲突、解决冲突，不能逃避、妥协，也不能意气用事、激化冲突或者强制镇压，给儿童造成负面影响，甚至是不可弥补的伤害。

面对西西的"黏人"行为，父母应坚持与孩子说再见，偷偷离开是不可行的。儿童哭闹时，既不可以对哭闹的儿童不理不睬，也不可以因为儿童哭闹而表现得难以割舍。父母可以静下心来和儿童讲明道理，例如"妈妈要去上班，很快就会回来的"。即便儿童继续哭闹，妈妈也应表情亲切、愉快地与儿童再见，让儿童体验到他们的哭闹是没用的，并且在短暂的分离后，妈妈很快就会回来。妈妈出门后，其他家人应尽快转移儿童注意力，让儿童尽快忘记悲伤。

儿童总在通过成人的言语、态度判断父母对自己的爱，只有确定了这种爱，儿童才能更快地平息情绪；家长不仅是冲突的主要化解者，而且也是儿童行为、观念的获取源头，成人的一言一行都被儿童看在眼里、记在心里，并长久地影响儿童的发展。因此，每一次冲突都是一个教育时机，有效、适宜地解决冲突不仅可以为儿童营造安全和谐的心理环境，还可以为儿童树立在冲突中协商解决问题的好榜样。

3. 思考冲突的延伸价值

父母与儿童每一次冲突的化解都不仅仅是一场风波的平息，也不仅仅是一次教育的好时机，还是父母了解儿童、有的放矢地进行延伸教育并增进亲子感情的好机会。

对西西"黏人"冲突的解决不仅仅是一时性的应对，而要从冲突的原因看到其对家庭教育的延伸影响。针对西西"黏人"的第一种原因，父母在日常生活中应多创造与儿童交流互动的机会，让儿童感受愉悦、安全的家庭环境，建立良好的亲子依恋关系；出于第二种原因的"跟人"恰恰反映了儿童社会交往的积极性，家长应充分利用儿童的这一发展优势，多带儿童参加集体活动，创造儿童与他人交往的机会，但并不意味对儿童"黏人"的妥协，而是要与儿童协商约定外出的时间，让儿童明白"黏人"是无法满足这一需求的；第三种原因完全是儿童以往生活经验的强化，家长应反思在对待儿童"黏人"这一行为的策略，不再向儿童妥协。

家庭教育重在引导，儿童行为、态度的发展需要有良好的导向。父母作为儿童人生的第一任导师，有能力也有义务指导儿童的行为。在冲突化解之后，父母静下心来想一想事情的起因、经过，就可以发现儿童思想与行为的闪光点和有待引导的方面，在此基础上的引导、教育可以避免类似冲突的再次发生，促进儿童健康快乐地成长。

第四课　学前儿童家庭创造教育

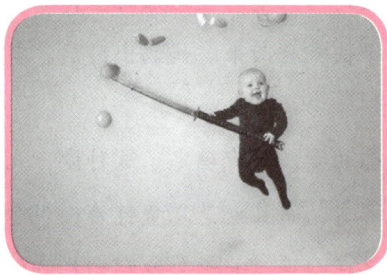

家庭，是创造型人才诞生的摇篮。不同的家庭教育与环境的影响，对儿童的成长、发展能起到不同的作用。学前期是儿童创造性思维形成的黄金时期，学前儿童的创造力具有不自觉性、不稳定性和可塑性强等特点。利用可塑性对儿童进行早期教育，使儿童创造力趋向自觉、稳定，让儿童处于萌芽状态的创造力得到发展，是家庭教育的重要内容。

一、学前儿童创造力发展的特点

学前儿童创造力发展的特征主要表现在五个方面。

（一）好奇心是创造力发展的起点

新生儿刚来到人间，便有了探究反射。这种探究反射被认为是一种最初期的好奇心表现。探究反射也称定向反射，就是对新异刺激的定向和关注。通过探究反射，婴儿可以不断地接触、感知新异事物，建立新的暂时性神经联系，形成新的动作技能，获得新的知识经验，进而推动其身心不断发展。与此同时，探究反射本身也在不断发展着，由本能的、无意的、被动的，向习得的、有意的、主动的方向变化，其中最主要的就是向好奇心、求知欲等的转变。到了幼儿期，好奇心便使儿童在行为和语言上有许多特殊表现。在行为上，儿童表现出一种破坏行为。新的玩具，甚至有机械装置的日常用品，到了儿童手中，很快就被拆卸了。在语言上，则表现为不断地问"为什么"。好奇心的旺盛使儿童在同化过程中又不断地顺应。儿童在这种同化与顺应的不平衡发展过程中，带着更大的好奇心，去探索周围的世界，从而开始了漫长的创造之路。

（二）创造性想象是创造力发展的特点

想象力的发展是幼儿期的认知特点。想象可分为再造想象和创造性想象。再造想象，是根据某一事物的图样、图解或言语描述而在头脑中产生这一事物的新形象，其主要表现形式是复述、替代。而创造性想象，是在再造想象的基础上，对信息进行重新组合和加工，创造出新形象，其主要表现形式是改编和编造。

学前儿童创造性想象的发展，同其他心理领域的发展一样，是随着年龄的增长而渐渐发展的。一般来说，3岁儿童的想象主要是再造想象，而到了4岁则向创造性想象转化，5岁时更多地运用创造性想象。例如，在用铅笔盒进行的游戏中，3岁儿童会以此替代头脑中已经形成的火车形象，将铅笔盒看作火车来做象征性游戏，但这时的替代，仅是以甲物来替代乙物，是一种再造想象活动；而4岁儿童，则可能打开铅笔盒，在上面再插一根小棍，以此来替代驾驶员操纵"火车"——铅笔盒，虽然仍有以物代物的再造想象活动，但同时铅笔盒与小木棍的再组合，是再造想象与创造性想象的结合；5岁儿童则会边用铅笔盒当火车开，边自己去"操纵火车"，编造一系列开火车的情节，使创造性想象不断增多。

（三）探究活动是创造力发展的主要手段

学前儿童的创造力发展表现为一种从已知到未知的特殊质变形式。这种质变常常是在多种形式的探究活动中进行的。儿童的探索活动越多样，变化越丰富，探究活动越灵活、新奇，探究活动的成果也越大。在学前儿童的探究活动中，最重要的形式之一就是小实验，这是学前儿童真正的独立活动。小实验的特点是获得某个对象的新信息或创建新成果（用游戏材料搭建新的建筑物、画图、讲故事等）。小实验活动形式多样，除了用周围的事物和现象进行实际实验外，学前儿童的思想实验也开始发展。用自己的知识和智力活动做实验，开辟了一条独立地、创造性地获取新经验的途径。以小实验为核心的多种探究活动，是创造力发展的核心。在探究活动中，儿童本能的好奇心、创造性想象都能得到充分的体现和发展。

（四）积极情绪是创造力发展的密切因素

所谓积极情绪，就是愉快、喜悦等情绪。每一个小发现都会让学前儿童感到兴奋，即使在成人看来微不足道。对自己构成的新图画、新建筑等感到满意便会使学前儿童觉得创造性活动具有很大吸引力。因此，可以说，积极情绪是学前儿童创造力发展的密切因素。鲜明的情绪是形成创造需要的基础，这种需要不仅指向创造的成果，还会指向实现创造的过程本身。积极的情绪会使儿童的各种新活动动机得到强化，以至于改变儿童的动机、情绪范围，最终促进儿童个性启发性结构的形成。维果茨基提出的情绪与理智统一的问题，在这里表现为儿童的情绪和创造性发展的统一。

（五）创造力发展过程充满矛盾性

学前儿童在创造力发展过程中充满着矛盾性。这个矛盾主要来自成人的教育方式与儿童的创造个性之间的矛盾。学前儿童是在成人的指导下长大的，成人教给儿童行为、智力以及言语活动的方式。这些方式往往是严格的、固定的，儿童需要准确而充分地掌握这些固定的知识技能和行为方式。然而，这种准确的掌握并不会真正发生，因为儿童总会按照自己对世界的理解来折射新知识、新技能，总是经过自己独特的经验来过滤它们。学前儿童往往在掌握新知识时表现出真正的创造性：他们向成人提出大量问题，将已有的各种知识现实化，以新的视角去领会新信息，同时能发现新知识与已有知识之间深刻的相互渗透。这种渗透引发了儿童对某些旧经验的改造，并产生出教授内容没有规定的新奇有趣的猜测、推理。这些过程是儿童即兴、瞬间产生的，是实现出人意料的创造行为的基础。

学龄前期是人一生创造力发展的萌芽期，也是关键的基础期。所以，应根据学前儿童的创造性发展的特征，有的放矢地开展各种探究活动，使学前儿童的好奇心、创造性想象和积极情绪得到充分发挥，由此奠定学前儿童对创造性活动的积极态度和不懈追求，使创造性发展贯穿儿童发展的始终。

二、学前儿童创造力发展的家庭影响因素

家庭，作为学前儿童的最初的和最直接的环境，对学前儿童的创造力发展具有重要影响。这种影响力的构成因素主要是父母的养育方式、教育行为模式、父母的期待以及父母自身的性格特征。

（一）父母的养育方式

以宽容、民主之心，对自己的孩子给予信任和尊重，这样的养育方式是有利于学前儿童的创造力发展的。以这种养育方式来培养儿童，即是民主型教养方式。而与此形成对照的是把儿童看成自己的命令对象，不允许儿童与自己有不同的想法，强迫儿童服从自己的一切意见，即专制型教养方式。接受这种养育方式的儿童，很难让自己的异想天开得到父母的认可，探索行为也常常在父母的训斥中消失得无踪无影。此外，唯儿童命令是从，儿童碰到一丁点儿困难和挫折，就马上全部包办代替的养育方式，即溺爱型教养方式。接受这种养育方式的儿童，即使充满好奇心和创造性想象，也很难靠自己的眼睛和双手发现新的问题。因为父母的过度保护剥夺了这种实践机会。

众多的研究表明，专制型和溺爱型教养方式都会对学前儿童的创造力发展产生不利影响。而与学前儿童的创造力发展有较高的正相关关系的养育方式主要有以下几种：①对规定和限制做出解释，允许儿童参与决策；②恰当地表达对儿童的期望，运用恰当的奖罚手段；③为儿童提供丰富的有益刺激材料；④能抽出一定时间与儿童共同游戏，从事与学业有关的活动。

（二）教育行为模式

对具有较高创造力的儿童进行研究发现，他们的父母在教育行为上有以下几个特征：①极力支持和鼓励儿童的兴趣发展；②当儿童尚处于3～6岁的学前期，

就鼓励他们积极探索家庭内外的事物，参加特定的活动；③在学前期，就为儿童制订严密的教育计划，并严格执行；④因势利导，激发儿童的求知欲，培养多种兴趣。

（三）父母的期待

父母的期待，往往是促进学前儿童的创造力发展的因素。布卢姆在对杰出的数学家和作曲家的研究中发现，他们的父母从一开始就对儿童给予较高的期望，并将这种期望化为行动，充满热情，积极参与，为儿童提供了良好的榜样。但要注意的是，虽然父母的期待有推进作用，但是，如果期望值过高，就会给儿童带来思想上的压力，有时反而阻碍儿童的创造力发展。

（四）父母自身的性格特征

父母自身的性格特征对学前儿童的创造力发展也有影响作用。在对那些具有较高的创造力的儿童的父母进行性格分析时，发现以下几个特征：①兴趣爱好广泛；②袒露情感，富于表达性而很少有驾驭性；③具有童心，不仅接受儿童的稚拙，自己有时也表现出稚气天真；④有独立性、民主性，不采取强硬手段来加强自己的地位。

三、学前儿童家庭创造教育的方法

（一）为学前儿童创设宽松的心理环境

有关心理研究表明，在心情良好的状态下工作时，人的思路开阔，思维敏捷，解决问题迅速；而心境低沉或郁闷时，则思路堵塞，操作迟缓，无创造性可言。家长要始终相信儿童的艺术潜能，所以不要去干涉甚至破坏儿童的创作过程。家长不仅要给儿童提供一定的艺术材料，更重要的是要给儿童创造充分的自由和宽松的氛围，鼓励儿童实现其进行艺术体验的欲望，让儿童真正成为艺术创作的主人。对于学前儿童来说，一个宽松的心理环境首先是获得信任，也就是家长要在相信儿童能进行艺术创作的基础上，为他们提供充分的机会，让他们能进行音乐、美术的创作活动。家长应以和蔼的态度营造一种温馨的气氛，让儿童有足够的自由和信心；应允许儿童自由表达自己的观念，实践其观念；还要尊重儿童不同寻常的提问和想法，肯定其想法的价值，不因为其想法的幼稚而盲目否定，更不要用成人固定的思维模式去限制他们。宽松的心理环境还要求家长注意减少规定，过多、过细、过于整齐划一的限制势必会阻碍创造力的发挥，例如要求儿童画画时不许说话、唱歌时别乱动等。

（二）丰富学前儿童的知识，开阔学前儿童的视野

对于儿童来说，丰富的知识经验和一定水平的智力是创造力发展的基本条件。家长可以通过各种活动，丰富儿童的生活，开拓他们的视野。如多带儿童到大自然中，观赏各种树木花卉，区分它们的异同，了解植物与环境的关系；看看动物的不同形态，分辨它们的外形特征和生活习性；仰望蓝天上变幻多端、漂亮浮动的白云；欣赏日出东方的朝霞、夕阳西下的美景……家长还应当为儿童提供适合其身心年龄特点的读物和视听材料，教给儿童丰富的知识，但要注意把握宜广不宜深、深入浅出的原则。总之，家长要从各种渠道、各个方面充实儿童的日常生活，积累知识经验，为儿童创造力的萌发奠定良好的基础。

（三）培养学前儿童的主动性和独立性

创造性活动的动机是以任务为中心而不是以目标为中心，获得报酬不是创造性活动的主要动机。如果儿童没有积极性和主动性，就不会对未知事物刨根问底，也不会在面对困难时坚持不懈。所以家长要鼓励儿童大胆想象，主动探索。具有创造力的人一般都是有主见和独立性的人，不轻信别人的结论，不盲从权威。家长不应因儿童独立性强而觉得儿童不好管，不顺从，而应鼓励他们自己动手、动脑，积极探索。

（四）通过多种方式培养学前儿童的想象力

想象，是智力发展也是创造力发展的一个重要方面。要使儿童的创造力得到完善的、良好的发展，想象力的培养与锻炼是非常重要的。在家庭教育中，可以从以下几个方面培养儿童的想象力。

1.绘画

绘画能激发儿童的想象力，也是儿童喜欢的一种形象表现形式。虽然儿童的画技不高，却能表达出思维活动过程。对儿童的画，家长不要追求画得多么"像"，而应鼓励"想"得越多越好；不要当鉴赏家，而要做想象力的评论家；不要着眼于儿童能否成为一个画家，而要看儿童的想象力是否得到了充分的发挥。

2.续编与仿编

续编故事结尾和仿编创造诗歌，是创造力的高端体现。故事作为一种形象的语言艺术，深受儿童的喜爱。儿童在听故事的过程中，通过词语的描绘，联想到相应的形象与活动。为发展创造性想象，讲故事的时候，要注意训练儿童续编故事结尾的能力，经常来一个"且听下回分解"，比如后来又发生了什么事、主人公怎么样了，从而引导儿童展开想象，从多角度续编。

3.游戏

游戏能够很好地发展儿童的想象力。儿童在游戏中模仿成年人的多种活动，凭借想象扮演多种角色，表现多种生活情境，自己动手解决游戏中遇到的困难和问题。如用积木搭娃娃的小床、用杯子当锅给娃娃做饭、用圆环充当方向盘开汽车、用纸撕成条做面条等，和小伙伴共同商议分配角色、安排活动。儿童在认真思考这些问题的过程中，游戏的情节得到具体化，儿童的创造力也随之得到发展。

（五）训练学前儿童的思维，开发学前儿童的智能

思维是创造的前提，学前儿童的创造力较多地表现为创造性思维，这就是创造力的核心。家庭教育要鼓励儿童在学习和生活中多想问题、多提问题，勇敢提出自己的不同意见和看法。在家庭中，家长应积极培养儿童的创造性思维，强调思维活动的灵活和知识的迁移。对于儿童新颖独特的想法，家长要特别表示赞赏。哪怕儿童的想法很幼稚甚至错误，家长也要先发现和肯定儿童的创新精神，再耐心地告诉儿童错在哪里，引导儿童学会有目的、多方面、多角度地思考问题。在家庭中对儿童进行创造力的培养，其内涵极其丰富。家长只有了解什么是创造力，才有可能发现儿童的创造力，进而保护和发展儿童的创造力。

（六）尊重学前儿童的个性，启发创造意识

有研究表明，从众性是与创造性负相关的人格特征之一。而教育的艺术就是尊重儿童的个性，因材施教。家长和老师要理解儿童之间的个性差异，对于个性强烈的儿童要正确认识和引导，不要强求一律，不要强制压服。这样才能充分发挥儿童个性的特点和优点。家长和老师要鼓励儿童大胆地去想、去做。在他们遇到挫折时要鼓励他们想办法战胜

困难，这样才有利于儿童创造力的培养。

孩子对某件事感兴趣，一定有他的原因。在家长看来，开门关门是司空见惯的事，根本不值得关注，但是在孩子看来，他们会好奇，为什么这样推一下它就关了，那样拉一下就开了？为什么有时候一推它就关到了底，而有时候只到一半它就停下来了？……儿童心里有无数个为什么等待他去探究和验证。他们像小科学家一样，一次次试验，来寻找心中的答案。这是多么宝贵的探索精神。很多家长因为怕危险或者怕麻烦，粗暴地将孩子的行动打断，孩子的探索精神就会逐渐消失……很多人成年以后就彻底失去了童真。所以，如果有可能，只要不是很危险，不是很妨碍他人，孩子想玩什么就放手让他选择。

家长可能觉得，想玩什么就玩什么是不是太溺爱孩子了？其实溺爱，不是放手让孩子去玩，而是什么都不让孩子玩！如果怕玩了沙土等"脏"东西有细菌，只要让孩子玩完洗手就行；怕玩门等"危险"的物品，只要告诉他怎样保证安全即可。没有摔过跤的孩子永远不可能学会走路，在孩子的成长过程中，磕磕碰碰都在所难免，做父母的不能因噎废食，过度保护。孩子能用两个指头或者三个指头捏住东西，是一个巨大的进步；孩子用自己的手捏东西放进嘴里吃，对他来说也是一种乐趣。就是因为怕他捡东西吃而禁止他用手，实在是得不偿失。

把主动权交给儿童，放手让儿童去选择，家长可以提供的是环境和支持。因为一个良好的环境可以让儿童的选择有的放矢，甚至可以激发儿童的兴趣。一个整天只能面对空空四壁的儿童，根本没有选择的可能和空间。贫瘠的环境只能收获儿童贫瘠的心灵。

【议一议】

放手让孩子选择，只有孩子最知道自己想要什么。

很多家长都有这样的经验：花了很多钱给孩子买的玩具，孩子不屑一顾，却对那些小"废品"、小线头、奶酪盒、小药瓶等情有独钟；带他去娱乐城玩，你希望他到处转转，多见识见识，他却蹲在沙坑里，让沙子从一个小洞里漏出去，一看就是20分钟；带他出去散步，好好的大路不走，非要到路边噼噼啪啪地踩水……

联系自己观察到的幼儿生活现象，谈谈你的看法。

四、学前儿童家庭创造教育活动与资源

（一）学前儿童家庭创造教育小游戏：戳洞画

游戏目的：激发学前儿童的好奇心

游戏材料：纸、牙签、画笔

游戏方法：用牙签在纸上随意戳洞；和孩子轮流用画笔连接各个小洞，如此便形成一些图案；也可将图案着色后，和孩子共同欣赏这幅创作。

提示：家长提供图案或由孩子自己画，再依其线条戳洞。

（二）学前儿童家庭创造教育小游戏：数字游戏

游戏目的：培养学前儿童的思维能力、观察能力和想象能力

游戏准备：与1~5这几个数字有关的问题及答案

游戏方法：向儿童提出与1~5这几个数字有关的问题，如：

世界上只有一个的东西是什么？太阳、月亮。

数量成双的东西都有什么？筷子、鞋子。

数量有许多的东西是什么？星星、花、草。

提示：要求儿童说出尽量多的答案。

（三）学前儿童家庭创造教育小游戏：图形想象

游戏目的：发展学前儿童的想象能力

游戏方法：出示图片，请儿童说出这个图形像什么。儿童可以尽量想，答案越多越好。

▶ **案例分享**

3岁的茜茜是个"捣乱"宝宝，可是，爸爸妈妈发现茜茜每次拿着画笔乱涂乱抹时，都十分安静、投入，而且能够坚持很长时间。于是，他们为茜茜买了很多绘画材料，每次忙着工作或者做家务时，就给茜茜一堆绘画材料，以免小家伙给他们捣乱。一次，妈妈说："宝宝，给妈妈画一棵大树吧！"说完便去做饭了，做好饭后，妈妈看看宝宝的作品，叹道："画得一点儿也不像，哎，你可真是个抽象派！"

评析：

1.3岁幼儿绘画特点解读——宝宝为什么是个"抽象派"

绘画可以说是孩子们最喜欢的活动之一。绝大多数孩子从1.5岁左右开始，就喜欢上了到处涂抹。茜茜在绘画过程中的投入与专注正是这一年龄段幼儿喜爱绘画的典型表现。那么，3岁幼儿画得不像现实事物，是个"抽象派"（案例中，家长用此词语表示幼儿画得不像真实事物），这是为什么呢？幼儿成长到三四岁后，随着心理能力的发展，渐渐由无意识地涂鸦转到了有意识地象征式绘画表现阶段，他们所画的内容反映或象征着生活中他们熟悉或者感兴趣的事物。但是，这种反映与象征是较为随意的，其中渗透着幼儿的想象与情感。例如，他们认为当天太热时，把太阳画成绿色就"凉快"了；冬天，树叶怕冷要穿衣服，尖尖的树叶就要变成圆形的了。幼儿绘画不受客观原型的限制，而是一种自由创造活动，这正是幼儿绘画的深意所在，成人应该看到"抽象"所蕴含的重要意义。

2.给家长的建议

（1）保护幼儿的绘画兴趣。喜欢绘画是幼儿的天性，在地上、墙上涂涂画画几乎是每名幼儿都曾有过的行为。幼儿的绘画兴趣与生俱来，但其强弱不同，并因不同的环境反馈而表现出不同的发展趋向。在任何情况下，成人不应斥责、阻止幼儿的绘画行为，而应发现、培养幼儿的绘画兴趣，积极鼓励幼儿绘画，为幼儿提供绘画的机会。案例中茜茜的父母及时发现了宝宝的绘画兴趣，并为其准备绘画材料，这十分可贵。因为，"墙面、地面的笔迹可以擦拭，但幼儿的兴趣一旦泯灭，便很难唤醒了"。当然，鼓励幼儿绘画不等于鼓励幼儿到处乱画，适当的规则引导也是必要的。

（2）为幼儿提供适宜的绘画材料。幼儿绘画材料品种繁多、特点各不相同，油画棒、彩色铅笔、水彩笔是幼儿在家中常用的画笔，这些画笔在幼儿绘画中可以单独使用，也可以混合使用形成变化的色彩效果。但幼儿最初接触这些绘画材料时，家长不宜直接将这些材料摆在幼儿面前。一是因为材料太多，幼儿应接不暇，不能集中注意力进行绘画；另一方面，幼儿对每种画笔特点的熟悉过程会比较长。家长可以先为幼儿提供一种材料，一段时间后提供另外的材料，最后再一起提供给幼儿，并支持幼儿混合使用。

（3）关注幼儿的绘画行为，给予适当指导。随着幼儿教育观念的转变，幼儿的艺术能力受到越来越多的关注，但是，很多家长对三四岁幼儿绘画能力的关注依然不够。案例中的家长将画笔、画纸作为"拴住"幼儿的"保姆"，用绘画来吸引孩子，以便家长忙于自己的事。仅仅提供材料，而不关注幼儿绘画行为，任其发展，这只是满足了幼儿的最初兴趣，这种兴趣在成人的忽视下，很难得到发展。心理学研究发现：一个没有受到激励的人，仅能发挥其能力的20％～30％，而当他受到激励时，其能力可以发挥80％～90％。可见，激励的作用是巨大的。成人要关注幼儿的绘画行为，以便在幼儿需要时及时鼓励幼儿，为幼儿提供解决问题的支架。幼儿绘画较为自由，家长指导不宜过多，关注与鼓励更为重要。

（4）科学评价幼儿的绘画作品。首先，家长评价幼儿绘画作品时要尊重幼儿的想象和创造，要从幼儿视角出发看待作品。幼儿绘画的最大价值在于发展其创造性，"像不像"不应成为评价幼儿绘画的重要标准。家长要珍惜幼儿绘画作品的艺术性，在绘画活动中，科学性是从属于艺术性的，应该暂且搁置科学性的标准。其次，家长评价作品时要体会幼儿在作品中表达的情感。成人看到幼儿作品总是喜欢询问"这是画的什么呀？""这小鸟为什么站在这里啊？""小树为什么是弯弯的腰啊？"……询问是成人了解幼儿的重要途径，但这种途径容易将成人与幼儿对立起来，并且只要家长关注幼儿绘画过程，仔细体味绘画作品，不需询问也能了解孩子的许多想法。因此，家长在评价或欣赏幼儿作品时，应更多地将提问转变为描述性反馈，即描述幼儿在绘画作品中表达的情感。描述性反馈不仅可以增强幼儿绘画的成就感，还有利于发展幼儿的自我意识。最后，评价幼儿作品应以积极评价为主，同时注意积极评价的频率与方式。来自成人的积极评价会使幼儿获得一定的心理满足，提升幼儿的学习兴趣和克服困难的信心，提高他们的绘画能力与技巧。但积极评价不等于宽泛、频繁的表扬与物质奖励。宽泛的表扬不能使幼儿认识到他们哪里画得好，为什么画得好。这种表扬对于幼儿绘画能力的发展作用不大，因此，表扬要细致、具有针对性。表扬也不能太频繁，太频繁的表扬容易使幼儿沉溺其中，失去自我判断能力，他们慢慢会认为成人说好才算好。物质奖励应尽量少用，因为物质奖励容易使幼儿因物质而绘画，使绘画由一种兴趣活动逐渐变为一种功利性活动。可见，频繁的物质奖励不仅不会培养幼儿兴趣，反而会导致幼儿绘画兴趣的转移或消失。

思考与练习

一、名词解释

1. 学前儿童健康教育

2. 情境体验法

3. 替代想象法

二、简答题

1. 简述学前儿童家庭健康教育的原则。

2. 简述学前儿童家庭情感教育的要点。

3. 简述学前儿童规则意识的发展。

三、论述题

1. 试分析当今社会背景下的学前儿童家庭规则教育的利与弊。

2. 论述学前儿童家庭创造教育的方法。

四、案例分析题

又到吃饭的时间，我们一家人正吃饭。家里养的小狗从门缝里钻了进来。儿子见了就要把它赶出去。我说"你快吃，不要管它"。儿子一下就赌气了，说："你不把它赶出去，我就不吃饭了。"我听了就很生气，训了他几句。儿子不但没听我的，反而哭着跑了出去。我妈妈见了就把小狗赶跑了，并把儿子连哄带诱拉了回来。而且还当着儿子的面说我不好，儿子才不哭了继续吃饭。我与儿子的"较量"又以儿子的获胜而告终。

——一位家长的自述

结合上述案例谈谈怎样为"任性"的孩子建立规则。

五、实践题

1. 考察农村学前儿童家庭教育中的健康教育存在哪些问题，并尝试提出对策。

2. 观察身边学前儿童家庭教育中的规则教育行为，并进行分析与评价。

单元导言

　　游戏是学前儿童非常喜欢的活动和十分重要的学习方式，游戏就是他们的生活，他们在游戏时也是在"工作"。游戏对于学前儿童的个体成长与社会发展具有重要意义与价值，是人的自然生长与社会成长的重要内容。家庭是人们生活时间最长的地方，也是人们休闲的场所。游戏是家庭生活的重要内容，在学前儿童家庭教育中，游戏同样充当着重要角色。

学习目标

1. 理解学前儿童家庭教育中游戏的价值。
2. 掌握组织学前儿童亲子游戏的基本技能。

第一课　学前儿童家庭教育中游戏的价值

游戏在学前儿童身心发展中起着无可替代的作用，同时也是对学前儿童实施早期教育的重要手段。在成人看来，游戏常常意味着玩，只是一种娱乐而已，但对学前儿童来说，游戏却是他们基本的活动，是身心发展不可缺少的"营养素"。游戏有助于学前儿童认知、语言、创造力等多方面能力的发展。家长经常与学前儿童一起游戏有利于学前儿童安全依恋的形成。学前儿童在游戏中获得的快乐体验，对激发他们今后人际交往的兴趣，促进他们的交往能力，使他们形成活泼开朗的性格都大有裨益。

一、游戏是家庭教育的重要途径，促进学前儿童身心发展

（一）游戏是学前儿童身体运动的载体

学前期是儿童一个非常活跃的阶段，他们几乎每时每刻都在活动，游戏是其活动的重要载体。学前儿童的大部分游戏都与身体运动和肢体动作的练习有关，有锻炼其大肌肉的动作，如玩滑梯、追逐嬉戏、堆沙子和滚轮胎等。在这些大活动量游戏中，学前儿童可以锻炼其平衡能力、耐力和身体柔韧性，促进骨骼和肌肉的成长。游戏中也有锻炼其小肌肉的精细游戏，如玩积木、涂鸦和抓小球等，可以使学前儿童手指、手腕和手掌的动作更加灵敏，促进学前儿童手眼协调能力的发展。这些动作不仅能促进学前儿童骨骼系统、肌肉系统以及新陈代谢和运动技能的发展，还可以使学前儿童的动作协调和控制能力得到充分发展，可以有效增强学前儿童体质与抵御疾病的能力，使其拥有强壮结实的体格。

（二）游戏是学前儿童思维发展的基础

游戏是学前儿童的基本活动，他们喜欢游戏，而游戏能促进学前儿童思维的发展。国内外许多学者的研究表明，游戏可以唤起学前儿童的参与兴趣，使其注意力

集中，从而充分发挥想象力和创造力，在轻松愉快的气氛中学习和发展。游戏对学前儿童思维发展的意义主要表现在以下几个方面。

首先，游戏提供了学前儿童思维活动的材料和工具。学前儿童游戏活动的特点之一，是学前儿童要对那些与游戏有关的现象和事件采取描述的态度。这就促使学前儿童从感知到的东西中选取最主要的、新的、同游戏构思和活动有直接关系的东西。在学前儿童的经验中逐步得到巩固的这些东西，也就成为思维的材料。

其次，在游戏中创设解决问题的情境，提出发散思维的课题，提高学前儿童解决问题的能力。游戏为学前儿童创设了许多性质不同的情境，各种不同情境会产生各类不同的问题。这就促使学前儿童积极认真地去完成智力活动，认真尝试方法使问题得到解决，从而促进学前儿童解决问题能力的迅速提高。

最后，游戏活动促使学前儿童的思维品质得到发展。例如思维的速度、灵活程度、抽象程度、独创程度等，都可以通过游戏得到培养和锻炼。

（三）游戏在促进学前儿童社会性发展方面具有重要价值

游戏是学前儿童社会交往的主要形式，在游戏中，学前儿童以双重角色练习社会交往技能。一方面，学前儿童作为游戏者学习分享、协商等社会交往技能；另一方面，学前儿童充当一定角色，体验多种社会角色的行为特点，以此增强社会技能。可见，游戏在促进学前儿童社会性发展方面具有重要价值，是促进学前儿童社会性发展的有效途径。

（四）游戏在促进学前儿童情感发展方面具有重要价值

1. 游戏可以激发学前儿童的愉快情感，消除消极情绪

游戏本身具有浓厚的趣味性，符合学前儿童好奇、好动的特点，能让学前儿童在游戏中充分享受到自由。在游戏中，学前儿童没有心理压力，情绪是放松的，他们自娱自乐，敢于大声说笑，大方表现，大胆想象。他们随时随地自由结合，不用任何道具就玩得很开心。这说明游戏为学前儿童创设了良好的情绪环境，有利于学前儿童跨越情绪障碍。因此，游戏的开展过程，可以说是学前儿童逐步形成良好个性心理和积极情感的过程。

2. 游戏可以丰富学前儿童的情绪体验

游戏的内容和形式灵活多样，学前儿童在游戏中体验着各种情绪和情感。游戏

可以大大丰富学前儿童的情绪体验，对学前儿童的情绪发展具有促进作用。

游戏对于学前儿童的成长具有十分重要的意义，是学前儿童全面发展的重要途径。可见，游戏是学前儿童家庭教育中非常重要的一部分，家庭教育应尊重学前儿童的人格，尊重学前儿童的身心发展规律和学习特点，重视发挥游戏的价值。

二、游戏促进亲子互动，增强学前儿童的安全感和信任感

学前儿童游戏以亲子游戏为主要形式，亲子互动对学前儿童的社会情感发展起着重要作用。由于学前儿童几乎没有社会经验，其自身也不具备更多社会学习的能力，因此游戏便成了他们实现社会化的必由之路。

儿童需要学会对别人的行为做出正确的回应，例如，对妈妈的微笑、拥抱、照顾等做出声音、微笑或者其他的身体反应，同时要预测成人的行为并对成人发出信号，预期自身的行为对成人产生的影响。当儿童发出的信号能被成人正确回应时，他们对成人和世界的信赖感和安全感由此产生。例如，在成人与儿童一来一去的表情游戏中，妈妈一边温柔地看着孩子，一边微笑地对他说："宝宝，今天开不开心啊？"孩子也会专注地看着妈妈微笑。接着，妈妈对孩子做个有趣的鬼脸，把孩子惹得咯咯直笑，孩子也学妈妈做鬼脸……妈妈宝宝互做鬼脸，其乐融融。在这个简单的互动中，儿童学到了不少东西：因为妈妈跟我玩，所以我很开心；妈妈对我笑的时候，我也很想对妈妈笑；我知道妈妈一定觉得我做的鬼脸很有趣，所以才对我笑，和我一直玩。可见，良好的互动能让儿童知道身边的人不仅会很好地照顾他，还非常喜欢和他在一起，明白他的需要。儿童因此能了解到人和人之间快乐的互动不仅能让别人开心，自己也会觉得很舒服；能明白自己的行为举动能影响别人的心情，对别人接下来的行为产生作用；会懂得要想收获快乐，不仅需要自己的回应，也需要自己的付出。关注和认可儿童的情绪，也能让儿童学会照顾别人的情绪，建立积极的自我认知；明白互动的意义后，能让儿童更容易结交其他小朋友，学会"分享"，掌握与人互动的窍门。

儿童具有丰富的潜能，这些潜能需要在一个与他的年龄相适应的教育环境中得以发挥、增长。在这样一个环境下，成人可做到润物无声，让儿童不反感，快乐地

接受，也让成人能在日常生活中轻而易举地操作。而这个寓教于乐的环境正是通过游戏来实现的。在游戏中，也许儿童只是有所发现却不明所以，但他们是满足的、快乐的；也许儿童不能动手只是在观看，但他们的大脑是活动的、跳跃的。

三、游戏有助于营造和谐家庭氛围，增强学前儿童幸福感

亲子游戏增加了家长与儿童的互动机会，不仅丰富了儿童的家庭生活，也使家庭教育的方式更为恰当和科学。亲子游戏使父母更加了解孩子的喜好和品格，从而能针对儿童的具体情况进行相应的教育。亲子游戏中父母会尊重学前儿童的需要和兴趣，增加了父母教育和帮助儿童的机会，使儿童愉快地接受家长的建议。

第二课　学前儿童亲子游戏指导

学前儿童的健康成长离不开游戏，游戏可以让他们把娱乐、运动、学习融于一体，使儿童在轻松愉快中学到知识、训练技能、锻炼身体。家长应树立正确的游戏观和运用科学的游戏指导原则，更好地促进儿童的成长。

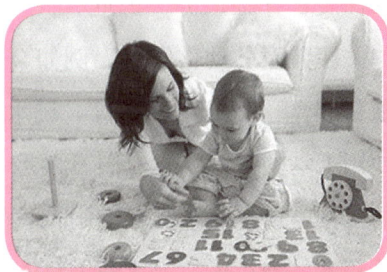

一、学前儿童亲子游戏的指导原则

（一）安全性原则

安全是学前儿童教育工作中各项活动的普遍要求，在游戏的设计、组织过程中更要树立安全第一的观念。儿童的自理能力和独立性较差，还有待于长时间的发展和完善，因此游戏时成人要守在儿童身边并说明方法与规则，确保安全。家长提供的玩具要大小适中、手感好、不易损坏、安全、卫生、可靠等。家长具体要做到以下几点：

第一，向儿童说明使用玩具和游戏材料的适宜方法，并确保儿童能够理解。由于儿童语言水平的限制，成人可以通过教学录像或示范来达到目的。

第二，制定必要的取放玩具和游戏材料的规则和小组活动的规则。儿童的随意性较大，对于自己喜欢的玩具，可能会不经成人允许就拿来游戏，这种预料之外并不受控制的游戏危险因素很多，成人对儿童游戏的规则指导应格外强化。

第三，定期检查玩具是否有潜在的危险，如有破损，立即修补或扔掉，游戏材料发挥价值的前提就是不会对儿童造成伤害。同时检查存放玩具的柜子或架子是否安全，不能让儿童独自拿到的玩具或材料应放在他们拿不到的地方。

第四，及时处理游戏中儿童之间的纠纷，优秀的家长能敏锐感觉儿童的情绪变化，及时制止儿童之间的攻击性行为。

（二）活动性原则

成人在指导儿童游戏时，要考虑儿童的年龄特点。哪个年龄段的儿童需要哪些游戏内容、有哪些特点，成人要做到心中有数。儿童主要处于感知运动的认知水平，并满足于感官运动和机体活动的生理性快乐，所以游戏应具有较突出的嬉戏性，多以四肢动作、身体的运动、愉快的表情以及语言等为表现形式，应具有较少的深度认知性成分。因此，成人应为儿童选择活动性较强的游戏，并在指导过程中关注儿童的动作发展。例如，1岁以内的儿童喜爱抓物，可以进行翻身打滚、撕纸、放盒子、找物、爬行、玩水、玩沙子、玩拼板等游戏。1.5岁左右是儿童开始使用工具的关键期，他们不再是简单地拿东西无目的地玩，而是把它当成可以操作的工具。这是儿童学习使用工具的萌芽状态，非常重要，适合的游戏包括爬楼梯、排积木、捡豆子、捉迷藏、跨障碍物、玩球、走斜坡、串项链、老鹰捉小鸡、折手帕、上下楼梯、拼插玩具、折纸、投球接球。

（三）参与性原则

成人可以和儿童一起游戏，以便启发和引导儿童。儿童清醒的时候，多半不会安静地躺着，而是充满好奇地观察着周围环境，或是玩弄着自己的身体，这是家长陪儿童游戏的最好时间，家长可以利用这段时间为儿童提供一些新奇的玩具，或者有意识地教儿童做模仿游戏。亲子互动能使儿童的情绪愉快，能建立良好的亲子感情，同时也能够促进儿童的动作发展，例如，儿童动作发展的规律是三翻六坐八爬十站周岁行走，成人按时帮儿童练习翻身、侧卧、俯卧等动作，经常和儿童说说笑笑、玩玩逗逗，用玩具引导他向前爬行、向前迈步，儿童的动作发展则会较快。

成人参与儿童游戏时需要注意，要让儿童按照自己的意愿和实际水平去玩，不可以过多干涉儿童的游戏，更不可把游戏复杂化使儿童玩不起来或不感兴趣。儿童的游戏意愿是游戏的灵魂。成人切不可随意根据自己的意愿改变儿童的游戏，否则游戏的价值就丧失了。例如，儿童愿意把火车放在地上推来推去，成人就不要强求他把小火车放在轨道上玩。

（四）尊重性原则

1. 尊重学前儿童自己的游戏玩法

在学前儿童游戏活动中，成人经常给儿童准备许多游戏材料，并根据儿童的发展水平设计多种玩法。但事实上，当儿童接触到一种新的材料，他们就有自己的玩法和探索的方向，而对于成人设计的游戏，他们有时也不感兴趣。此时，如果成人急于把儿童拉到预先设计的游戏中来，就有可能违背儿童的意愿。因此，成人应该尊重儿童自己选择的游戏玩法，根据儿童的探索方向观察儿童需要什么，碰到的困难是什么，自然地加入儿童的探索与游戏，并尝试给予及时的肯定和赞赏。当儿童对游戏材料有了一定的认识和理解后，成人可以以游戏者的身份参与儿童的游戏，挖掘游戏材料潜在的教育能量，使儿童对同一材料的游戏产生新的灵感和兴趣。

2. 尊重学前儿童的发展水平和规律

0~3岁学前儿童发展变化很快，有时甚至在一个星期内，他们就有了很大的变化，而违背儿童发展规律的游戏是在浪费时间，甚至会延误儿童发展。维果茨基曾说过，3岁以前的儿童是按照他们自己的大纲学习的。成人在和这一年龄段儿童做游戏时，不能刻意地追求某个目标，不能以自身的想法去束缚和限制儿童，不能要求他们学这学那，对3岁以前的儿童来说，他们喜欢怎么玩就让他们怎么玩，这对培养儿童的创造力、想象力和自主能力，都是非常有效的。

3~6岁儿童的游戏同样有很大差异，3岁儿童喜欢的游戏不一定适合4岁儿童，5~6岁儿童的游戏也不一定适合4岁儿童。3岁儿童喜欢表演，他们往往假装自己是家庭中的一员，女孩扮妈妈，假装做饭、看娃娃，男孩爱扮爸爸，骑车或修理家具。他们的兴趣变化很快，一会儿骑车，一会儿玩球，而且常常反复地进行某些游戏，从不会轻易感到厌倦。4岁儿童的游戏虽然仍保留着3岁儿童的一些特点，但其想象力比3岁儿童更为丰富，他们的游戏活动更富有胆略和进取心。扮演坏人也是他们的爱好之一，有时会扮演得非常逼真。4岁儿童在使用工具和设备时更具协调能力，他们常把东西藏起来。5岁儿童根据自己生活的经验进行游戏，开始表现出明显的创造性，具有创造性表演的能力。6岁儿童逐渐具有独立解决问题的能力，创造性想象与创造性思维在游戏中可以获得良好的发展。随着儿童年龄增长，他们越来越喜欢较复杂的创造性游戏。

二、不同种类学前儿童亲子游戏的指导

亲子游戏是家庭内父母与儿童之间，以亲子感情为基础，以儿童与家长互动游戏为核心内容，全方位开发儿童的运动、语言、认知、创造、社会交往等多种能力，帮助儿童初步完成"自然人"向"社会人"过渡而进行的一系列活动。亲子游戏是以亲缘关系为主要维系基础，以家长和儿童共同游戏为形式的一种活动，可以促进儿童认知能力、社交能力和良好情绪情感的发展。在家庭中，常见的亲子游戏主要有感知觉亲子游戏、运动性游戏、桌面亲子游戏、娱乐性亲子游戏、智力亲子游戏、音乐游戏、情节角色亲子游戏七类。

（一）感知觉亲子游戏的指导

对0～1岁的儿童，特别是初生儿而言，感知觉游戏是主要游戏，其主要目的是刺激儿童的感官，让儿童感知觉更健康地发展。因此，初生儿摇篮的上方，应悬挂各种色彩鲜艳的物件、玩具和能发出悦耳动听声音的铃铛、小鼓等，家长随时晃动悬挂的玩具，以吸引儿童的视力，同时伴以亲切的话语，让儿童感受到父母的爱。等儿童稍大一些（3～5个月），可以让儿童握住一些小物件或成人的手指，带动他活动肢体或在抱他时抚摸、亲吻他，以刺激他的触觉、皮肤觉，给他爱的感受。家长可以为儿童准备各种色彩的小球、小盒，让儿童在1岁左右可以玩辨色游戏，可以为儿童准备各种形状或各种性质的物体（软的、硬的、光滑的、粗糙的，各种几何形状的等），放在箱内，让儿童按要求摸出其中的一个来。家长要以游戏的口吻激发儿童做游戏的兴趣，如"妈妈跟你一起猜猜，这是什么动物在叫？看谁猜得对？"等。家长要鼓励和表扬儿童的每一个成功的游戏，并经常让儿童游戏成功，即使他的成绩不理想，也要

鼓励他，让儿童不断感受成功的喜悦，增强对游戏的兴趣。

（二）运动性游戏的指导

运动性游戏可在室内或室外进行，室内游戏在地板上或地毯上进行，室外游戏最好在平整的草地上进行，掌握时间和运动量，不能让儿童玩得太累，儿童微微出汗后，即可休息。家长注意给儿童擦汗，给儿童喝水。吃饭前后半小时内，睡前半小时内，均不宜做运动性游戏。冬天的活动量可以大些，夏天则应选择运动量小的游戏。

（三）桌面亲子游戏的指导

准备充足的拼搭玩具构件，让儿童能拼搭成一个物体。家长先要教会儿童玩这种玩具的方法，家长可以先自己玩，让儿童看家长拼搭成某种简单形象，引起他兴趣后，再教他怎样搭。家长和儿童先共同搭玩，再让儿童自己搭，父母在一旁陪伴，边玩边说话，启发他不断创新。家长可以说"我们搭一辆汽车好吗？""房子上要不要加上一个烟囱呢？"等。游戏结束后，在家长帮助下让儿童自己收拾好玩具，放回指定的地方，并养成习惯。桌面游戏以儿童自己游戏为主，父母不要过多陪伴，更不要随便指定他怎样搭或批评他，而应让他自己搭好后再问他搭的是什么，不管他说什么，都要肯定他"搭得好""真聪明"。

（四）娱乐性亲子游戏的指导

娱乐性亲子游戏是为了让儿童精神愉快，所以家长也要以极大的热情投入游戏，用自己的愉快情绪感染儿童。对年龄小的儿童，父母可以帮助他上发条，把汽车开到儿童那里，再让他开回来，也可以让儿童自由玩，家长在旁边高兴地看。等儿童年龄稍大，就可以让他自己上发条。玩"捉光亮""手影游戏"等，儿童也会十分兴奋，但要注意光亮不要移动过快，不要让手电筒的光直接射到儿童眼睛里。玩"手影游戏"时，家长也要十分投入，用富有感情的语调吸引儿童对影子的兴趣。对稍大的儿童，可以教他如何做手影。玩沙、玩水时，家长可以一起玩，也可以在旁边看儿童玩，但不要干涉他，让他自由地玩，同时要注意安全，别让沙子进入儿童的眼睛。

（五）智力亲子游戏的指导

智力游戏有明确的目的性，家长要按儿童年龄特点选择适合儿童心理发展水平和认知水平的游戏内容，不可操之过急，要求过高。智力游戏的材料应有多变性，丰富多彩才能吸引儿童的兴趣，培养儿童思维的敏捷性。智力游戏内容丰富，有感官游戏、分类游戏、比较异同游戏、记忆游戏、推理游戏、计算游戏、语言游戏等，家长选择时要从易到难，并教会儿童玩游戏的方法。家长的热情投入、与儿童一起游戏至关重要，家长绝不能以考官的身份出现，使儿童感到紧张，有时，家长可以有意让自己出错，让儿童获胜，使儿童在愉快的游戏中开发智力。

（六）音乐游戏的指导

家长要选择适合儿童特点的轻快、柔和的轻音乐和儿童音乐作为游戏内容，不要用迪斯科或爵士乐等强节奏、强刺激的音乐。音响要轻重适宜，不要把音量开得太大，以免刺激伤害儿童的听觉神经。游戏动作要简单易学，并能引起儿童的乐趣。家长要热情地和儿童一起做律动动作或音乐游戏，同时鼓励儿童自己根据音乐创造新的动作，家长学做儿童的动作可以使儿童更有自信和兴趣。

（七）情节角色亲子游戏的指导

情节游戏往往从模仿游戏开始，如儿童在玩布娃娃时家长可暗示一下，"娃娃想吃饭了"，孩子就会去拿碗、勺给布娃娃喂饭，这就是给儿童创造一个原始的情节，让儿童玩下去，如2岁孩子玩娃娃时，家长可以说："娃娃累了吧？想不想睡觉哇？"孩子让娃娃睡下时，再提醒他"娃娃冷不冷啊？"孩子也许就会拿一块手帕给娃娃盖上。家长表扬孩子真聪明，然后再暗示起床、穿衣、洗脸等，让孩子不断玩下去。家长亲自参与游戏是角色游戏中最有趣的情节，如让孩子当妈妈，自己当孩子；让孩子当理发师或医生，自己做顾客或病人，这样的"角色转换"能引起孩子极大的兴趣，使孩子玩得特别愉快。儿童长到3岁时，可以编一些简单情节的故事，父母可以和儿童共同进行角色表演。

▶ **拓展阅读**

与孩子玩游戏时的态度

游戏应该是快乐、愉悦的，若父母的态度不好，不但不能享受亲子游戏的乐趣，还会使孩子对游戏反感。下面就提供一些正确的态度让家长们参考。

不要强求。孩子每个阶段的发展各不相同，家长在与孩子玩游戏时，应该依照孩子的发展阶段设计游戏内容，不要做超出其能力范围的游戏。

不要把陪孩子玩游戏当成工作。玩游戏是一件高兴的事情，爸爸妈妈可以随意抽空陪孩子玩游戏，不要把陪孩子玩游戏当成一件工作。

给孩子信心。在玩游戏的过程中，家长随时以眼神、动作、语言给予孩子鼓励是一件重要的事，可以让孩子在游戏中培养自信。

给孩子创造的空间。孩子的想象空间是相当宽广的，在游戏中，孩子可能会自己想出不同的游戏方式，或是自己创造出新的游戏，应给孩子多提供创造的空间。

在游戏中随时观察孩子各方面的发展。在与孩子玩游戏时，通过观察可以发现孩子的兴趣以及发育情况。

给孩子足够的游戏时间。当孩子玩得正高兴时，要他做其他的事情，很容易使孩子的情绪低落。

父母应放下架子。在与孩子玩游戏时，爸爸妈妈应该与孩子融入游戏的情境中，共享乐趣，成为孩子的朋友。

当孩子对游戏不感兴趣或感到疲乏时，不要勉强孩子继续做，勉强孩子玩游戏不仅会破坏亲子关系，更无法达到游戏的效果。

三、学前儿童亲子游戏资源

（一）学前儿童亲子游戏：画影子

适合年龄：3~6岁

游戏目的：发散学前儿童的思维

游戏材料：厚而不透水的纸、蜡笔或彩笔、绘画颜料

游戏方法：在晴天的时候，家长带儿童站在路边或草地上，父母在纸上画出儿童影子的轮廓，再让儿童摆出各种有趣姿势，画出他的轮廓，画完以后可以再让儿童把家长的影子也画出来，再在影子的轮廓内涂上颜色。家长还可以带儿童到户外，在地面或墙上指出树、叶、花、树枝及灌木丛的影子，当影子映在一个平面时，可以让儿童在纸上画出它的轮廓，还可以稍微移动纸张，画出叠影，回到家中再涂色，挂在墙上欣赏。

（二）学前儿童亲子游戏：揪尾巴

适合年龄：2～2.5岁

游戏目的：训练儿童躲闪的能力及动作的灵敏性

游戏材料：花手绢或彩色布条或小方围巾

游戏方法：孩子和家长将花手绢或彩色布条系在腰间，当作尾巴；家长去揪孩子腰后的"尾巴"，孩子同时也揪家长身后的"尾巴"，双方躲闪，不让对方揪到自己的"尾巴"。

观察与评价：观察孩子躲闪时身体的灵敏性如何，是否能够及时躲闪；观察孩子被揪尾巴的次数是否随游戏进行的时间有所减少。

活动建议：在活动进行的过程中，注意不要让孩子跑得太急太快，小心孩子摔倒；注意孩子的运动量不要太大，中间可稍作休息，给孩子喝点水；注意活动的场地要宽阔，周围不要有过多的障碍物。

设计意图：这一阶段的孩子虽然走、跑、跳等动作已基本发育完全，但动作间的协调性还不够好，尤其是还不足以做到灵活躲闪，因此需要爸爸妈妈的配合，通过游戏的形式锻炼自己这一动作能力。

第三课　学前儿童亲子游戏的观察与评价

参与学前儿童亲子游戏的有两类重要角色：一类是学前儿童，一类是家长。因此，学前儿童亲子游戏的评价也应该对两类角色综合进行评价。

一、亲子游戏中学前儿童的发展性评价

学前儿童亲子游戏评价要从生长发育、动作发展、语言发展、认知发展以及情感与社会性发展等方面对学前儿童展开科学的、全方位的、综合性的评价，不仅评价儿童目前的发展情况，也分析过去、预测未来，了解儿童发展中的需要，发现和

发展儿童多方面的潜能。家长在观测儿童的行为发展时，一方面应注意分辨其是正常行为还是异常行为，另一方面应注意分辨其是偶发行为（发展中正常的新行为）还是稳定行为。

拓展阅读

亲子阅读的效果评价方法

评价亲子阅读效果不仅要评价孩子对阅读内容的理解和掌握能力，还要重点评价孩子对亲子阅读的兴趣是否建立，孩子与监护人通过亲子阅读是否增进了感情交流，孩子的情商是否得到提高。

1. 0~6个月的孩子（亲子阅读萌芽期）

对阅读内容的反馈信号和测验：观察孩子是否能够注意到大卡片，是否愿意伸手去抓、揉、拍卡片。

阅读习惯建立和情商发育：观察孩子是否愿意玩卡片并随着家长对卡片的解释咿呀发音（尽管听不懂）。

2. 6~12个月的孩子（亲子阅读准备期）

对阅读内容的反馈信号和测验：当被问及"那个是什么"时，是否能够对熟悉卡片上的物体进行指认。

阅读习惯建立和情商发育：观察孩子是否能够有固定时间或者愿意和家长共同"读书"，是否能够协助家长翻书，是否有自己喜欢的图片。

3. 1~2岁的孩子（亲子阅读起航期）

对阅读内容的反馈信号和测验：当被问及"某某在哪里"时，是否能够指认卡片和实物，是否可以重复简单句子或者故事的后几个字。

阅读习惯建立和情商发育：观察孩子是否有固定时间能主动要求家长"读书"，并是否有自己喜欢的故事。

4. 2~3岁的孩子（亲子阅读加速期）

对阅读内容的反馈信号和测验：鼓励孩子多说话，不论他的语言是否正确和对书中内容的描述是否准确。

阅读习惯建立和情商发育：观察孩子是否有固定时间读书，并是否愿意向家长"讲解"书中内容。

5. 3~6岁的孩子（亲子阅读巩固期）

对阅读内容的反馈信号和测验：通过提问与书中内容相关的简单问题，启发思考；要求孩子对故事进行简单复述；测验和训练孩子对书中提到的常识在现实生活中指认的能力，如指认红绿灯、各种车、不同职业人群等。

阅读习惯建立和情商发育：是否能够自主地在现实生活中反应书中的内容；是否能够主动根据书中内容提出简单问题并得到家长的耐心解答。

6. 6岁以上的孩子（亲子阅读平稳期）

对阅读内容的反馈信号和测验：训练儿童主动复述或自编有完整情节的故事；训练儿童将书中常识应用到现实生活中的能力。

阅读习惯建立和情商发育：观察孩子是否热爱阅读，是否愿意自己选择读物并愿意与家长讨论。

二、学前儿童亲子游戏中家长参与的适宜性评价

学前儿童亲子游戏评价还要从学前儿童家庭教养者早期教养的观念、态度、环境创设、游戏设置等方面来评价。

第一，家长在组织与指导儿童游戏时是否具有能促进儿童健康和谐发展的理念。具体内容为评价家长是否避免以自己的价值取向来衡量儿童的游戏，是否尊重儿童的年龄特征开展游戏，是否认为良好的游戏习惯十分重要等。

第二，家长在组织与指导儿童游戏时对待儿童的态度是否做到尊重、关爱，是否建立良好的亲手关系，是否建立稳定的、健康的、富有指导意义的家庭式的指导环境与文化。首先，亲子游戏的形式应该相互配合，家长能自然而然地促进儿童智力的发展。其次，家长应能平等地参与到游戏当中，不能高高在上、指手画脚，应当是游戏的参与者，并且跟儿童处于平等的地位。最后，亲子游戏的整个过程应能够给儿童和家长双方都带来乐趣，要让儿童在游戏中体会到创造和成功的快乐，家长则能够体会到亲子交流的幸福。家长应将具有特定功能的亲子游戏同日常的育儿

生活相互交融起来，这样就可以在丰富而快乐的育儿生活中，使儿童的潜能得到不断开发。

第三，游戏目标的设置以及相应的游戏活动是否适合儿童发展的规律和已有经验，是否可以促进儿童在生长发育、动作、语言、认知、情感与社会性等方面健康和谐的发展。良好的亲子游戏应能够启发儿童的智慧，既能够利用和发挥儿童现有的能力，又能够引导和发展他们新的能力。

第四，游戏是否依托社区或周边环境，家长要为儿童提供安全的、健康的户外游戏活动环境。

三、学前儿童亲子游戏评价的要求

第一，评价应从学前儿童的生长发育、动作发展、语言及认知发展、情感及社会性发展等多方面入手，全面地对0～6岁儿童整体发展水平进行评价，避免只重视身体健康而忽略心理健康，只重视认知发展而忽略动作、情感与社会性发展的倾向，避免以偏概全。

第二，应注意评价主体的多元化，建立家长、儿童早期教养工作人员、有关专家等共同参与、相互影响的评价制度。

第三，评价应是动态持续的过程，要以发展的眼光看待儿童，关注儿童的发展变化与成长历程，既要了解现有水平，更要关注其发展的速度、特点和倾向等。家长要承认和关注0～6岁儿童各个方面发展的个体差异，弱化将所有评价对象的评价结果进行横向比较的倾向，重视在评价结果的基础上提出个性化的、建设性的改进意见与方案，促进每一个评价对象在原有的基础上获得发展。

思考与练习

一、简答题

1. 简述学前儿童游戏的指导原则。

2. 简述组织开展学前儿童亲子游戏的基本原则。

二、论述题

1. 论述学前儿童家庭教育中游戏的价值。

2. 试述如何对学前儿童亲子游戏进行观察与评价。

三、实践题

1. 考察你家乡所在地学前儿童家庭教育中亲子游戏的常见类型、频率、效果。

2. 观察记录一次亲子游戏并做出评价。

3. 尝试利用周边社区的有利条件组织一次亲子游戏。

单元导言

　　教育包含多种因素，家庭教育也不例外。在分析家庭教育问题和解决家庭教育问题的时候，一定要多方面考虑问题，将家庭教育视为一个包含多因素的生态系统，同时，将家庭教育置于更为广阔的教育系统中进行思考，即构建生态式学前儿童家庭教育体系。只有这样，才有可能针对教育问题的症结，寻找更为有效的解决问题的方法。

学习目标

1. 理解幼儿园与学前儿童家庭教育合作的重要性和方式。

2. 掌握幼儿园家庭教育指导的基本内容和方法。

3. 领会社区在学前儿童教育中具有的重要作用。

4. 掌握国外生态式学前儿童家庭教育体系的构建经验。

第一课　幼儿园与学前儿童家庭教育的合作

在教育幼儿的过程中，幼儿园与家长的作用互相补充、互相推进，家长与幼儿园的沟通是必不可少的。《幼儿园教育指导纲要（试行）》明确指出："家庭是幼儿园重要的合作伙伴……应本着尊重、平等、合作的原则，争取家长的理解、支持和主动参与，并积极支持、帮助家长提高教育能力。"顺畅的家园合作对于幼儿教育的顺利实施十分重要。首先，家园合作可以为幼儿创造良好的学习和教育环境，能协调家园双方的力量并使之形成合力，避免家庭教育和幼儿园教育效果的相互削弱和抵消。家园双方的协调一致，又可防止社会不良现象对幼儿的侵害，使幼儿园与家庭发挥最大的教育功能。

一、幼儿园对学前儿童家庭教育的指导与服务

家庭教育指导一般是指为了提高家长家庭教育的水平、提高家庭教育质量，学校、社会及其他企事业单位向有子女的家长提供教育帮助和指导，使被指导者及其家教水平发生积极变化的一种社会公益性活动。它是以促进儿童身心健康发展为最终目的、以家长为主要对象的、带有师范教育性质的成人业余教育，是社会终身教育体系的一个有机组成部分。幼儿园加强对家庭教育的指导，通过指导家长优化家庭环境、进行家园合作教育、提高教育水平以及向家长进行法制教育等方式，能够提高家长的教育素质。

（一）幼儿园对学前儿童家庭教育的指导内容

1. 指导家长知晓幼儿身心发展的特点和规律

首先，幼儿身心发展的特点和规律包括幼儿一般的发展特点和规律，如喜爱大自然的天性、具体形象的思维特点、经验虽贫乏但求知欲旺盛、好奇心强等。其次，幼儿身心发展的特点和规律包括各个年龄阶段幼儿的发展特点与规律，如3~4岁、4~5岁、5~6岁幼儿的身心发展特点与规律。最后，幼儿身心发展的特点和规律还包括幼

儿的个别特点与实际发展水平。例如，有的幼儿性格内向敏感，有的则活泼开朗；有的喜欢阅读，有的则喜欢动手操作，适合动作性学习；有的幼儿语言水平低于同龄幼儿的水平，等等。只有了解这些特点和规律，才有可能对幼儿进行恰当的教育。

2. 指导家长知晓幼儿园教育的有关知识

幼儿园教育的有关知识包括幼儿园教育的依据、目标、任务、内容、特点、方式，以及伴随社会发展和教育改革的幼儿园的改革动向与要求等。向家长传授这些知识，目的是让家长能更加理解幼儿园教育，有效支持、参与幼儿园的教育，并对幼儿园教育起一定的监督作用。

3. 指导家长知晓家庭教育的有关知识

家庭教育的有关知识包括：家庭教育的功能、特点、任务、内容、原则、方法艺术，影响家庭教育的因素，家长教育素质和能力的提高，以及家庭教育中现存问题的分析与解决等。这一部分内容在家庭教育实践中有较大需求，是指导的重点内容。

4. 指导家长知晓家园合作共育的知识和要求

为什么要实施家园合作共育、如何实施，家长如何认识家庭教育指导，以及了解家长参与幼儿园教育的权利与义务等，都是此部分应该包括的内容。

5. 围绕社会热点问题和幼儿园中心工作与家长交换意见

当前，社会发展迅速，教育改革活跃，新生事物层出不穷，人们的思想、价值观也趋于多元化，所以非常有必要对许多教育问题进行共商，以便达成正确的共识。如社会上儿童教育方案繁多，幼儿园要不要开设蒙台梭利班，要不要让幼儿学珠心算、学英语的问题，等等。许多家长跟风而动，但不够理智。幼儿园可以就这些问题与家长进行商讨，首先使家长明白这些事情的实质，形成正确的看法，然后商量如何运用科学的方式去促成幼儿真正意义上的发展。

6. 指导家长知晓有关幼儿保护和教育的法规政策和文件

家长作为幼儿的法定监护人及第一任教师，要知法、懂法、守法，从而知道自己在幼儿的养育上应该做些什么、如何做，如《儿童权利公约》《中华人民共和国未成年人保护法》《幼儿园教育指导纲要（试行）》，还有一些有关幼儿伤害事故处理的规定等。这样一方面可以使家长更好地履行自己的责任和义务，另一方面便于处理幼儿伤害事故等。幼儿园应通过恰当的形式来指导这一工作。

7. 指导家长提高个人的一般素质和教育素质

现在人们越来越多地知晓"家长教育"一词，它比"家教指导"更能让人感受到这样一个道理：家长若要履行好教育子女的使命，就必须接受教育，即"教育者先受教育"。家长个人的一般素质，如文化素养、道德修养、行为方式等，均对其教育素质有重要影响。这些素质对幼儿的影响潜移默化。例如，家长很注意爱护公共场所的环境，这本身就是对幼儿的有力的积极影响。因而，家长作为幼儿的第一任和终身教师，首先应该提高自身素质。在强调提高家长自身素质的同时，还必须注重其教育素质及能力的不断提高。家长需要了解教育方面的相关专业知识，树立正确的儿童观和教育观，掌握科学的教育方式方法，不断提高自己有效促进幼儿健康发展的教育能力。我国著名儿童教育家陈鹤琴在1937年写有《怎样做父母》一文，指出："父母，不是容易做的，一般人以为结了婚，生了孩子，就有做父母的资格了，其实不然。我们知道，栽花的人，先要懂得栽花的方法，花才能栽得好；养蜂的人，先要懂得养蜂的方法，蜂才能养得好；育蚕的人，先要懂得育蚕的方法，蚕才能育得好；甚至养牛、养猪、养马、养鸟、养鱼，都先要懂得专门的方法，才可以养得好。难道养小孩，不懂得方法，可以养得好吗？可是一般人对于自己的孩子，反不如养蜂、养蚕、养牛、养猪看得重要。对于养孩子的方法，事先既毫无准备，事后又不加研究，好像孩子的价值不及一只猪、一只羊。这种情况，在我国目前到处可以看见，真是一件奇怪的事。"陈鹤琴指出的这种现象，在今天仍然很普遍。

（二）幼儿园与家庭沟通的途径

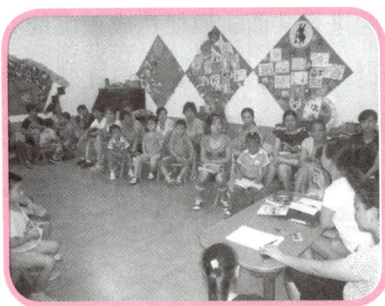

家园合作是幼儿园与家庭相互合作、交流，以促进幼儿身心全面、健康发展为目的的教育形式。为了达到家园同步教育，家园双方要围绕幼儿的发展，经常联系，相互沟通。幼儿园与家庭的沟通，可以通过以下多种方式进行：

1. 讲座

幼儿园可以定期邀请一些专家来为家长进行知识讲座。比如秋季入学的时候，幼儿园可以邀请当地医院的医生，针对秋季幼儿易感染的疾病应如何预防、幼儿如何保健等问题进行普及化教育。幼儿园也可以针对幼儿经常出现的行为问题，请教育专家进行科学的解释，解答家长在育儿过程中的疑惑，向家长传达科学、正确的育儿理念。

2. 家访或电话访谈

家访和电话访谈是家园联系和家庭教育指导常用的两种重要方式，特别是对一些工作忙碌、不常来幼儿园的家长非常有必要。一般对新入园的幼儿、突发疾病或发生事故的幼儿、长期缺席的幼儿、发生严重行为问题的幼儿等，班级教师会进行家访和电话访谈。教师通过家访或电话访谈可深入了解幼儿在家中的真实情况，了解家长对幼儿教育的认识、态度和方法，并针对幼儿的具体表现，与家长共同商讨教育幼儿的措施。教师还应及时告知家长幼儿在幼儿园的表现与存在的问题，争取家长和幼儿园的密切合作。

3. 家长会

家长会是面向全体家长的会议，几乎每所幼儿园都会召开全园家长会和班级家长会。召开家长会时，分别由幼儿园园委会成员和班级教师向家长介绍幼儿园教育教学、卫生保健、饮食、安全等方面的具体工作以及幼儿园的教育理念、办园宗旨、队伍建设等情况。在温馨、和谐、平等的氛围下，幼儿园鼓励家长积极发表自己的观点，主动引导家长对有争议的问题说出看法，耐心向家长解释，帮助家长形成科学育儿的理念和技能。

4. 家长委员会

《幼儿园工作规程》规定，幼儿园应成立家长委员会，家长委员会的成员一般从各年龄段幼儿的家长中选出，也可以由教师推荐。家长委员会成员应具备这样一些条件：关心幼儿园的工作，热心为家长服务，在家长中有号召力和影响力。家长委员会在幼儿园园长的指导下工作，参与幼儿园重大问题的讨论、决策。它是家长和幼儿园联系的桥梁，促进家园双向信息反馈。

5. 家长开放日

家长开放日是幼儿园向家长开放，邀请家长来幼儿园观摩班级活动的活动。家长开放日可以使家长更具体地了解幼儿园保教工作的内容、方法，也可以使家长更清楚地看到自己孩子在各方面的表现，知道孩子的发展水平及孩子与伙伴交往的状况，特别是可以看到自己的孩子在与同龄幼儿相比较中显示出的优势与不足，从而有助于家长深入了解孩子，与班级教师合作，有针对性地教育孩子。同时，家长在观摩教学活动中，还可以了解到教师的教养态度、教养方法和技能，这对家长来说是一种实地学习，有助于改善家长不良的家庭教育行为。

6. 家园联系栏、宣传窗

幼儿园各班门口都设有家园联系栏，一般是向家长介绍家庭教育的新观念和好经验、卫生保健知识、本周的教育主题及教育目标和内容等。幼儿园宣传窗是面向全园家长的，一般设在幼儿园门口、家长接送幼儿的必经之处，这些宣传窗上会刊登一些幼儿园活动动态、家庭教育的文章、保健小常识、季节流行病的预防、幼儿用餐食谱等信息，而且会定期更换。

7. 网络

互联网让世界变得越来越小，沟通也变得越来越便利，微信、微博等都是家长和教师随时沟通的工具。网络交流的便捷和高效性逐渐使其成为家园联系的主要方式。家长更愿意在虚拟的网络空间诉说自己的心里话和一些困惑，教师通过和家长在网络上的交流，可以深入了解家长的内心想法与诉求，以促进教师在平日生活中对幼儿的关注。此外，幼儿园还可以直接建立一个属于本园的网站，把有关幼儿园的制度、教师情况、幼儿学习情况、幼儿园的工作动态等信息显示在网站上，以便家长随时了解幼儿园和幼儿的学习、生活情况。

通过以上各种方式的运用，架构起幼儿园与家庭沟通的桥梁，可以帮助家长了解幼儿园的教育理念，建立正确的幼儿教育观、发展观，促进家长的认同感和合作意识，达到家园一致的理想教育境界，把分散的教育力量纳入共同对幼儿进行教育的轨道上来。

二、学前儿童家庭教育应配合幼儿园教育

在家园合作中，需要家庭和幼儿园双方合力对幼儿进行教育，仅有幼儿园一方的力量，难以实现合作，家庭教育应该从三个方面实现与幼儿园教育的合作、互补。

（一）家庭教育为幼儿园教育做好准备

幼儿园教育尽管以游戏为主，但毕竟与家庭环境有很大的差别，大多幼儿面对骤然陌生的环境会产生抗拒心理。如果家庭教育能提前为幼儿入园教育做一些准备，会大大降低幼儿的入园焦虑，缩短幼儿入园后的适应时间，使幼儿更快地投入学习，让幼儿在园生活更加愉快、自信。家长在幼儿入园前一段时间内，可以多给幼儿讲一些关于幼儿园的故事，让幼儿对幼儿园产生兴趣；还可以多让幼儿与社区内已经上幼儿园的小朋友玩耍，并鼓励这些小朋友表演在幼儿园学到的儿歌、舞蹈等，让幼儿产生羡慕、向往的情感；有条件的家长可以抽时间带幼儿提前到幼儿园参观，接触一下幼儿教师，让幼儿对幼儿园多一些了解，从而减少入园时的陌生感。幼儿入园后会有正式的课程、活动，需要幼儿保持一定的注意力，对此家长可以提前有意识地培养幼儿这方面的能力，比如让幼儿安静地画画，听

较长时间的故事等。此外，幼儿入园后需要记住自己的小杯子、小毛巾等，对此家长可以通过合理的引导让幼儿对自己的名字产生兴趣进而记住自己的物品。家长还可以让幼儿在力所能及的范围内放取物品，比如把书放到书架，把杯子放进橱柜等，这不仅可以培养幼儿的生活自理能力，而且有利于促进幼儿空间知觉能力的发展。

（二）家庭教育延伸和巩固幼儿园教育内容

幼儿园教育并不能代替家庭教育，只有家园合作、一致要求，才能实现教育同步，促进幼儿全面发展。家长要经常与幼儿园沟通，交流教育经验。在幼儿园进行某方面教育以后，家庭应配合幼儿园达到教育目的。如幼儿园要培养幼儿的自理能力，那么家庭也应该培养幼儿的生活自理能力，包括要求幼儿自己穿衣、吃饭、洗漱，家长不要包办代替。幼儿园在课堂上让幼儿认识了秋天，家长带幼儿外出时也要有意识地引导幼儿观察自然界、人们的变化，巩固有关秋天的知识，发展幼儿的观察力和思维。同时，家长要向幼儿园反馈幼儿受教育的情况，家园双方可以在教育思想、方法上进行交流，从而实现默契配合。总体来看，家庭教育延伸和巩固幼儿园教育的内容主要可以从三个方面入手。

第一，布置符合幼儿年龄特点的家庭生活环境。墙面色彩应该柔和、鲜明、多样化；多放置幼儿喜欢的卡通图案、玩具等，给幼儿充分的视觉和触觉刺激；为幼儿提供充足的学习与操作材料；为幼儿提供的玩具能够激发幼儿兴趣，并能被幼儿操作；家庭中某一房间的角落可以设置成图书角和活动角来放置幼儿的图书和玩具等。总之，家长可以经常变换房间布置，与幼儿一起创设一个自由活动的"小天地"。

第二，家庭的作息时间、生活习惯、学习活动要求等，应尽可能向幼儿园靠拢。有些幼儿在幼儿园乖巧独立，在家里却任性依赖，成为典型的小"两面派"，这正是家庭要求与幼儿园教育不一致造成的结果。为避免家庭教育与幼儿园教育效果相互抵消的现象，家长应及时了解幼儿园对幼儿进行的品德教育、幼儿要达到的教学要求、幼儿是否参加体育锻炼等多个方面，使家庭教育与幼儿园教育实现一致。例如，在规则教育方面，家庭教育应该注意配合幼儿园为幼儿设立一定的规则，让幼儿明确他应该遵守的规则。同时，家庭教育与幼儿园协同配合，逐步让幼儿从内心体验到遵守规则的重要性和必要性，让他们在规则中自由成长，这样的幼儿才会既守规则又有创新精神。再比如，在学习方面，幼儿园本周的主要内容是颜色的学习，家长就可以在与幼儿的谈话或者游戏中多涉及颜色的相关内容。

第三，家长应抓住各个时机培养幼儿各方面能力。在家庭生活中，家长与幼儿的每次交流都能成为良好的教育契机。例如，每天离园后，家长可围绕幼儿在幼儿园里的学习与生活，谈一些符合他们语言特点并能够引起他们兴趣的话题，如"你们今天做什么游戏了？开不开心？""有没有听故事啊？"等。家长还可以鼓励幼儿复述当天在幼儿园发生的事情，复习学到的知识，比如学到的儿歌和听到的故事等。这不仅能发展幼儿的语言表达能力，而且对幼儿记忆力的发展也有很好的促进作用，还能够及时巩固并延伸幼儿所学的知识。

（三）家庭教育发挥自身特长，补充幼儿园教育

家庭教育与幼儿园教育有各自不同的特点。家庭教育针对幼儿个体，情感性和随意性较强，而幼儿园教育的专业性更强，更具计划性。两者都有优点和缺点，只有两者配合互补，幼儿才能健康成长。

1. 家庭环境对幼儿品格的熏陶

父母是幼儿的启蒙老师，是幼儿行为的指导者。平等、和谐的家庭关系和宽松、民主的家庭氛围对于幼儿健康心理和良好性格的形成有着无可替代的作用。幼儿园教育大多以课堂讲授和游戏的方式进行，而家庭环境对幼儿的影响是幼儿园教育所无法实现的。家长首先要注意，作为幼儿行为的楷模，切不可在幼儿面前言行不一。幼儿与家庭的特殊情感关系使得父母在日常生活中待人接物、为人处世的原则都会给幼儿带来难以磨灭的印象。例如，如果家长看到幼儿玩毛毛虫后露出惊恐的表情并呵斥幼儿，那么幼儿很可能从此以后会害怕和排斥毛毛虫；如果家长每次带幼儿坐公交车时，看到需要帮助的人都会让座位，那么幼儿也会觉得给人让座位是理所应当的。

2. 在家庭中进行更为直观、具体的生活教育

尽管幼儿园在教育内容上追求尽量贴近幼儿的生活，但其课程活动往往是带领幼儿获取第二手经验，例如利用图片、视频等传递知识。而在家庭中，家长则可以在真实的生活场景中对幼儿进行教育，这使得幼儿获取的经验更为鲜活、具体。例如，带幼儿认识不同的树叶时，幼儿园用图片、视频展示，而在家庭中，家长就可以很方便地直接带幼儿去户外采集树叶进行观察。幼儿在真实情景中获取的经验是生动的、易于理解的。

3. 家庭教育更能明确幼儿的学习特点，从而做到因材施教

学前教育专家莫里逊指出，每名幼儿都有自己的学习特点和最佳学习方式，

家长只要予以重视，因势利导，就容易实现教育的最优化。幼儿园教育由于面对的幼儿众多，教师无法顾及每一名幼儿，因此对幼儿的学习特点和特长可能掌握不全面，这就需要家长做个有心人，及时与幼儿教师沟通，并注意在平时的学习生活中观察幼儿，不能一味地要求幼儿和别人学会一样的东西，而要在准确了解幼儿的性格、情绪特点、兴趣爱好等的基础上，结合幼儿的自身优势进行教育。

家庭教育与幼儿园教育的结合、互补，需要家庭与幼儿园双方的努力，家庭方面要积极主动地配合幼儿园教育，并对幼儿园教育的不足之处进行补充，才能实现幼儿科学、长远的发展。

第二课 社区、幼儿园、家庭三方教育主体的合作

教育生态学认为幼儿的成长与发展受到周围环境的影响。这个环境包括幼儿园、家庭、社区、幼儿园与家庭及社区之间的关系等因素，幼儿的发展水平是其与周围环境相互作用的结果。幼儿园、家庭和社区不仅是幼儿活动的重要场所，更是幼儿教育过程中的重要因素，三者相互配合形成教育合力，才能发挥最大的作用。

一、社区应积极参与学前儿童教育实践

社区是儿童生活、学习的环境，学前儿童是社区人口的组成部分，其教育是社区生活的一项重要内容。社区参与到协同教育中，既可以帮助幼儿园了解该区域家庭的需求，还能以客观的视角审视幼儿园的发展，帮助家庭以及社会有效监管与评价幼儿园的发展，最终实现家庭、幼儿园、社区的协调统一，促进教育资源的优化共享。

第一，社区应定期组织家长育儿指导活动。幼儿园的教育对象主要是3～6岁

幼儿，因此，3岁前幼儿的早期教育指导应是社区工作的一部分。由于社区缺少专业的师资队伍，因此可与幼儿园联手，组织教师志愿者走进家庭，指导家长进行育儿工作，帮助家庭解决教育困惑，如可以定期开展送教入社区、社区走进家庭等活动，实现家、园、社区携手促进幼儿发展。同时，社区的多种环境都是幼儿园主题活动的重要来源。结合幼儿园的周边环境，幼儿园可通过"请进来，走出去"的方式，开阔幼儿的视野，弥补幼儿园教育与家庭教育资源的不足，拓展幼儿园课程，让生活走进课堂，让幼儿融入自然。

第二，社区应充分发挥评价、监督与反馈作用。社会对幼儿园的评价是幼儿园发展的航标，幼儿园对社会的接纳与引入是其社会性功能发挥的重要表现。开门办园，让社区人员走入幼儿园、了解幼儿园文化，能够帮助幼儿园挖掘潜在的教育资源，还可以建立部门之间的友谊，实现教育资源共享，为家、园、社区协同教育提供有效的监管，帮助幼儿园实现创新与提高。

二、幼儿园要充分发挥在学前教育中的主体地位

幼儿园、家庭和社区三者中，幼儿园作为专职的保教机构，必然成为社区教育的中心。

（一）幼儿园要走进社区，走向社会

幼儿园教育必须与社区教育相结合，才能在最大范围内产生影响。首先，幼儿园要主动为社区提供服务，如有的幼儿园为了解决社区内小学生中午用餐难的问题，专门在幼儿园开设"家庭小饭桌"，收取低廉的餐费，让小学生在幼儿园用餐和午休，这不仅为家长解除了后顾之忧，还扩大了幼儿园在社区的影响力。幼儿园在与社区交流的过程中，应坚持互利互惠、平等交流的原则。在开发社区教育资源的过程中，幼儿园要了解社区对教育的态度，只有社区重视教育，理解并接受正确的教育观，幼儿园与社区的共育才能顺利进行。其次，幼儿园要致力于改善社区教育环境，协助社区建立和发展社区教育网络，并发挥幼儿园的教育辐射功能，形成区域性的学前教育中心，实现幼儿园、社区资源共享，互相服务，共同培养幼儿的目的。

（二）幼儿园与社区共同关注低收入家庭，确保教育机会均等

低收入家庭子女是不容忽视的弱势群体，他们的受教育状况将对社会发展产生重要影响。提倡家、园、社区共育，不仅针对上得起幼儿园的幼儿，还要发挥

集体资源优势，关注低收入家庭子女，在教育上向他们倾斜。例如，由社区牵头，开展针对低收入家庭的上门指导服务；幼儿园向低收入家庭提供早教信息，举办讲座，让特困和散居儿童随班就读，等等。总之，社区应协调好相关部门，满足居民对幼儿教育多规格、多层次的需求，以保证所有儿童都能享受优质的早期教育和服务。

第三课 国外生态式学前儿童家庭教育体系的构建经验

世界学前教育发达国家大都倡导幼儿园要重视使用家庭和社区资源，以丰富并加深儿童对自己、他人和社会的认识。在生态式学前儿童教育体系构建方面，美国、英国、意大利瑞吉欧的做法都能给我国带来些许启示。

一、美国开端计划的启示

开端计划也称先行计划（Head Start Project），是美国联邦政府通过对处境不利儿童进行教育补偿，以追求教育公平，改善人群代际恶性循环的一个早期儿童项目。它是美国联邦政府迄今为止规模最大的早期儿童发展项目，对美国学前教育产生了十分重要的影响。开端计划提高了低收入家庭儿童的综合能力，使学前教育最终走出家庭、走上社会，提升了学前儿童家庭教育的水平，增强了全社会重视学前教育的意识，促进了幼儿教师水平的提高，也促进了幼教机构的建设。

全社会支持学前教育的发展是学前教育普及和提高的重要条件，这也是美国开端计划的重要启示。在美国开端计划执的行过程中，政府主导、社会的广泛参与和支持成为开端计划不断推进的动力。借鉴美国开端计划的经验，我国政府应该广泛动员民众参与学前教育事业，形成全社会关心支持学前教育的社会环境。

第一，广泛宣传学前教育的重要意义。各级政府应利用各种宣传媒体，向全社会宣传学前教育在加快人才培养、推动经济发展、消除贫困现象、维护社会公平、促进社会发展中的重要作用，努力营造全社会关心学前教育、支持学前教育的氛围。

第二，广泛动员各行各业人员参与学前教育。美国开端计划的学前教育的参与者，不仅有幼儿园，还有广大幼儿家长、卫生工作者、宗教组织、老年组织、妇女组织、青年组织和社区组织等。在我国也可以考虑调动多种社会人员参与到学前教育中。

第三，强化学前教育的社会管理。强化政府对学前教育的管理工作，在中央到地方各级教育行政部门设立学前教育管理机构，统一管理学前教育工作，承担学前教育的规划、幼儿园建设的指导和监督、学前教育经费的划拨和审计、幼儿园的评估和检查等工作，充分发挥全国儿童发展基金会和地方关心下一代委员会的职能和作用，使其成为联系政府与家庭、幼儿园与社会的纽带和桥梁。

第四，加强对学前教育的研究工作。依托高等师范院校和学前教育研究机构，加强对学前教育科学的研究，认真借鉴世界学前教育科学研究的最新成果，探索我国现阶段学前教育的特点和途径，为学前教育的目标、内容、方式、方法等提供理论指导。

第五，重视家庭及社区在学前教育中的作用。幼教组织或教育行政部门，可以通过举办家长学校等形式，向家长宣传家庭教育的重要性，组织家长学习儿童成长中的生理、卫生、心理特点以及科学育儿的科普知识。家长要学会家庭教育中的角色扮演，与儿童沟通的技能技巧，学会根据儿童成长规律，对子女进行教育，特别是对生理有缺陷的儿童家长进行特殊教育知识的普及。社区学前教育服务机构要充分利用本社区的人才优势和特点，充分利用离退休干部、教师、医务人员等人才资源，采取多种形式提供家庭教育服务。社区还可以举办家长学校，动员社区人员参与学前教育，利用儿童假期和课余时间，组织有意义的教育活动。

二、英国生态式学前儿童教育体系的构建与启示

英国在幼儿园、家庭、社区合作共育方面的重要方法主要有以下几种：使用"家长手册"，使家长了解幼儿园的教育目标；开辟"家长布告栏"，使家长了解幼儿园的日常活

动安排和具体教育活动；绘制儿童"发展记录"，使家长知晓儿童的发展水平；定期发放"幼儿园通讯"，让家长在家配合幼儿园的教育教学以及从家长那里获得具体的教育建议；让"家长参与"，使儿童得到更好的发展；通过"家长委员会"帮助幼儿园筹措资金；赢得"家长许可"，使幼儿园能大胆利用社区资源；采取"投诉程序"，融洽家园关系。根据英国的以上做法，我国在生态式学前儿童教育体系的构建中，需要注意以下问题。

第一，在社区资源的利用方面，取消政府对幼儿园组织外出活动的层层审核，注意提高活动中成人与儿童的比例，鼓励家长主动参与，倡导社区义工、大学生志愿者积极参与。同时，请家长在给儿童报名时或在每次外出活动前，签订协议，同意让儿童外出活动，以减轻教师的工作压力。

第二，重视对儿童的观察记录，尽可能建立儿童观察记录册。

第三，重视维护儿童权利。对儿童进行观察记录的材料不是为了展示、展览，而是为了促进教师的工作，让家长更好地了解儿童，所以，它只能让家长本人看，而不能让其他人看，以保护儿童和家庭的隐私。

第四，在家园之间矛盾的化解方面，幼儿园应把家长放在真正的合作伙伴这一位置上，不仅要给家长更多的知情权，让家长知无不言，言无不尽，还要及时公正地解决家长的举报和投诉问题，不给家长"穿小鞋"，不打击报复，以解除家长的担心和疑虑。

第五，全方位地发挥家长委员会的功能，通过家长委员会的力量帮助幼儿园尽早摆脱资金不足的窘境。

三、意大利瑞吉欧生态式学前儿童教育体系的构建与启示

瑞吉欧是意大利东北部的一座城市，自20世纪60年代以来，洛里斯·马拉古齐和当地的幼教工作者一起兴办并发展了该地的学前教育，形成了瑞吉欧教育体系。瑞吉欧教育强调"互动"和"合作参与"，其理念与做法在很多方面都给我国生态式学前儿童家庭教育体系的构建带来启示。

（一）树立团体主义价值观

在瑞吉欧，"我，就是我们""我只有在团体中才能获得最大程度的发展"。

这种团体主义的价值观深深扎根于人们的心中，这为瑞吉欧的民主、开放、合作式的管理模式和教师、家长、市民共同关注儿童教育打下了坚实的基础。

（二）全社会参与学前教育

在瑞吉欧人看来，学前教育是全社会的事，不仅包括市长在内的政府力量需要介入学前教育的管理中，由教师、教学协同建设人员、研究者、家长等组成的社区咨询委员会也要参与幼儿教育的管理，这充分体现了"全社会参与学前教育"的独特风格。

（三）各教育主体一律平等

在瑞吉欧教育管理体制中，没有明显的等级关系，每个参与教育事业的人和团体都是平等的，他们有一个共同的目标，就是让学前儿童通过与事物的互动而主动地学习与发展。民主与公正是其特色，保持其特色的关键是沟通。

（四）学前儿童家长是有能力的

瑞吉欧把家长看作合作伙伴，是主动的、有能力的、得到认可的和必须承担责任的合作伙伴。他们认为，家长是主动的，他们可以在很大程度上负责决策并执行决策；家长的专业技能和知识应该得到承认；家长能与教育专家共同承担教育子女的责任；家长能够提供服务，同样也能接受任务。

除此之外，在瑞吉欧教育中，教师个体与团体之间分工合作，家长与幼儿园、社区间互动发展，儿童个体与儿童团体、教师团体互动学习。

💬 思考与练习

一、简答题

1. 简述幼儿园对学前儿童家庭教育的指导内容。

2. 简述幼儿园与家庭沟通的途径。

3. 简述社区在学前教育中的重要作用。

二、论述题

试论述国外生态式学前儿童家庭教育体系的构建经验。

三、实践题

1. 考察我国学前教育中幼儿园、家庭、社区三方的合作现状，撰写调研报告并分小组进行介绍。

2. 利用周边社区条件，尝试开展一次家长讲座。

3. 尝试制作一个家长宣传栏。

参考文献

［1］李生兰. 学前儿童家庭与社区教育［M］. 北京：高等教育出版社，2015.

［2］孙立双. 学前儿童家庭与社区教育［M］. 北京：北京出版社，2014.

［3］李贵希. 学前儿童家庭与社区教育［M］. 北京：北京师范大学出版社，2015.

［4］王乃兰，王冬兰，张小永. 学前儿童家庭教育［M］. 北京：北京师范大学出版社，2013.

［5］陈太忠，夏如波. 学前儿童家庭教育［M］. 南京：南京大学出版社，2014.

［6］李生兰. 学前儿童家庭教育与活动指导［M］. 上海：华东师范大学出版社，2014.

［7］丁连信. 学前儿童家庭教育［M］. 第2版. 北京：科学出版社，2011.

［8］周雪艳. 学前儿童家庭与社区教育［M］. 第2版. 上海：复旦大学出版社，2015.

［9］周世华，耿志涛. 学前儿童社会教育［M］. 第2版. 北京：高等教育出版社，2014.

［10］张岩莉. 学前儿童社会教育［M］. 上海：复旦大学出版社，2012.

［11］庞建萍，柳倩. 学前儿童健康教育与活动指导［M］. 上海：华东师范大学出版社，2014.